海老澤　衷
近藤成一
甚野尚志　編

朝河貫一と日欧中世史研究

吉川弘文館

まえがき

朝河貫一は、一八七三年（明治六）福島県二本松に生まれ、福島尋常中学校（のちの安積中学校）卒業後、東京専門学校（早稲田大学の前身）文学科に入学した。在学中から将来を嘱望され、一八九六年には米国ダートマス大学に編入学することとなった。さらに一八九九年にはイェール大学大学院歴史学科に入学して、一九〇二年、『六四五年の改革（大化の改新）の研究』（英文）でPh.Dを授与され、ダートマス大学講師に就任。一九〇七年にはイェール大学講師に転任して、イェール大学図書館東アジアコレクション部長を兼任している。一〇年には歴史学の助教授となり、やがて教授に昇進し、三〇年以上にわたってイェール大学で教鞭を執り、日本とヨーロッパの中世史研究を深めていった。

朝河貫一
Kan'ichi Asakawa Papers. Manuscripts and Archives, Yale University Library.

一九一九年には、鹿児島県薩摩郡入来村に滞在し、「入来文書」の解読を行い、一九二九年に『入来文書』（*The Documents of Iriki*）をイェール大学とオックスフォード大学から出版し、一次史料に基づく日欧封建制の比較研究を進めた。日本の中世をヨーロッパの中世と比較できる対象として提示し、封建制という概念で世界史に位置づけた点が高く評価されている。一九四八年に七四歳で没したが、この在米期間は日露戦争から第一次・第二次の世界大戦にわたる激動期であり、米国にあって国際的な視野に立ったメッセージを発信し続けた。

◇　◇　◇

現代において、なぜ朝河貫一を研究するのか。その理由は大きく分けて二つある。一つは「国際日本学」という国際発信・国際交流に重きを置いた学問ジャンルの普及である。アジアの中の日本研究という視点は、既に第二次大戦以前から世界的に存在したが、二一世紀の日本において、とりわけ「国際日本学」の必要性が強調されるようになった。東アジアの国々が国際的な地位を高める中で、改めて日本のアイデンティティが問われるようになったのである。国際的な視野に立って日本を研究することが各大学にも求められるようになり、そのような状況下で顧みれば、朝河は一九〇三年、イェール大学での学位取得後に『六四五年の改革（大化の改新）の研究』（英文）を出版し、研究者としての歩みを開始するが、これはまさに二〇世紀初頭において異国の地で「国際日本学」の狼煙を上げたことに他ならない。前後して岡倉天心、新渡戸稲造、鈴木大拙などが日本の精神文化を純化した形で欧米に紹介し、理解を得るが、大学アカデミズムに軸足をおきながら朝河の場合にはそれらとは若干違った形をとっている。朝河は徹底した資料収集を行い、多くのサンプルを比較しながら結論を導くという方法をとる。そのため、研究の全体像については未だ十分に解明されていない。

第二の理由は、近代国民国家の存在が世界的に危機を迎えている現代社会の国際情勢にある。朝河は日露戦争の頃にアメリカで大学の教鞭を執るようになり、日本の勝利を願って精力的に講演を行っている。ポーツマス条約締結の際には、オブザーバーとしてその場に立ち会うことを許されたが、その後の日本の国際社会における姿勢に大きな危惧を抱くことになった。日本国民に訴える形で一九〇九年に『日本の禍機』を著し、日本の孤立を予測して国際協調の重要性を説いた。一九三一年に満州事変が勃発して以降、新渡戸稲造などが日本の立場の国際理解を求めて欧米に向かうが、かつて得た日本への理解と同情はもはや得られなかったのである。その中で、朝河は日米開戦を避けるべく奔走し、さらにその後を見通して、象徴天皇制へと導く社会を構想した。現在における日本の国際的地位は、第二次大戦期の朝河によって構想されたといっても過言ではない。国民国家の揺らぐ現代において朝河の残したメッセージをもう一度見直す必要があろう。

◇　◇　◇

このように朝河は、西欧に育った人文学を新興国アメリカにおいて学び、二〇世紀の前半にアメリカに軸足をおいて（日本国籍は変えず）、人文系の研究に寄与した希有な日本人であった。早稲田大学総合人文科学研究センターは二〇一四年に文部科学省の助成を得て「近代日本の人文学と東アジア文化圏——東アジアにおける人文学の危機と再生」をテーマとする共同研究（代表者　李成市）を開始した。その一環として、二〇一五年一二月五日には小野記念講堂でシンポジウム「朝河貫一と日本中世史研究の現在」を開催することができた。本書はその成果を中心にまとめたものである。このシンポジウムでは朝河の専門分野の貢献に関する分析を主としたが、彼が残した厖大な草稿、ノート、日記、書簡、日本で収集した資料の全体には及んでおらず、さらに調査・研究を深めていかなければならない。

二〇一七年一月二七日

海老澤　衷
近藤成一
甚野尚志

四

目　次

第Ⅰ部　日欧の比較封建制論と現代

朝河貫一と日欧比較封建制論

──「朝河ペーパーズ」の「封建社会の性質」草稿群の分析──

甚野尚志

はじめに

朝河貫一は「入来文書」の研究で、日本の封建制を欧米の世界に初めて紹介した歴史学者であるが、同時に様々な論文で日本とヨーロッパの封建制を比較しながら、両者の類似性と相違点を考察したことでも知られている。朝河はイェール大学ではヨーロッパ法制史の授業を担当していたこともあって、日本のみならずヨーロッパの封建制に関しても専門的な知識を有しており、彼にとり日欧封建制の比較は日本の封建制の研究とともに生涯にわたる研究の中心であった。

朝河の業績が彼の死後、我が国で広く知られるようになったのは、西洋中世史家の堀米庸三が「封建制再評価への試論」で朝河の封建制論を高く評価してからである。堀米は朝河について、日本の封建制を「完全にヨーロッパの中世専門家の言葉をもって思考し叙述した」稀有の人物であり、「完全にヨーロッパ的能力をそなえた日本人、いや同時に日本人でもあったヨーロッパのメディーヴァリスト」と評価したが、また堀米はこの論文で、日本史研究者のライシャワーが唱えた「完全な封建制度の発達はヨーロッパと日本のみに存在し、封建制の経験が近代化を促した」という説の背後には、アメリカで活動した朝河の封建制研究があると述べ、朝河がアメリカの日本史研究に対して与えた影響の大きさも指摘した(1)。

だが一方で、このような堀米の議論に対しては、日本中世史家の石井進が「日本の封建制と西欧の封建制」で、日欧の封建制の間には類似よりも深刻な差異があることを指摘した。石井は、日欧の封建制の類似性から封建制が日欧の近代化を促す要因となったとするライシャワーの議論を批判するとともに、日本中世史研究の先駆となった原勝郎の『日本中世史』や、戦後歴史学に多大な影響を与えた石母田正の『中世的世界の形成』においても日欧の封建制の類似性が暗黙の前提にされていることを指摘した(2)。その後も我が国では、日欧の封建制の類似性を主張する議論に対しては、それが日本の歴史にヨーロッパ的要素を発見しようとする「脱亜入欧」的な歴史観だとしてしばしば批判がなされてきた(3)。

では、朝河貫一の日欧比較封建制論も、ヨーロッパの封建制と同じ事象を日本史に見出そうとする議論だったのだろうか。これまでの朝河に関する研究では、彼の封建制の日欧比較についてはいまだ十分な研究がなされていない状況である(4)。本稿では、朝河が刊行せずに残した日欧比較封建制論に関する草稿群（「朝河ペーパーズ」のボックス一〇、フォルダ一〇〇―一〇九〈Asakawa Papers, Box 10, Folder 100–109〉に所収された一四の草稿群）を分析することにより、彼がどのように封建制の日欧比較の議論を構想していたのかを考察してみたい。

一　「朝河ペーパーズ」の「封建制の性質」草稿群の概要

現在のところ『朝河貫一資料　早稲田大学・福島県立図書館・イェール大学他所蔵』が、朝河貫一が残した膨大な資料（書簡、草稿、日記、写真など）に関する最も網羅的な目録であるが、このなかに所収された「イェール大学図書館所蔵朝河貫一文書（朝河ペーパーズ）の基礎的研究」がイェール大学図書館所蔵の「朝河ペーパーズ」の紹介を行っている。それによれば「朝河ペーパーズ」は、朝河の没後の一九四八年から一九五五年にかけて集成された、シリーズ一（書簡、ボックス一—四）、二（日記、ボックス五—六）、三（原稿・ノート・雑録、ボックス七—六〇）の計六〇ボックスを基礎とした朝河の旧蔵文書集である。そして現在、この六〇ボックスのうち一四ボックスがマイクロフィルム化されてイェール大学で公開されており、日本では東京大学史料編纂所などが所蔵している。(5)

この「朝河ペーパーズ」から窺えるのは、なによりも朝河が日本だけでなくヨーロッパの封建制についても深い関心と学識をもち、ヨーロッパの封建制についての多くのノートや草稿を残している事実である。彼は一九二九年に英文で刊行した『入来文書』で史料を英訳するにあたり、ヨーロッパの封建制の用語を巧みに使用し、また、日欧の封建制を比較する詳細な注釈を施したことでよく知られているが、その背景には、彼が行っていたヨーロッパの封建制に関する専門的な研究がある。このようなヨーロッパの封建制に対する深い関心は、すでに述べたように彼がイェール大学でヨーロッパ法制史の講座を担当していたことにも由来している。朝河は当初は、日本史をイェール大学で教えていたが、一九二三年以降はヨーロッパ法制史を担当し、彼の講義と演習は主としてヨーロッパ中世の封建制の問題を扱うものとなった。そのような大学での状況も、朝河が比較封建制論を研究する大きなきっかけになったといえ

る。(6)

ところで朝河は『入来文書』の刊行以降、没するまで、主として三つのことなる研究を行っていた。一つは日本の荘園の個別研究である。もう一つは『南九州の封建体制』と題された著書の執筆であり、それは島津家を軸に南九州の封建体制を叙述するもので『入来文書』の延長線上にある研究であった。さらにもう一つが日欧比較封建制論であり、ヨーロッパと日本の封建制について、起源や本質、共通性と異質性を研究するものであった。第一の朝河の荘園研究は牛原荘園の研究に結実し、それは没後に遺稿集『荘園研究』に所収された。第二の『南九州の封建体制』の著述はほとんど完成せずに終わる。第三の日欧比較封建制の研究は、やはり著作としては刊行には至らなかったが、「朝河ペーパーズ」にはそれに関連する草稿群が残された。(7)

朝河が日欧比較封建制論に関して書き残した一四の草稿群は、「朝河ペーパーズ」のボックス一〇にあるフォルダ一〇〇からフォルダ一〇九に入っている（各フォルダに必ずしも一つの草稿が入っているわけではなく、フォルダ一〇七には二つ、フォルダ一〇八には四つの草稿が入っているので全体で一四の草稿になる）。そして、フォルダ一〇〇からフォルダ一〇九のフォルダ名はすべて“Nature of Feudal Society”とされている。以下、本稿ではこのフォルダ名に従い、この一四の草稿群を「封建制の性質」草稿群と呼ぶことにする。

ただ、フォルダ名はすべて“Nature of Feudal Society”となっているが、これら一四の草稿全部に朝河が“Nature of Feudal Society”を含むタイトルを付けているわけではない。「朝河ペーパーズ」の編集者がこれらの草稿をフォルダに整理するさいに、これらが相互に関連する比較封建制論を扱うもので、かつ、いくつかの草稿のタイトルに“Nature of Feudal Society”の英文が含まれていることから、すべてのフォルダにこの同一のフォルダ名を付したのであろう。実際には、英文の“Nature of Feudal Society”をタイトルに含む草稿は一四のうち五つのみ（フォルダ一〇一、一〇四、一〇六、一〇七の一、一〇七の二）である。より正確にいえば、フォルダ一〇一、一〇四、一〇六、一〇七の二に付されたタイトルが“NATURE OF THE FEUDAL SOCIETY (tentative, not to be published.)”［封建制の性質（試論、公刊スベカラズ）］で、フォルダ一〇七の一が“Introduction II. The Nature of the Feudal Society”［序二　封建制の性質］というタイトルである。他の草稿にはタイトルがないか、付されたタイトルが違う。ただし一四のうち二つの日本語の草稿には、〝fl社会ノ性〟（フォルダ一〇〇）、〝feudal社会ノ性〟（フォルダ一〇五）という“Nature of Feudal Society”の日本語訳のタイトルが付されている。

二　「封建制の性質（試論、公刊スベカラズ）」のタイトルの草稿とその内容

今述べたように「朝河ペーパーズ」の「封建制の性質」草稿群には、“NATURE OF THE FEUDAL SOCIETY (tentative, not to be published.)”［封建制の性質（試論、公刊スベカラズ）］の同一のタイトルを付けられたものが四つある。そのうち三つには手書きで日付も入っており、最初の五頁しかない版（フォルダ一〇六）が最終的に四一頁の版（フォルダ一〇四）にまで発展していく様子が如実に見て取れる。草稿を順番に並べれば以下のようになる。

① フォルダ一〇六“NATURE OF THE FEUDAL SOCIETY (tentative, not to be published.)”, タイプ草稿（五頁）、冒頭の日付 Sept, 1932

② フォルダ一〇七の二“NATURE OF THE FEUDAL SOCIETY (tentative, not to be published.)”, タイプ草稿（二二頁、フォルダ一〇六の加筆改訂版）、冒頭の日付 Oct 10, 1936、草稿の末尾の日付 10 XI '36

③ フォルダ一〇四“NATURE OF THE FEUDAL SOCIETY (tentative, not to be published.)”, タイプ草稿（一部

手書き、四一頁、フォルダ一〇七の二の加筆改訂版)、冒頭の日付 Nov. 10, 1936, revised Jan 27, 1937

④ フォルダ一〇一 "NATURE OF THE FEUDAL SOCIETY (tentative, not to be published.)", タイプ草稿（四二頁、フォルダ一〇四の修正版)、日付なし

これらのうち最初のフォルダ一〇六は、J・W・ホールが朝河の封建制論を最も簡潔に示すものとして、朝河の遺稿集『荘園研究』の英語序文の付録として掲載している。(8) この草稿は、朝河が封建制の定義を行った一九一八年の英語論文「日本の封建制の諸局面」の内容をさらに精緻にして短い文章でまとめたもので、朝河が一九三〇年代に封建制をいかに理解していたかを見て取ることができる。(9) そしてこの草稿での封建制の定義は、一九三六年のフォルダ一〇七の二、一九三七年のフォルダ一〇四において内容が大幅に加筆され長い論文となり、さらに修正されフォルダ一〇一へと至る。これらの草稿は明らかに一連のものであり、朝河が最初に提示した封建制の構成原理が詳しく説明され、深められていく過程がよくわかる。(10)

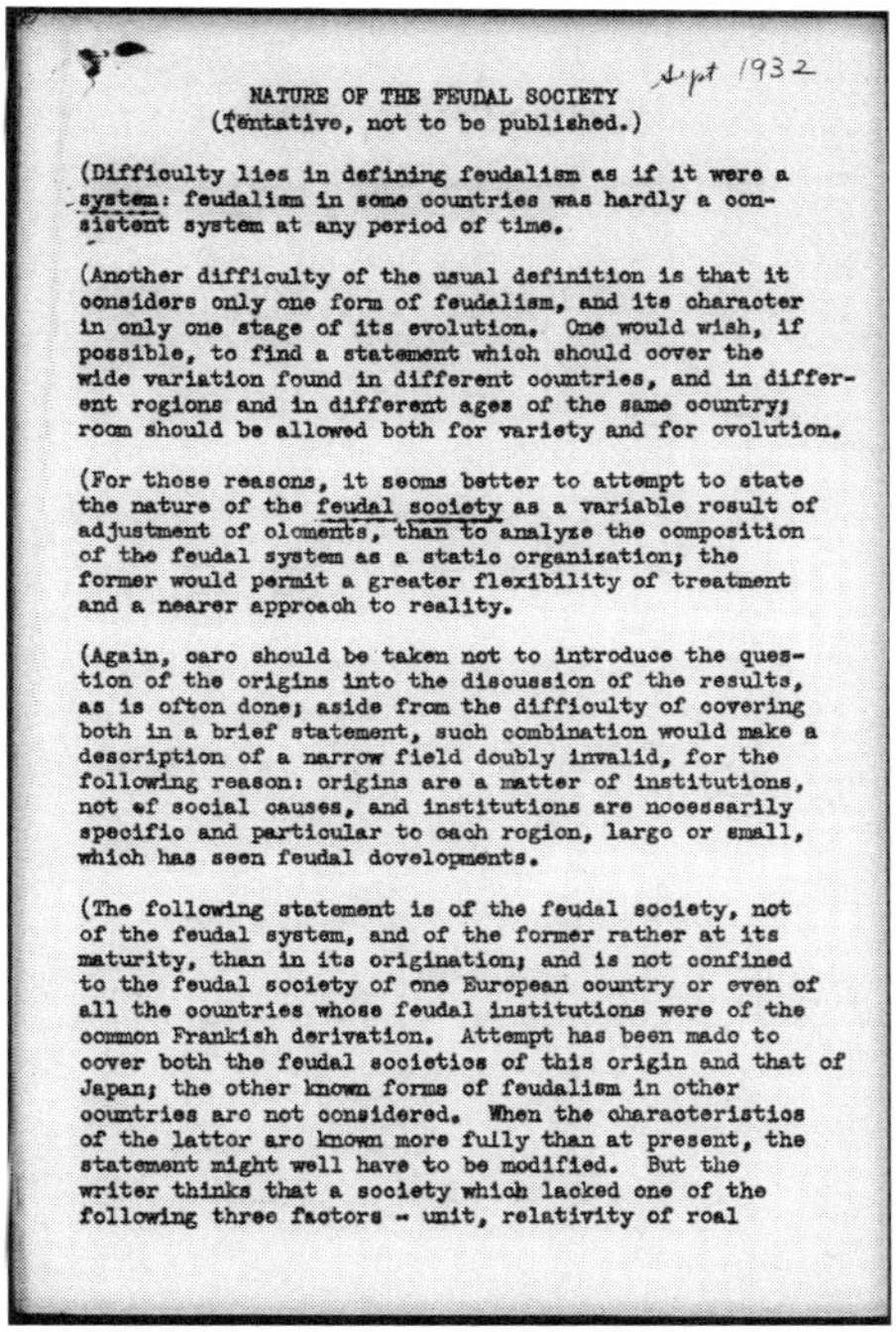

Sept 1932

NATURE OF THE FEUDAL SOCIETY
(Tentative, not to be published.)

(Difficulty lies in defining feudalism as if it were a system: feudalism in some countries was hardly a consistent system at any period of time.

(Another difficulty of the usual definition is that it considers only one form of feudalism, and its character in only one stage of its evolution. One would wish, if possible, to find a statement which should cover the wide variation found in different countries, and in different rogions and in different ages of the same country; room should be allowed both for variety and for ovolution.

(For those reasons, it seems better to attempt to state the nature of the feudal society as a variable rosult of adjustment of oloments, than to analyze the composition of the feudal system as a static organization; the former would permit a greater flexibility of treatment and a nearer approach to reality.

(Again, caro should be taken not to introduce the question of the origins into the discussion of the results, as is ofton done; aside from the difficulty of covering both in a brief statement, such combination would make a description of a narrow field doubly invalid, for the following reason: origins are a matter of institutions, not of social causes, and institutions are nocessarily specific and particular to oach rogion, largo or small, which has seen feudal dovelopments.

(The following statement is of the feudal society, not of the feudal system, and of the former rather at its maturity, than in its origination; and is not confined to the feudal society of one European country or even of all the countries whose feudal institutions were of the common Frankish derivation. Attempt has been mado to cover both the feudal societios of this origin and that of Japan; the other known forms of feudalism in other countries aro not considered. When the characteristics of the lattor aro known more fully than at present, the statement might well have to be modified. But the writer thinks that a society which lacked one of the following three factors - unit, relativity of roal

図1 フォルダ106「封建制の性質（試論, 公刊スベカラズ)」の最初の頁. NATURE OF THE FEUDAL SOCIETY (Tentative,not to be published.) のタイトルの脇に Sept 1932 の書き込みがある.

Kan'ichi Asakawa Papers (MS 40). Manuscripts and Archives, Yale University Library.

ではこれら一連の同じタイトルを持つ論考において、朝河は封建制をどのように定義しているのだろうか。それを知るために、最初のフォルダ一〇六の草稿で朝河が提示した封建制の定義について以下に紹介しておこう。

朝河はフォルダ一〇六の草稿の最初で、「封建制をあたかもそれが一つのシステムであるかのように定義することには無理がある。封建制は国によっては、どの時代においても一貫したシステムであることはなかった」という。さらに「通常の定義は、封建制がただ一つの進化の段階をたどり、ただ一つの形態と性格を持つものと考えるが、それにも無理がある」と述べる。(11) ここで彼が批判する対象は、当時の欧米の歴史学における封建制概念であろう。封建制を奴隷制、領主制などと同じく一つの社会を根本的に規定する社会構成体とみなす理解は、朝河がこれを書いた時代、広く欧米の歴史学で受け入れられた歴史認識であった。また、ヨーロッパ外の歴史も含めて世界の歴史全体が、奴隷制から封建制、そして近代の資本主義体制へと移行するとみなす発展段階論が歴史学で語られる時代になっていた。

しかし朝河はこの草稿で、封建社会がある一定の発展段階で必然的に到達するような社会でなく、社会の混乱した状況において、いくつかの要素が融合することである種、偶然に生まれる社会の形態だと述べる。彼によれば、封建社会が成立するための要因は、以下の三つにまとめられる。

① 農民により扶養される戦士集団が封建社会の基本単位となる。戦士集団では、一人の主君と家臣が相互の忠誠と義務の人的な絆で結ばれる。家臣の奉仕は、封土と呼ばれる土地の保有で報いられる。そこでは農民の人格と土地保有は隷属的である。

② 封建社会の経済的な基礎は土地である。社会の構成員は土地に対して相対的な権利と義務を有する。土地の利益は戦士と農民に土地の保有権に応じて分配される。

③ 戦士階層が政治権力を分有する。(12)

以上がフォルダ一〇六の草稿で定式化された封建制成立の諸要因である。この簡潔にまとめられた定式は、朝河の一九一八年の論文「日本の封建制の諸局面」における封建制の定義と類似のものだが、ここではより明確に、封建制の成立要因を三つの要因、つまり「単位としての戦士集団」、「土地に対する権利の相対性」、「戦士階層による政治権力」にまとめている。そしてこの簡潔な定式は、最終的にフォルダ一〇一の四一頁の草稿にまで内容が拡大され、封建制の成立について、ヨーロッパと日本の事例から詳しく論じられることになる。

ともあれ「封建制の性質（試論、公刊スベカラズ）」のタイトルの草稿は、フォルダ一〇一で一応完成したと思われるのだが、実は草稿群には、フォルダ一〇一の内容をほぼ継承したもう一つの草稿がある。それはフォルダ一〇七の一で、タイトルは“Introduction II. The Nature of the Feudal Society”となっている。ここで注目したいのは、“Introduction II”の意味であり、ここからフォルダ一〇七の一は何らかの著作における序の第二部ではないかと推測できる。つまり朝河が、「封建制の性質（試論、公刊スベカラズ）」のタイトルのもとで改訂してきた草稿を序に用いて、新たな比較封建制論の著作を構想していたのではないか、という推測である。

三 「比較封建制論の著作」の草稿群

さらに「朝河ペーパーズ」の「封建制の性質」の草稿群をみると、フォルダ一〇七の一のように“Introduction”のタイトルが付いた草稿がもう一つある。それはフォルダ一〇八の四であり、“Introduction I. Causes of Feudal-ism”のタイトルが付されている。これはタイプ草稿で、封建制成立の社会的諸要因について考察するものだが、この草稿では、メロヴィング朝フランク王国と大化改新後の日本が対比的に概観され、日欧における封建制成立に至る

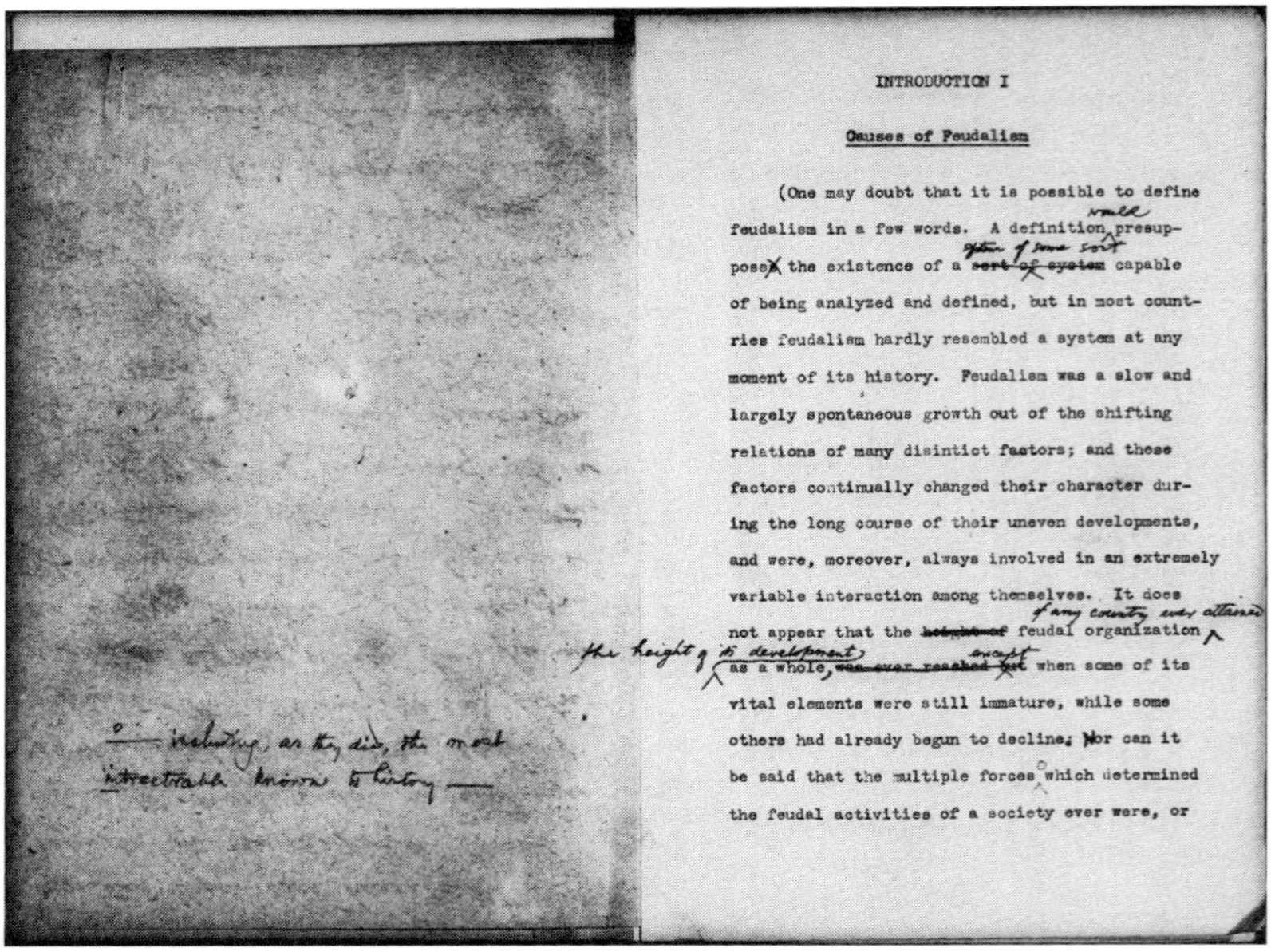
INTRODUCTION I

Causes of Feudalism

(One may doubt that it is possible to define feudalism in a few words. A definition would presuppose the existence of a ~~sort of system~~ system of some sort capable of being analyzed and defined, but in most countries feudalism hardly resembled a system at any moment of its history. Feudalism was a slow and largely spontaneous growth out of the shifting relations of many disintict factors; and these factors continually changed their character during the long course of their uneven developments, and were, moreover, always involved in an extremely variable interaction among themselves. It does not appear that the ~~height of~~ feudal organization of any country ever attained the height of its development as a whole, ~~was ever reached but~~ except when some of its vital elements were still immature, while some others had already begun to decline; Nor can it be said that the multiple forces which determined the feudal activities of a society ever were, or

— including, as they did, the most intractable known to history —

図2　フォルダ108–4「序一　封建制の諸要因」の最初の頁．Introduction I．Causes of Feudalism のタイトルに本文が続く．タイプ草稿には手書きの修正が随所にみられる．

Kan'ichi Asakawa Papers（MS 40）. Manuscripts and Archives, Yale University Library.

社会状況が詳述される。“Introduction I”というタイトルからいってフォルダ一〇八の四は、“Introduction II”のフォルダ一〇七の一に先行する序の第一部と想定してよいだろう。したがってこの二つの草稿が、朝河が構想した「比較封建制論の著作」の序の一部と二部であることは容易に想像がつく。

ここまでから、次のように推定できる。朝河はおそらく『入来文書』の刊行後の時期に、自身の封建制の理解を明確にするため、“NATURE OF THE FEUDAL SOCIETY (tentative, not to be published.)”のタイトルの草稿を書いた。それはまずフォルダ一〇六で簡潔な形で書かれ、フォルダ一〇一の大きな論文にまで拡大された。おそらくフォルダ一〇一の草稿が完成した時期（一九三七年より後の時期）に、今度はそれを序に用いた「比較封建制論の著作」を構想し始めたのではないだろうか。

ともあれフォルダ一〇八の四とフォルダ一〇七の一の草稿はタイトルに“Introduction”の言葉を含む以上、朝河が構想した「比較封建制論の著作」の序であることはほぼ間違いない。さらに、「封建制の性質」の草稿群には、このフォルダ一〇八の四とフォルダ一〇七の一と関連した草稿が見出される。まずフォルダ一〇八の二は、このフォルダ一〇八の四の複写版（タイプ草稿作成のさいにカーボンで複写したもの）である。さらにフォルダ一〇八の一とフォルダ一〇八の三は、フォルダ一〇八の四のタイプ草稿に至る前段階の手書き草稿の断片である。さらにフォルダ一〇三はフォルダ一〇八の四での議論を補足する草稿で、唐をモデルとした律令体制の崩壊とメロヴィング朝の崩壊を対比的に論じている。内容をみるかぎりフォルダ一〇八の四と関連する草稿であることがわかる。またフォルダ一〇三の

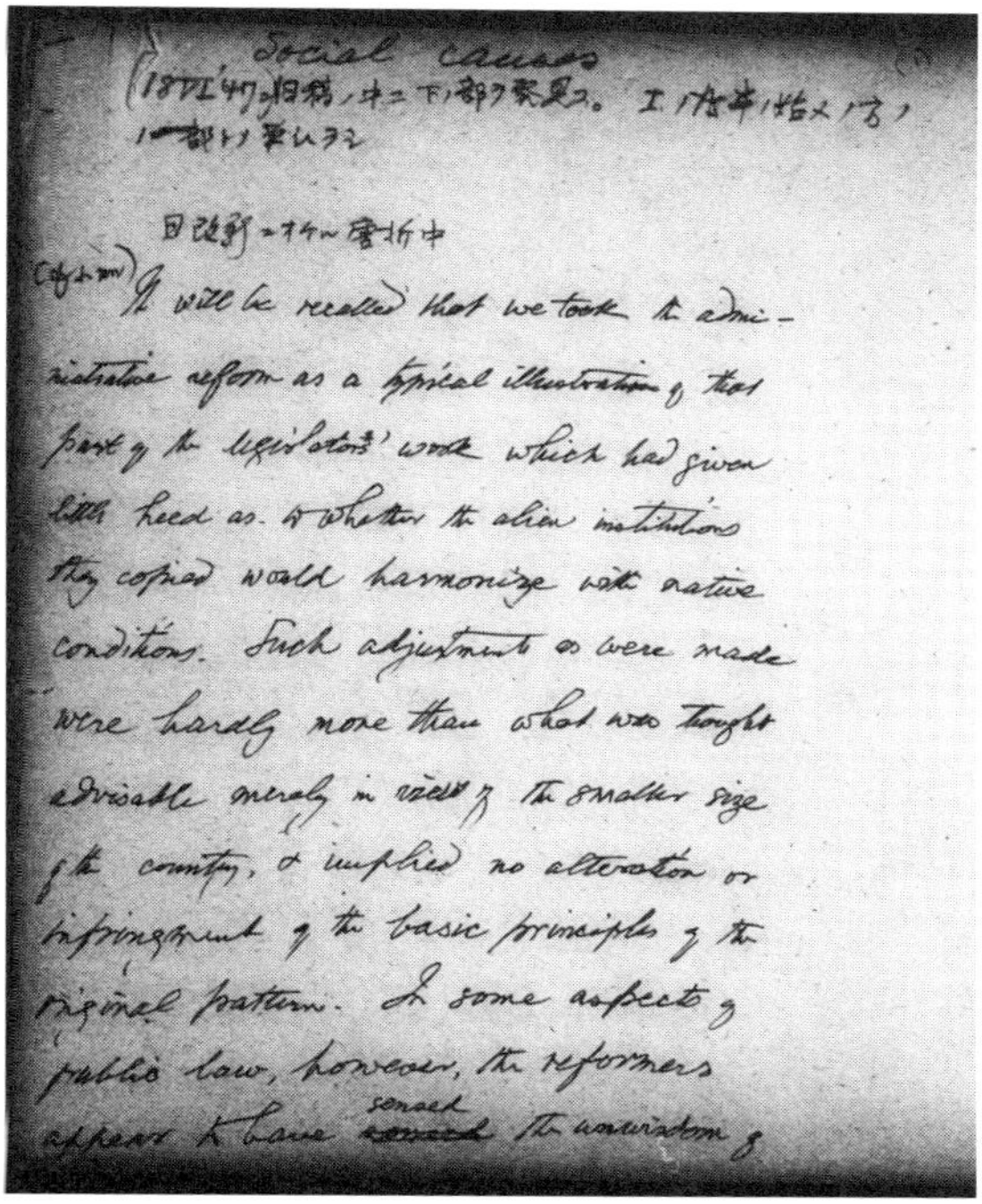
Social causes
(18VI'47ニ)旧稿ノ中ニ下ノ部ヲ発見ス。I.ノ後半ノ始メノ方ノ一部トシ束ムラシ
日改新ニオケル唐折中
It will be recalled that we took the administrative reform as a typical illustration of that part of the legislators' work which had given little heed as to whether the alien institutions they copied would harmonize with native conditions. Such adjustments as were made were hardly more than what was thought advisable merely in view of the smaller size of the country, & implied no alteration or infringement of the basic principles of the original pattern. In some aspects of public law, however, the reformers appear to have sensed the unwisdom of

図3　フォルダ103「社会的諸要因」の最初の頁．冒頭にSocial Causesというタイトルが書かれている．その下に「(18VI' 47ニ) 旧稿ノ中ニ下ノ部ヲ発見ス。I.ノ後半ノ始メノ方ノ一部トシ束ムラシ」との書き込みがある．その下に小見出し「日改新ニオケル唐折中」がある．
Kan'ichi Asakawa Papers (MS 40). Manuscripts and Archives, Yale University Library.

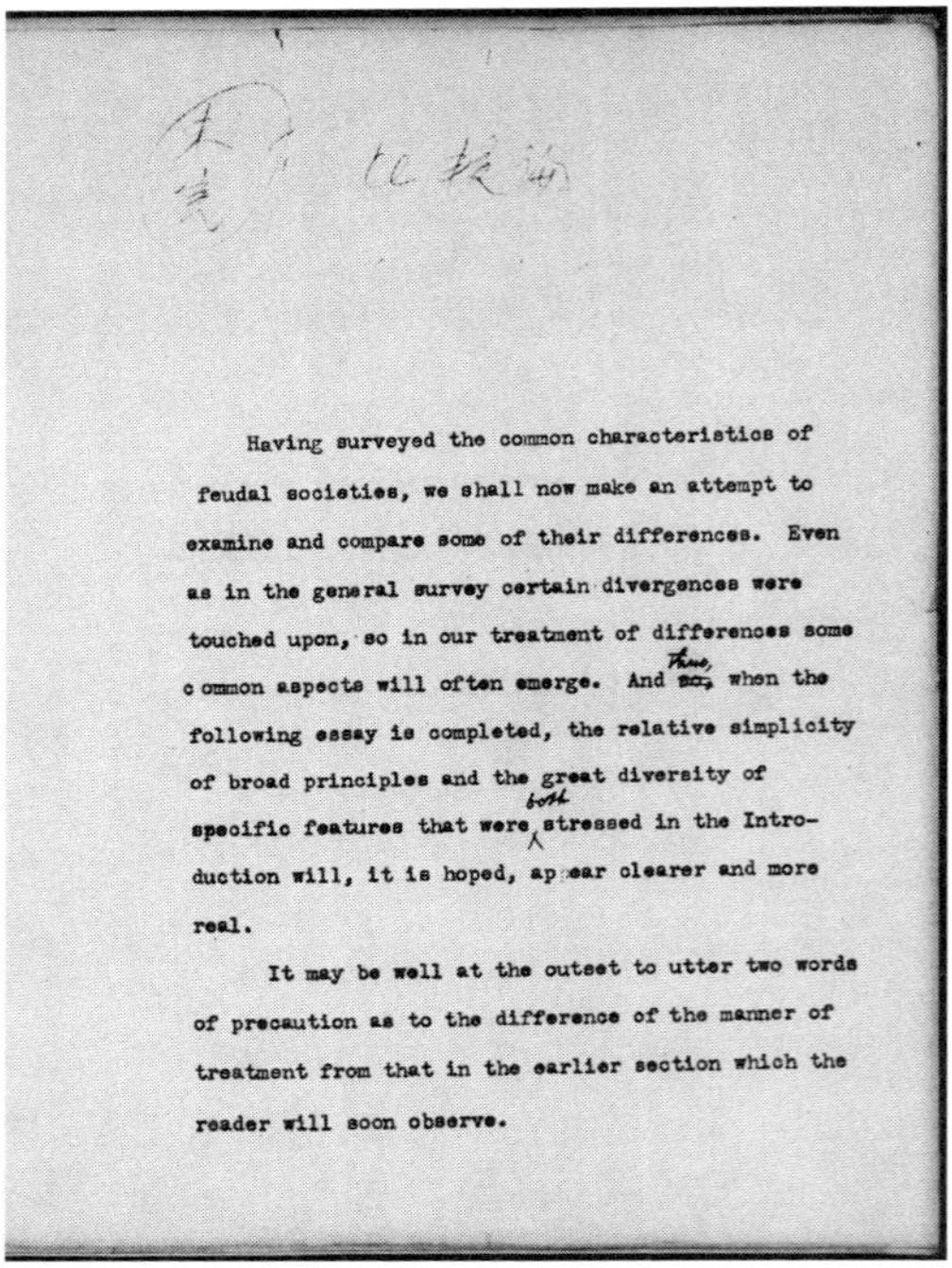
比較論
未完

Having surveyed the common characteristics of feudal societies, we shall now make an attempt to examine and compare some of their differences. Even as in the general survey certain divergences were touched upon, so in our treatment of differences some common aspects will often emerge. And thus, when the following essay is completed, the relative simplicity of broad principles and the great diversity of specific features that were both stressed in the Introduction will, it is hoped, appear clearer and more real.

It may be well at the outset to utter two words of precaution as to the difference of the manner of treatment from that in the earlier section which the reader will soon observe.

図4　フォルダ109「比較論」の最初の頁．タイプ草稿だが冒頭に手書きで「比較論」というタイトルが書かれている．その左には「未完」とある．
Kan’ichi Asakawa Papers (MS 40). Manuscripts and Archives, Yale University Library.

最初の頁には、朝河の手書きで“Social Causes”のタイトルとその下に日本語で「(18VI'47ニ) 旧稿ノ中ニ下ノ部ヲ発見ス。I.ノ後半ノ始メノ方ノ一部トシ束ムラシ」と書いてある。これは、朝河が一九四七年六月十八日にこの草稿を自身の旧稿の中に発見し、この草稿が「Iの後半の始めの部分」として束ねてあったという意味であろう。そして「Iの後半の始めの部分」とは、おそらく彼が執筆していた「比較封建制論の著作」の“Introduction I”の後半の始めの部分と理解できる。したがってフォルダ一〇三はフォルダ一〇八の四に続く部分と思われる。またフォルダ一〇二は、フォルダ一〇七の一の一部（最後の約三分の一にあたる部分）のタイプ原稿のカーボン複写で、そこには手書きでの加筆もかなりある。

さらに「封建制の性質」の草稿群には、これまで言及していないもう一つの英文草稿がある。それはフォルダ一〇九であるが、これはタイプ草稿で、冒頭に日本語の手書きで「比較論」というタイトルが書かれ、その左に「未完」と書かれている。この草稿で朝河は、封建社会の相違を解明するために、ヨーロッパと日本の封建法の比較考察を行うことを最初に述べるが、草稿は中世ヨーロッパの封建法の考察で終わり、日本の封建法の考察はなされていない。この草稿がおそらく「序一」、「序二」に続く本論であることは、この草稿中の記述からも理解できる。なぜならフォルダ一〇九の冒頭で次のようにいわれるからである。

> これまで様々な封建社会の共通の特徴を考察してきたので、我々は今や、それらの相違点を検討し比較しようと思う。……そして以下の論述が終えられるとき、序において強調した広範な原理が相対的に単純なもので、そこ［封建社会］には、特殊な特徴を伴う大きな多様性があることが、より明確に描かれることが期待できよう。(13)

この文章を読めば、フォルダ一〇九が序に続く本論として、封建制の相違を考察する部分だということが理解できる。以上から、“NATURE OF THE FEUDAL SOCIETY (tentative, not to be published.)”のタイトルの草稿以外は、すべての英文草稿が、朝河が構想した「比較封建制論の著作」の部分となっていると推定できる。それぞれの草稿の配置は次のように考えられる。

①「序一　封建制の諸要因」――フォルダ一〇八の四“Introduction I. Causes of Feudalism”，タイプ草稿、内容：封建制成立の社会的諸要因、メロヴィング朝と大化改新後の日本の比較、関連する草稿：フォルダ一〇八の二（フォルダ一〇八の四のカーボン複写版）、フォルダ一〇八の一とフォルダ一〇八の三（フォルダ一〇八の四を作成する前段階の手書き草稿の断片）

②「（序一の続き）社会的諸要因」――フォルダ一〇三“Social Causes”，冒頭に「(18VI'47 ニ) 旧稿ノ中ニ下ノ部ヲ発見ス」の記載、手書き草稿、内容：唐をモデルとした日本の改革の失敗、メロヴィング朝との比較

③「序二　封建社会の性質」――フォルダ一〇七の一“Introduction II. The Nature of the Feudal Society”，タイプ草稿、内容：封建社会の共通性の考察、ヨーロッパ各国の封建制の比較、関連する草稿：フォルダ一〇二

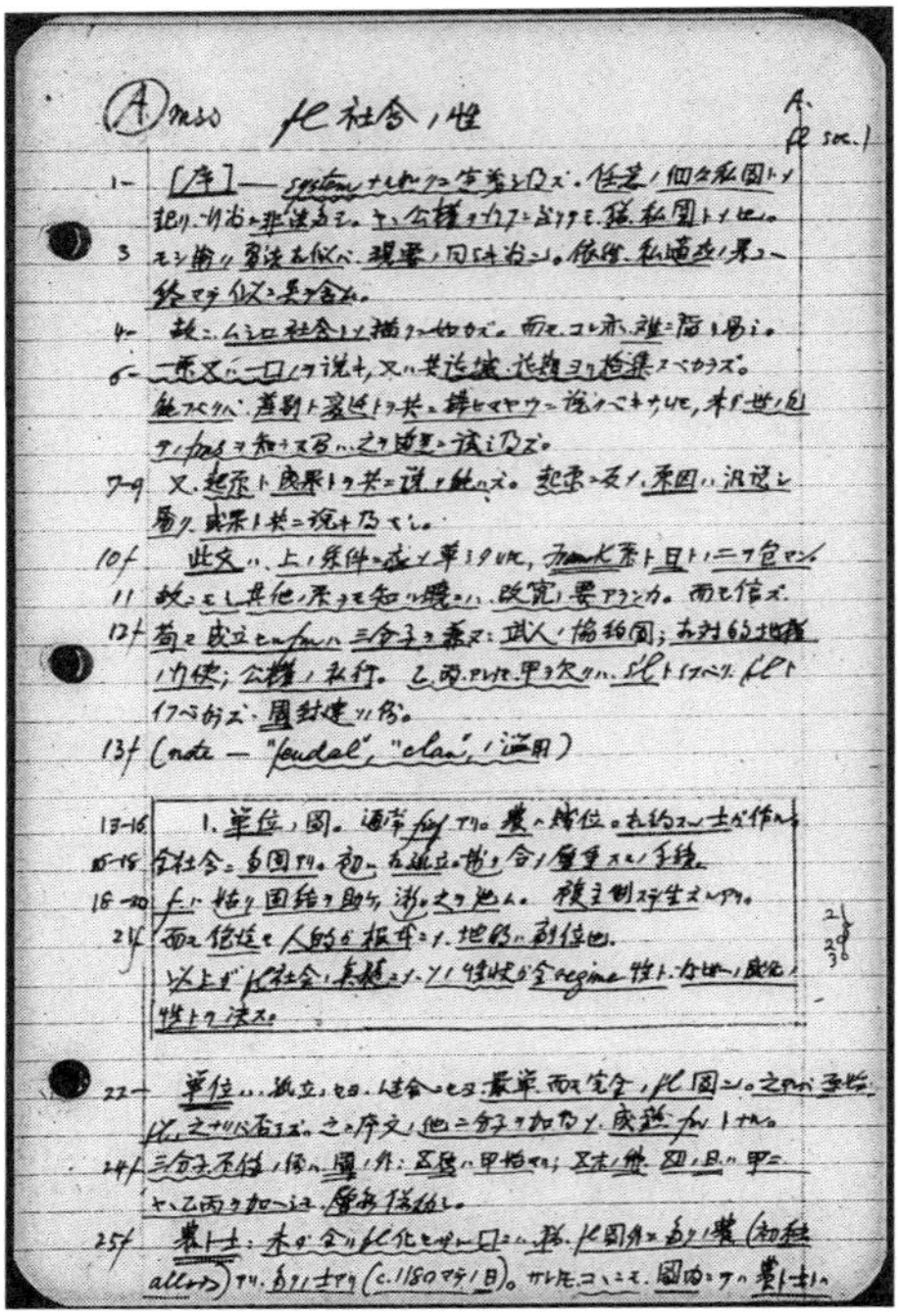

図5　フォルダ100「fl社会の性」の「序」の最初の頁.
Kan'ichi Asakawa Papers (MS 40). Manuscripts and Archives, Yale University Library.

（フォルダ一〇七の一のカーボン複写〈最後の約三分の一の部分〉、手書きによる加筆あり）

④「比較論」――フォルダ一〇九、日本語の手書きで「比較論」のタイトル、「未完」とのメモ書き、タイプ草稿、内容：封建社会の相違の考察、封建法の比較考察（実際には中世ヨーロッパの封建法の考察のみ）

これで一四の草稿群のうち一二の英文草稿の位置づけが明確になったが、草稿群にはすでに述べたように、この他に二つの日本語草稿がある。それらのうちフォルダ一〇〇〝fl社会ノ性〟は、内容的にフォルダ一〇四〝NATURE OF THE FEUDAL SOCIETY (tentative, not to be published.)〟の元となった日本語版ではないかと思われる。そうであればフォルダ一〇〇は一九三七年よりも前に書かれたものであろう。もう一つの日本語草稿のフォルダ一〇五〝feudal社会ノ性〟は、フォルダ一〇〇の内容に、日本の封建制の問題を中心に大幅に加筆したものである。フォルダ一〇五には天皇の人間宣言に触れる箇所があるので戦後に書かれたものと推定される(14)。またフォルダ一〇五は内容的に他の英文草稿に対応するものがないので、おそらく朝河が戦後の時期に、英文草稿群とは無関係にフォルダ一〇〇に大幅に手を入れたものではないかと考えられる。

四 「比較封建制論の著作」の内容

今みてきたように「朝河ペーパーズ」の「封建制の性質」の草稿群中、八つの草稿は、朝河が構想した「比較封建制論の著作」の草稿と考えられる。この節では、彼が構想した著作の概要を知るために、四つの草稿、1「序一 封建制の諸要因」（フォルダ一〇八の四“Introduction I. Causes of Feudalism”）、2「(序一の続き) 社会的諸要因」（フォルダ一〇三“Social Causes”）、3「序二 封建社会の性質」（フォルダ一〇七の一“Introduction II. The Nature of the Feudal Society”）、4「比較論」（フォルダ一〇九）の内容を簡単に紹介してみたい。

1 「序一 封建制の諸要因」

著作の最初の部分にあたるのがフォルダ一〇八の四“Introduction I. Causes of Feudalism”である。この草稿ではまず、封建制を生みだす社会的諸要因について述べられ、その後、メロヴィング朝と大化改新後の日本とが詳細に比較される。タイプ用紙で九六枚あり、かなり推敲がなされている草稿である。草稿に小見出しはない。ここでは「封建制の社会的諸要因」と「メロヴィング朝と大化改新後の日本の比較」に内容を分けて紹介する。

封建制の社会的諸要因

朝河は最初に封建制について次のように説明する。封建制は多くの国で生じたが、それぞれの封建制の形態はほとんど互いに似ていない。また、封建制で発展の完成形態に達したものはなく、西欧の封建制のモデルが他の封建制に十分に適合することもない。封建制は一つの静態的な組織ではなく、諸要因と様々な力が作り出すゆっくりとした成長物である。(15)

封建制の成立に共通する社会的な諸要因は、まとめれば以下の三つになる。つまり、①一度統一された国家が、数多くの自治的な人々の団体へと解体する、②これらの人々は、土地の条件付き保有地からの収益で生活する、③これらの団体の主たるメンバーは戦士であり、彼らは互いに強固な個人的忠誠と相互の義務の協定によって同盟する、の三つである。(16)朝河によれば、この三つの条件が揃えば封建的と呼びうる社会が生まれる。

メロヴィング朝と大化改新後の日本の比較

朝河は続いて、これら三つの諸要因の結合の具体的な例として、メロヴィング朝と七世紀の大化改新以降の日本とを比較して詳述する。彼によれば、封建制が成立する以前の時代に、フランク人も日本人もそれぞれ非常に特殊な国家を創出していた。メロヴィング朝は、ローマ帝国の土地を征服しその遺産を継承し、ローマ法が広くゲルマンの慣習に融合していた。一方、日本の新しい国家は、征服ではなく大きな政治的な危機の結果生まれた。日本では七世紀に長く続いた古い家父長制的な社会が解体し始め、一方での唐王朝の脅威により、新たな秩序形成が必要になる。その結果、中央集権化を達成するために唐のモデルを採用し、それを修正しつつ行政や法の再組織化を図った。(17)

朝河は、メロヴィング朝と同時期の日本とがそれぞれローマ、唐の制度を継承した点で類似の社会的背景があったことを指摘する。しかし両国家とも、継承した高度な制度を十分に根付かせることができずに国家体制が破綻し封建制へと向かう。そして、その失敗の根本的な原因は両者ともに政治的な能力があまりにも貧弱で、継承した体制をうまく維持できなかったからである。メロヴィング朝が公的な制度で採用したローマ的慣習は彼らの手で動かすにはあまりに先進的であった。メロヴィング朝では、王や伯、民衆において、国家の統一性の理念や公益の理念が欠けていた。つまり、公と私を区別する一般的な能力が欠如していた。[18] 日本でも大化改新により厳格な公と私の業務の区別が命じられ、公的な業務が高度に組織化された官吏にゆだねられたが、現実にはその後、私的なパトロネジの関係が増大し、官吏が私的な性格を持つようになり改革の政体は衰退していった。[19]

このように朝河は、封建制が誕生する前提として、メロヴィング朝と七世紀の改革後の日本に類似の状況があったことを提示したが、彼がここで行った日欧比較の議論の背景には、オットー・ヒンツェの『封建制の本質と拡大』の議論が影響していることも考えられる。[20] いずれにしてもこのフォルダ一〇八の四の草稿は、朝河の比較封建制論の草稿群の中で最も具体的に日欧の社会の比較を行っている点で注目すべきものである。

ただ一方で朝河が、メロヴィング朝と七世紀の改革後の日本との相違点も指摘していることが重要である。つまり日本では、メロヴィング朝で王権が振るわなくなったのと違い、天皇が影響力ある主権者として存続したことである。朝河は、天皇はメロヴィング朝の王権とは比べようもない、長い伝統のもと支配する家門であり、日本人は天皇制のもとで一つの大きな家と意識していたことを強調する。彼によれば、大化改新の改革は、家父長的な主権者である天皇と民衆が新たな政治的関係を形成した過程とされる。[21]

2 「(序一の続き) 社会的諸要因」

「序一」の後半部分として書かれたと思われるのが、手書きで四四頁あるフォルダ一〇三“Social Causes”の草稿である。内容は「序一」と同様、唐をモデルとした大化改新の改革がその後に機能不全に陥った事態について、メロヴィング朝の国家崩壊と比較しながら論じている。この草稿には三つの小見出しがあり、最初の小見出しのみ日本語で「日改新ニオケル唐折中」と書かれ、第二のものは「領主制のシステム (Domanial System)」、第三のものは「個人および道徳的力（Personal and Moral Forces）」となっている。

大化改新における唐の制度との折衷

最初の小見出し「日改新ニオケル唐折中」は、大化改新における唐の制度との折衷を意味するものであろう。ここでは、大化改新後の律令国家体制の崩壊過程が語られる。要約すれば、次のようになる。改革者たちは唐の制度を導入したが、最終的に唐のモデルを日本の自生の状況にうまく適合させることができず、日本の改革国家はメロヴィング朝のように統一から解体へと向かった。その結果、中央と地方の行政組織は数世紀のうちに崩壊し、公的なものと私的なものの混同が生じ、私的な存在である荘園が公的な裁判権から免除され、次第に公権力を持つようになる。(22)

領主制のシステム

続いては、封建社会が本質的に土地の経済に依拠し、領主制が基本であることが述べられる。封建社会では国家が土地に対する統制を失い、領主が大所領を私的に所有し、可能なかぎり所領を求めて争うようになる。一方、民衆は、自身の土地を領主の荘園の保有地に変えることで領主からの保護を求める。封建制の基盤となる荘園は、社会が危機に陥った状況の産物であった。西欧ではフランク人がガリアへの定住後、ローマの領主制システムを採用したが、そのシステムはすぐに無秩序に陥り荘園制への道を進む。日本でも大化改新の前には、ローマのような大所領を持つ領主がいた。その後、改革者は平等な土地分配を行ったが失敗し、荘園制の成立に向かう。(23)

個人的および道徳的な力

次には、封建制の成立条件としての個人的、道徳的な力が論じられる。封建制の成立には、私的に武装した人間が集団となり、相互に誠実を誓約する慣習の存在が不可欠であった。フランク人の間では、戦士が古くから相互扶助のために個人的な誠実の誓いを行っていた。その伝統からメロヴィング朝期に、彼らは共同の防衛と攻撃を行う家士契約を結ぶようになる。日本でも、私的な戦士集団が互いに強い家士関係の絆で結ばれていた。フランク人も日本人も個人的な強い忠誠心をもっており、それが封建制成立の大きな要因になる。(24)

朝河はこの草稿の最後で、封建制がすべての社会にとり社会進化の通常のコースだったのだろうかと問い、実際には、民族の内在的な力だけで封建制が成立した例は一つもないと結論する。また同時に、オットー・ヒンツェの『封建制の本質と拡大』も批判する。ヒンツェはフランク人、トルコ人、ロシア人、日本人が封建制を経験した民族だと指摘したが、朝河は、トルコ人とロシア人については封建制を発展させた民族とはいえないと述べる。そして、封建制が成立するためには四つの条件――荘園の形態を取る土地経済、一度中央集権化された国家の解体、社会不安に対抗できる勇敢な民族の存在、相互の忠誠を誓う集団の形成――が必要であり、フランク人と日本人のみにこれらすべてが見出されるとする。(25)

3 「序二　封建制の性質」

著作の「序二」にあたる草稿のフォルダ一〇七の一 "Introduction II. The Nature of the Feudal Society" はタイプ用紙で八四頁あり、内容はフォルダ一〇一 "NATURE OF THE FEUDAL SOCIETY (tentative, not to be published.)" とほぼ同じである。そこではまず、封建社会の性質について定義がなされ、その後、「誓約による武装集団の形成」、「土地への相対的な権利」、「公権力の私的行使」について以下のようなことが述べられる。

誓約による武装集団の形成

朝河はまず封建社会の単位について扱う。封建社会の単位は不自由民の農民により扶養された自由人の戦士集団である。この集団では戦士の一人が主君となり、各戦士が主君の家臣となり、それぞれが相互の個人的な忠誠と義務の絆で結ばれている。ただし、戦士は様々な集団に属して複数の主君から封土を得ることもできた。戦士集団は、次第に国家から政治や戦争に関する重要な機能を簒奪していき、国家の公的な権威がなお存続していても、公的な権威は、新たに台頭する私的な戦士集団により担われるようになる。戦士集団の権力掌握は、国家が機能不全になっていく過程と一致する。(26)

土地への相対的な権利

次に、土地に対する権利の問題が論じられる。封建制の本質的要素はあくまでも主君と家臣の忠誠関係であるが、封建社会は土地が経済の基礎なので、封建制には土地の要素が付随する。なにより重要なことは、土地への権利が分割され、相対的な権利となることである。すなわち、多くの人が同じ土地に対し、様々な段階で、またことなる質で権利を保持するようになる。さらに土地には明確な保有の二つの類型、つまり、戦士の封土と農民の保有地があり、その結果、戦士と農民は階級的に分裂する。(27)

公権力の私的行使

続いては、公権力と封建制との関係が扱われる。封建社会では、戦士集団がそれまで存在した国家権力を分有するが、それは国家による正統的な譲渡か、戦士集団による簒奪かによった。封建社会では、権力を授与する側の国家の主権者が存在し続けることもあるが、国家の主権者と封建社会の最高主君はことなる存在である。国家の主権者が現実の公権力保持者の追認もできなくなるとき、公的な官職は封建制の中に吸収され、封建制は純粋に私的な関係に陥る。その典型的な例はカペー朝フランスであり、そこでは国家が数千の個別の自律的な単位に分裂した。(28)

4　「比較論」

フォルダ一〇九の草稿「比較論」が「序一」、「序二」に続く本論の一部と考えられる。朝河はここで、日欧の封建制の相違を分析する最もよい視点として法の問題に着目する。この草稿では、フランク王国時代に形成されたヨーロッパの封建法が論じられた後、続いて日本の封建法が扱われ、それらの比較がなされる予定であった。しかし実際には、この草稿はヨーロッパの封建法を論じるのみで終わっている。それも、ヨーロッパの封建法を構成する要因として彼が提示した「個人の要素」、「土地の要素」、「義務の要素」、「団体の要素」のうち、最初の三つだけが論じられ、「団体の要素」は論じられずに草稿は中断している。その点でヨーロッパの封建法の分析についても未完に終わった草稿である。この草稿では最初に、封建法とは何かが論じられ、それに続き「ヨーロッパ」(Europe)という大見出しがあり、さらに三つの小見出し「個人の要素」(Personal Factors)、「土地の要素」(Real Factors)、「義務の要素」(Obligational Factors)のもとで議論が展開される。

封建法とは何か

朝河によれば、封建法とは封建社会の構成員間の、明確な形になっていない法的な権利と義務の規則の体系である。ヨーロッパでは、封建制が開花した時代に多くの法が併存しており、他の法つまりラント法、荘園法、教会法が封建法と深くかかわることになった。ここではまず、フランク起源のヨーロッパの封建法について考察し、さらにそれを日本の封建法と比較することを予告している。(29)

ヨーロッパ

ヨーロッパでは遅くとも八世紀の後半には、後に封建法へと発展する法的な諸要素の結合が出現する。それはつまり、二人の武装した自由人が相互の誓約により、一方が他方を保護し被保護者が保護者に従属すること、および、保護者が被保護者に土地の権利を授与することの結合である。このようにして成立する封建法には、個人の要素、土地

の要素、義務の要素、団体の要素の四つの要素がみられる。(30)

個人の要素

個人の要素とは、二人の自由人が相互の個人的な誓約に基づき、相互の義務の関係を結ぶことである。一方が他方に保護と支援を与え、もう一方が保護者に対し、家政の仕事と戦闘の行為により奉仕する。そして、このような家士制の起源となった制度として次の三つが考えられる。それは第一にガロ・ローマ起源のパトロネジの制度、第二にゲルマン人のムントの制度、第三にゲルマン人の従士制、つまり自由人が自身の長に対し個人的に従属する制度である。メロヴィング朝の混乱の時代に、これらの制度が融合し、互いの強固な誠実と義務を伴う家士制が生まれた。(31)

土地の要素

封建制には土地の要素がある。まず、主君が家臣に保有地を使用する権利を与える。家臣はそこから生計を得て領主への奉仕を行う。主君は授与する土地が少なくなると、土地の代わりに、税や一定の公的な職務の給与など、あらゆる収入源を封として家臣に与えるようになる。カロリング時代の後半に中央権力が弱体化するようになると、それまで封建関係を結んでいなかった自由人も、身の安全のために近くの強力な主君に托身を行い、家臣となり、自身の自由地を封土として受け戻した。このようにして、封土が、社会での土地保有の優勢な類型となる。また九世紀中頃からは王だけでなく、伯や司教などの諸侯も官職や土地を家臣に封土として与えるようになる。その結果、国家と教会の行政は、家士制と封土の封建的原理で再組織されることになった。(32)

義務の要素

封建制の義務の要素については、次のようにいわれる。土地の授与が家士契約の本質的要素でなかった時代には、家臣の主君への義務は重いものであった。家臣が主君の日々の恩顧で生きるかぎり、家臣は主君から、あらゆる種類の従順と奉仕を求められた。しかしメロヴィング朝末期からカロリング朝期になると、党派抗争が激しくなり、主君はより多くの従者を得ようとして、封土を授与するようになる。封土は、家臣による義務履行の保証となったが、一方で封土を得た家臣は、主君の悪行が疑われるときには、主君の不誠実な行為を理由に奉仕を止めることもできた。封土の授与は、相互の紐帯を強めるとともに、多くの点で主君に対し家臣の地位を高めることにもつながった。(33)

五 「比較封建制論の著作」の特徴

以上、朝河が構想していた「比較封建制の著作」の内容を四つの草稿から簡単に紹介した。この「比較封建制論の著作」は、序では封建制の共通性が述べられ、本論では封建制の相違が論じられる構成になっているが、本論に関しては、ヨーロッパの封建法の議論のみで、比較の対象となる日本の封建法に関する論述はないまま中断している。その意味で未完に終わった企画であったわけだが、それでも朝河がこれらの草稿で述べる内容からは、彼の封建制の理解について多くを知ることができる。この節では、朝河の草稿での議論でとくに注目すべき点を取り上げてみたい。

1 「社会的諸要因」の結合としての封建制

まず、朝河が「序一 封建制の諸要因」(フォルダ一〇八の四)の冒頭で行っている封建制の定義が重要である。そこからは、彼が封建制をどのように理解していたのか、また封建制の日欧比較をどのように行おうとしたのかを知ることができる。なによりも朝河は、西欧の封建制が封建制の基準となるモデルではないことを明確に述べた。彼によれば、「西欧の封建制も歴史の諸段階で、世界のことなる諸部分で生じた多くのものの一つ」に過ぎず、封建制のモデルとして「提示されるシンメトリカルな像は、西欧のことなる時代、ことなる国から取られた、思想の恣意的な産物」にすぎない。また、封建制の完成形態はいかなる場所、いかなる時代にも実在しない。(34)

朝河の封建制理解は要約すれば次のようになる。つまり、封建制は地域ごとに特殊な形態を取るので、日欧のように相互に影響関係がない地域間では、封建制の中に同一の制度を見出し比較することはできない。しかし、日欧の封建社会に共通する社会の構成原理を抽出し、それを分析の軸として相違点を比較することは可能である。おそらく朝河も読んだと思われるマルク・ブロックの『比較史の方法』では、ヨーロッパ諸国内での諸制度を比較するような、直接に影響関係が想定できる事象の比較は比較史の実りある成果を生み出すとされるが、ブロックは、相互に影響関係が想定できない地域間の似た事象の比較については、このような比較史の対象になるとは考えていない。(35)ブロックは比較史の対象と方法を厳密に定義し、具体的な影響関係を証明できるものに比較の対象を限定していた。朝河がこのブロックの議論を知っていたとすれば、明らかに朝河は、封建制の日欧比較がブロックのいう比較史の対象とはなりえないことを知っていただろう。しかし、それにもかかわらず朝河は、日欧の封建制のように、相互の影響関係がないがそれでも類似する事象を、適切に比較する方法をこの草稿で模索したといえる。

その結果、朝河は日欧の封建制の比較を行うにあたり、日欧の封建制を制度的な実体として比較するのではなく、両者を、共通する構成原理を持つ社会として比較しようとした。そのために彼は、日欧の封建社会に共通する社会の諸要素を抽出し、それを比較の軸にして、相違点を明確にする方法を取ったのである。朝河は、封建制を「多くの異なる要素の変動する諸関係から生じる、ゆっくりとした、広範な自発的な成長物」と定義し、封建社会の本質は、こうした諸要素と様々な力の相互作用の中に見出されるものだとしたが、この一見わかりにくい抽象的な言葉での定義には、直接影響関係のない日欧封建制をどのように比較するのか、についての朝河の苦闘を見て取ることができる。(36)

したがって朝河の封建制の理念は、ヨーロッパの歴史学で語られていた、封建制を封土を媒介とした主従関係と一致させるヨーロッパの法制史の理解とも、封建制の中に領主制を包摂するマルクス主義的な封建制の理解ともことなる。朝河の封建制論はヨーロッパの歴史学で語られてきた封建制論とはまったく別種のものである。彼の封建制論は、直接に影響関係のない日欧の中世に生じた類似の支配のあり方をどう比較するかという問いから発し、歴史的実体の比較を超えて、社会的諸要因の結合という視点から封建制を説明しようとする試みであった。

さらに朝河の主張で重要な点は、封建制がすべての人間社会の必須の発展段階ではない、とすることであろう。封建制については当時、マルクス主義的な発展段階論においてだけではなく、一般的な歴史観においても、近代社会に先行する不可避の歴史の段階と認識されていた。その点でも朝河の封建制論は、きわめて独自の見方を提示している。彼はすでに一九一八年の論文「日本の封建制の諸局面」で、「封建制の成長は正常なものではない。世界史のきわめて少ない人種にのみ与えられた幸運な例外である」と語っているが[37]、フォルダ一〇三の草稿でも、「封建制はすべての社会にとり進化の通常のコースといえるのだろうか。それはいくつかの例外的状況により生じるものではないのか」と自問し、それに対して「自身の自生的な能力だけで封建制を作った民族は一つもない」と答え[38]、そして封建制とは「一定の道徳的資質を与えられ、それを彼らが遭遇した重大な危機に適用することを知っていた、数少ない人々にだけのまれな幸運」であったと述べる[39]。いずれにせよ朝河は、西欧の封建制をモデルとする封建制論や発展段階論の呪縛から封建制論を解き放ち、独自の比較封建制論を構築することを考えていたといえる。

2　フランク王国と律令制国家の比較

朝河はまた、「序一　封建制の諸要因」（フォルダ一〇八の四）と「（序一の続き）社会的諸要因」（フォルダ一〇三）において、メロヴィング朝と大化改新以後の日本との詳細な比較を行っているが、朝河が生前に公刊した論文で日欧の中世社会の比較をこれほど詳しく行ったものはない。朝河がいつ頃からこのような比較を考えていたのかは、彼の研究関心が『入来文書』以降、どのような方向に向かっていったのかを考える上でも興味深い問題である。

朝河が日欧封建制の比較の論考を構想していた時期には、すでにオットー・ヒンツェが『封建制の本質と拡大』で独自の比較封建制論を提示していた。ヒンツェは周知のように、ローマ帝国の制度を継承したフランク王国が国家を維持できず封建制へと至ったのと同じ道筋を、トルコ、ロシア、日本での封建制の成立過程でも見出されることを述べた(40)。ヒンツェの議論ではとくに、唐の制度を継承した日本の律令制国家とローマの制度を継承したフランク王国とが比較されているので、朝河がヒンツェの議論に影響を受け、メロヴィング朝と大化改新後の日本との詳細な比較を行った可能性は十分に考えられる。

だが朝河はフォルダ一〇八の四の草稿で、メロヴィング朝と日本の律令制国家を比較して同じく封建社会に至る道筋を提示しつつも、二つの社会の間には根本的な相違があることも強調する。それは、メロヴィング朝の王権が恣意的な権力行使を行いながら崩壊し、その後にヨーロッパの封建社会が成立したのに対し、日本では律令制国家が崩壊しても天皇が高次の公的な権威として存続し、国家意識は連続して存在したという指摘である。朝河はフォルダ一〇八の四の草稿で、天皇制が果たした役割を強調して次のようにいう。つまり、七世紀の大化改新後の日本は唐の制度を模倣したことで、ローマを継承したメロヴィング朝と似ているが、主権者のあり方は日本とメロヴィング朝ではことなる。日本では天皇のもと多くの民族が一つになり、その大半の人々が自分たちを一つの大きな家と意識していた。日本では支配者と被支配者との関係は愛情と尊敬により結ばれた情緒的なもので、それは決して冷たい要求と反対要求のギブ・アンド・テイクではなかった(41)。一二世紀末から約七〇〇年間、封建体制が続き、天皇は間接的な支配しかできなかったが天皇の主権は脅かされなかった。逆に、天皇の温和な受け身的な政治的態度により民衆の忠誠心は深められ主権は強化された。[42] 朝河はこのように、日本とヨーロッパの封建社会の根本的な相違として日本における天皇の特殊な役割を強調している。[43]

3 ドイツの法制史研究の影響

さらにこの草稿群では、同時代のドイツの法制史研究の強い影響を感じさせる箇所がある。朝河の草稿にはまったく注がないので、どのような文献を参照したのかは推定するしかないが、明らかに同時代のドイツの法制史研究を参照したと思われる部分がある。朝河が『入来文書』の刊行まで、封建制の日欧比較の対象として考えていたのは主としてフランスであった。参考文献も英語と仏語のものが中心であり、それまではドイツ人が行っている法制史研究は十分には視野に入っていなかった。『入来文書』以降の時期に朝河は、何らかの理由でドイツの法制史研究の重要性を認識し、自身の研究に積極的に取り入れ始めた。

とくに朝河の草稿では、同時代に活躍したドイツ人の法制史家ハインリヒ・ミッタイスの影響が感じられる。ミッタイスは一九三三年に刊行した著書『封建法と国家権力』において、封建法が封土を媒介にした主従関係を形成する私法としてだけでなく、公法としても機能し中世ヨーロッパの国家を組織する原理にもなっていることを主張した。彼は、カロリング期に形成された封建法がヨーロッパ各国で継承され、各国で公法的な役割を果したことを論証し、それまでのヨーロッパ封建制の理解に対して一石を投じた。[44]

朝河の草稿には、このようなミッタイスの封建法研究の影響を受けていると思われる箇所がある。それはフォルダ一〇七の一の草稿「序二　封建制の性質」において、「国家的封建制（State feudalism）」と「封建制的国家（feudal

State)」の二つの概念で中世ヨーロッパの封建制の地域的な多様性が論じられる部分である。朝河によれば、「国家的封建制」とは、国家の君主が封建関係を通じて国家全体を封土として保持し、君主を頂点とする国家組織を封建制により維持するケースである。それは九世紀前半のカロリング朝フランク王国、中世イングランドなどの封建制にみられる。他方、封建法が公法的に機能せず、封建制により多くの戦士集団が分立するケースが「封建制的国家（feudal State)」で、その典型はカペー朝のフランスとされる。[45]

もう一ヵ所、ミッタイスの影響が想定できるのは、朝河がフォルダ一〇九の草稿でヨーロッパの封建法の分析を行う部分である。朝河は封建法を、個人の要素、土地の要素、義務の要素から分析したが、封建法の諸要素の分析は、ミッタイスの『封建法と国家権力』にも類似する部分がみられる。[46]

4　オットー・ヒンツェとの交流

ではなぜ朝河は、このようにドイツの法制史研究に目を向けるようになったのか。それはおそらく歴史家オットー・ヒンツェとの交流がきっかけであっただろう。ヒンツェは一九三〇年に『歴史学雑誌（ヒストーリシェ・ツァイトシュリフト）』に『入来文書』の書評を書き、その後、両者は何度か書簡を交わしているが、朝河はヒンツェの書簡での助言により、ドイツの法制史研究を本格的に学ぶようになったと思われる。[47]

ヒンツェが朝河に宛てた書簡は少なくとも二通残っているが、その第一の書簡（一九三一年六月十七日付）で朝河に対し、日本の国制史はイギリスやフランスよりも、ドイツのものにずっと似ているのでドイツ国制史の研究を行うように勧めている。[48]これに対し朝河は書簡（同年七月十五日付）をヒンツェ宛に送り、ドイツ国制史の研究が自身の比較研究にとりきわめて有益と思うので、この研究にぜひ取り組みたいと述べ、とくに封建法の日欧比較が検討に値すると語る。そして最後に、ドイツ、オーストリアで自身の研究の指導者として最適な人物はだれか尋ねている。(49) ヒンツェはこれに対して第二の書簡（同年七月三十日付）で、とくにドイツの国制史の研究には法史家による指導が不可欠であるといい、とくにハイデルベルクのミッタイス教授が封建制に関する新しい書物を現在書いているのでぜひ指導を受けるようにと述べる。(50) ここでヒンツェが言及するミッタイスの新しい書物とは前述の『封建法と国家権力』であることは間違いない。

ヒンツェが朝河に送った書簡は二通にすぎないが、その二通の書簡ともに、朝河の比較封建制の研究にとり、いかにドイツの法制史の研究を学ぶことが有益であるかを強調するものであった。これらの書簡には、ミッタイス以外にも朝河の研究に助けとなる様々なドイツ人の研究者や研究書の名前が挙げられている。この後おそらく朝河は、ドイツ語の法制史関係の研究文献を読み、封建法の問題に取り組んだものと思われる。その研究成果の一端が、比較封建制に関する草稿群にも見て取ることができる。

5　ヒンツェ『封建制の本質と拡大』への批判

ただし朝河は、ヒンツェに必ずしも全面的に追随していたわけではない。彼は「序一の続き」にあたるフォルダ一〇三の草稿で、ヒンツェの『封建制の本質と拡大』での比較封建制論に対して明確な批判を行っているからである。ヒンツェの『封建制の本質と拡大』の内容は、要約すれば次のようになろう。つまり封建制とは、土地の経済に基づく社会において、大文明の帝国と接触した地域で、続く国家が国家体制を形成しようとして破綻したさいに出現する統治の形態であり、世界史的にみてそれが成立したのは、西欧以外ではロシア、トルコ、日本においてしかない、ということである。ヒンツェの議論の核心には、部族国家＝ナショナルなものと、世界史的＝帝国主義的なものの出会いと総合の破綻の結果、封建制が生まれるという主張があったが、同時代にすでにマルク・ブロックが、ヒンツェの説は壮大に過ぎて歴史学での検証が不可能だと批判した[51]。朝河もまたフォルダ一〇三の草稿で、ブロックとは違う意味でヒンツェの封建制論を批判し、次のようにいう。

オットー・ヒンツェが、フランク人、トルコ人、ロシア人、日本人を、封建制の真の体制の本質的な特徴を持つ封建制の時代を経験した唯一の人々であると指摘し、それらすべての例で、決定的な原因として自生と外来の制度の混合があることを述べたが、……トルコ人やロシア人が実際に、我々が真の封建的組織と呼ぶものの属性を十分に発展させたと肯定することはできない[52]。

朝河によれば、トルコとロシアには封建制は成立することはなかった。封建制が成立したのは西欧と日本のみである。その理由として朝河は、封建制が成立するには四つの条件があり、それをすべて満たしたのは西欧と日本しかなかったからとする。その四つの条件とは、荘園システムの形態を取る土地経済の段階であること、一度中央集権化された国家が解体していること、社会不安の深刻さに力強く対抗できる勇敢な民族がいること、人々が相互の忠誠を固く誓い、互いに献身しあう集団を形成する慣習があること、である[53]。ここで朝河はヒンツェを批判しながら、日本とヨーロッパにおいてのみ、相互の強い誓約で結ばれた戦士集団が存在したことを強調し、ロシアとトルコはそれを満たしていないことをいいたかったのだろう。

おわりに

以上みてきたように、「朝河ペーパーズ」のボックス一〇に所収された「封建制の性質」のフォルダ名のある草稿群は、その多くが、朝河が構想した「比較封建制論の著作」のための草稿とみられる。おそらく最初、朝河は自身の覚書として、日欧の封建制の共通性について“NATURE OF THE FEUDAL SOCIETY (tentative, not to be published.)”のタイトルの草稿フォルダ一〇六を一九三二年に書いたのだろう。それは加筆され、五頁のものが四一頁のものにまで拡大していった。そして同名のタイトルの最終版であるフォルダ一〇一が、朝河が構想していた「比較封建制論の著作」の「序二」に転用された。朝河がこの「比較封建制論の著作」に本格的に取り組んだのは、フォルダ一〇一が書かれた時期（おそらく一九三七年以降）からであろう。「序一」（フォルダ一〇八の四）、「比較論」（フォルダ一〇九）がともに推敲が十分になされたタイプ草稿なので、ここまでの草稿作成にはかなりの時間がかかったと思われる。また一方で「（序一の続き）社会的諸要因」（フォルダ一〇三）の草稿には、すでにみたように一九四七年に旧稿から発見したという手書きの記載もあるので、朝河はこの著作の作業を一九四七年よりも前に一旦放棄し、一九四七年に再開したと考えることもできる。

いずれにせよ、朝河が『入来文書』以降、自身のライフワークの一つとして「比較封建制論の著作」の執筆に取り組み、少なくとも「序一」、「序二」の日欧封建制の共通性を論じる部分は完成に近づいていたと判断してよいのではないだろうか。だが本論として構想された部分、つまりヨーロッパの封建法と日本の封建法の相違を論じる部分は書かれずに終わった。なぜ、書かれなかったのか不明であるが、そこには比較の難しさがあったのだろうか。本稿で分析した草稿群は、草稿によってはタイプ用紙で一〇〇枚近くあり、全体の分量を合わせると優に一冊の書物ほどはある。ここで紹介した内容はそのごく一部にすぎない。今後、何らかの形で、朝河が残した「比較封建制論の著作」の草稿群の詳細な紹介ができれば幸いである。

最後に、最初の問いに戻ろう。朝河は彼の日欧比較封建制論で、ヨーロッパの封建制を基準として、それと類似の事象を日本史に見出そうとしたのだろうか。確かに、朝河の『入来文書』の研究は、中世ヨーロッパの封建制との比較の視座がなければ着想できなかったものである。しかし一方で朝河は、日本の水稲耕作とヨーロッパの麦作の相違や、戦士の主従関係のあり方の相違などから、日本とヨーロッパの封建社会の根本的な違いも十分に理解していた。本稿での草稿分析で明らかになったのは、朝河の封建制の定義が、西欧の封建制との比較でなされるのではなく、一定の共通の特徴を持つ社会類型としてなされることである。すなわち朝河の定義する封建制とは、土地経済の社会で、戦士の私的な忠誠関係の伝統を持つ民族が政治的危機の状況に対処すべく考案した支配の様式であり、そのかぎりで、ヨーロッパや日本の歴史的な文脈を超えたものであり、いずれかの地域で生じた封建制を典型とする定義ではない。

朝河は、封建制がヨーロッパと日本でしか生じなかったことを強調したが、彼の封建制の定義をみるかぎり、彼の日欧比較封建制論は、日本の中世にヨーロッパの中世を発見する類いの議論とは異質のものであった。朝河は封建制を特定の歴史的実体から離れて、貨幣経済が浸透する以前の世界で、人間集団が秩序形成のために作り上げた社会類型として定義した。その点で彼の封建制論はきわめて独創的であったが、当時の歴史学の世界では孤立したものであった。しかし、その後の歴史学における封建制概念の再検討の潮流の中で、朝河の比較封建制論は再評価すべき時にきているように思える。なぜなら最近の歴史学では、従来の歴史の発展段階論的な封建制の理解を超えて、封建制を社会類型論として広く理解し、中世社会の分析の道具として再び活用しようとする動きが生じているからである。(54)本稿で紹介した「朝河ペーパーズ」所収の「封建制の性質」草稿群は、朝河の行った比較封建制論の意義を再評価するためにきわめて貴重な資料であり、今後、より詳しい分析が必要であろう。

注

（1）　堀米庸三「「封建制再評価」への試論」（同『歴史の意味』中央公論社、一九七〇年、一四六―二〇八頁、初出『展望』八

七、一九六六年）。

（2）石井進「日本の封建制と西欧の封建制」（堀米庸三編『歴史学のすすめ』筑摩書房、一九七三年、一四六—一六六頁）。

（3）宮嶋博史「日本史・朝鮮史における「封建制」論—一九一〇—一九四五年—」（宮嶋博史・金容徳編『近代交流史と相互認識Ⅱ　日帝支配期』慶應義塾大学出版会、二〇〇五年、二八三—三一二頁）は、日本の国史の成立過程で封建制論が、日本のヨーロッパとの共通性と朝鮮・中国との相違を際立たせるために役立ったとする。またデトレフ・タランチェフスキ「近代日本史のなかで「中世」と「封建」の意味するもの」（東京大学史料編纂所編『歴史学と史料研究』山川出版社、二〇〇三年、二五五—二七三頁）も、日本の近代歴史学において「封建制」や「中世」の概念が、それらを通じてヨーロッパ的要素を日本史に持ち込み、日本史をヨーロッパ中心的な普遍史に収めることに貢献したことを述べている。

（4）朝河の封建制研究が、我が国の歴史学界で正当に評価されてこなかったことについては矢吹晋氏が再三指摘している。同氏による『入来文書』（柏書房、二〇〇五年）の翻訳の「訳者解説」、および『朝河貫一とその時代』（花伝社、二〇〇七年）を参照。

（5）山岡道男・増井由紀美・五十嵐卓・山内晴子・佐藤雄基『朝河貫一資料　早稲田大学・福島県立図書館・イェール大学他所蔵』（早稲田大学アジア太平洋研究センター、研究資料シリーズ五、二〇一五年、二五〇—二七六頁、この部分は佐藤雄基氏が執筆。以下『朝河貫一資料』と表記）。なお本論文では東京大学史料編纂所で所蔵する「朝河ペーパーズ」を参照した。

（6）朝河は、日本史の教授職が当時イェール大学にはなかったことや彼の比較封建制の研究が認められたこともあり、一九二三年からはイェール大学でヨーロッパ法制史の授業を担当するようになった（山内晴子『朝河貫一論』早稲田大学出版部、二〇一〇年、三二八—三二九頁、参照）。なお「朝河ペーパーズ」には、朝河が一九三一年頃に書いた「カロリング期の立法（Legislative Power of the Carolingian king）」と題した論文（あるいは講義ノート）の草稿も残っている（Box 51, Folder 237）。それは完成に至らず公刊されることはなかったが内容のレヴェルは十分に高い。このような草稿からも朝河が中世ヨーロッパ史研究にも真剣に取り組んでいたことがわかる。

（7）朝河が晩年まで三つのことなる研究を行っていたことはJ・W・ホールが指摘している。J.W. Hall, "Kan'ich Asakawa: Comparative Historian," in: Kan'ich Asakawa, *Land and Society in Medieval Japan*, Tokyo, 1965, p. 13.『南九州の封

建体制』は『入来文書』の中で朝河が刊行を予告しながらも、結局刊行されずに終わった。『朝河貫一資料』二六一―二六五頁、参照。

（8）*Land and Society in Medieval Japan*, pp. 22–24. この草稿は「封建社会の性質」として翻訳がある（朝河貫一著、矢吹晋編訳『朝河貫一比較封建制論集』柏書房、二〇〇七年、三五一―三五五頁）。

（9）K. Asakawa, "Some Aspects of Japanese Feudal Institutions," *The Transactions of the Asiatic Society of Japan*, vol. XLVI, no. 1 (1918), pp. 77–102. これは、*Land and Society in Medieval Japan*, pp. 193–218. に採録された。翻訳は「日本封建制の時期区分」として『朝河貫一比較封建制論集』（八―二七頁）にある。

（10）J・W・ホールは、朝河が一九三二年のFolder 106をその晩年にFolder 101の四一頁の最終版に拡大したと述べ、Folder 101を一九四七年の作成としている（"Kan'ich Asakawa: Comparative Historian," p. 14）。ホールがFolder 101の年代を一九四七年とした理由は、「朝河ペーパーズ」に残る一九四七年八月十日の朝河の日記（Box 6, Folder 56）で朝河が「"nature of feudal society"の古いエッセーに手を入れている」と書いた記述を見たからかもしれない。だが本論でも述べるように、Folder 101はさらに修正され、比較封建制論の著作の「序二」に利用されているので、朝河がこれを一九四七年に書いたとするのは無理がある。朝河がこの日記で言及するのはおそらく「序一の続き」となるFolder 103のことであろう。なぜなら本論でも触れるようにFolder 103の冒頭には、朝河の手書きで「(18VI'47 ニ) 旧稿ノ中ニ下ノ部ヲ発見ス」と書いてあるからである。ここから一九四七年の夏に朝河はFolder 103の草稿を改訂していたと考えるのが妥当である。なお、草稿群の年代を考えるにあたり、新田一郎氏（東京大学法学部）の「石井紫郎先生喜寿記念シンポジウム「パイオニアの系譜」（二〇一二年七月一日）での発表原稿「Tentative, not to be published―『入来文書』以降の朝河貫一、素描」（未公刊）が大変参考になった。発表原稿を快く見せていただいたことに対し同氏に心より感謝する。

（11）Folder 106, p. 80513. Difficulty lies in defining feudalism as if it were a system: feudalism in some countries was hardly a consistent system at any period of time. Another difficulty of the usual definition is that it considers only one form of feudalism, and its character in only one stage of its evolution.

（12）Folder 106, pp. 80514–80516. 1. The simplest unit of the feudal society is a group of warriors supported by peasants: one of the warriors of the group is its lord with whom each of the other warriors as his vassals is bound by personal ties of mutual faith and obligation, …… 2. Land, which is the economic foundation of this society, is owned by a few, of whom the other members hold it in relative rights and obligations, …… 3. It also follows from the above (2) that, where the warrior class exercises general political powers, the real right of fief more or less corresponds to the political authority of the holding vassal, …….

（13） Folder 109, p. 80804. Having surveyed the common characteristics of feudal societies, we shall now make an attempt to examine and compare some of their differences. ……And thus, when the following essay is completed, the relative simplicity of broad principles and the great diversity of specific features that were both stressed in the Introduction will, it is said, appear clearer and more real.

（14） Folder 105, p. 80463.「N.Y. Times ノ東洋的専制及神治ノ見」に言及した箇所で「帝ハ公然神性ヲ今ヤ否ミシモ、国情ノ実質ハ残ラン」と述べて天皇の人間宣言に言及している。

（15） Folder 108-4, pp. 80722–80725.

（16） Folder 108-4, p. 80728. 1. A once unified State has been decomposed into innumerable bands of individual persons which are more or less self-governing. 2. These persons are living upon resources derived from conditional tenures of land. 3. The chief active members of these bands are warriors, who have allied themselves one by one by agreements of strong mutual personal fidelity and of reciprocal obligation.

（17） Folder 108-4, pp. 80735–80741.

（18） Folder 108-4, pp. 80773–80886.

（19） Folder 108-4, pp. 80786–80802.

（20） Otto Hintze, "Wesen und Verbreitung des Feudalismus," *Sitzungsberichte der preußischen Akademie der Wissenschaften, Phil.-Hist. Klasse*, 1929, XX, pp. 321–47.（オットー・ヒンツェ、阿部謹也訳『封建制の本質と拡大』未来社、一九六六年）。なおドイツでは同時代にヒンツェ以外にもカール・ランプレヒトらが大化改新後の日本とフランク王国とを比較する議論を行っていた。そのことは上原専禄がアルフォンソ・ドープシュの古希記念論集に寄稿した一九三八年の論文で触れられている。Senroku Uehara, "Gefolgschaft und Vassalität im fränkischen Reiche und in Japan," in: *Wirtschaft und Kultur. Festschrift zum 70. Geburtstag von Alfons Dopsch*, Leipzig, 1938, pp. 135–154. 日本語版は「フランク王国における従者制度」(『上原専禄著作集4　ドイツ中世の社会と経済』評論社、一九九四年、一三一—一六九頁)。

(21) Folder 108–4, pp. 80754–80760.

(22) Folder 103, pp. 80359–80376.

(23) Folder 103, pp. 80376–80385.

(24) Folder 103, pp. 80385–80396.

(25) Folder 103, pp. 80396–80400. 朝河のヒンツェ批判については、後掲注(52)、(53)を参照。

(26) Folder 107–1, pp. 80523–80537.

(27) Folder 107–1, pp. 80538–80562.

(28) Folder 107–1, pp. 80562–80592.

(29) Folder 109, pp. 80806–80815.

(30) Folder 109, pp. 80816–80819.

(31) Folder 109, pp. 80819–80851.

(32) Folder 109, pp. 80852–80877

(33) Folder 109, pp. 80877–80903.

(34) Folder 108–4, p. 80723. Another difficulty with the usual definition is that it considers only one form of feudalism, ……. The form most commonly chosen is the West European, and the stage is an imaginary point at which the régime is supposed to have attained its fullest and most logical development. As a matter of fact, this régime is only one of the many that have risen in different parts of the world at different times of history; and its definition, even if it were possible to frame it in a satisfactory form, might not well apply to other types. As for the stage of perfection, it is enough to say that it would hardly be discovered in actual history.

(35) Marc Bloch, "Pour une histoire comparée des sociétés Européennes," *Revue de Synthèse Historique*, Déc. 1928, pp. 15–50.（マルク・ブロック、高橋清徳訳『比較史の方法』創文社、一九七八年)。

(36) Folder 108–4, p. 80724. Mostly spontaneous and private in its gradual formation out of complex factors and in the midst of ever-changing circumstances, feudalism was always characterized by an unending re-adjustment of its elements, most of which pursued their courses at unequal paces.

(37) "Some Aspects of Japanese Feudal Institutions," *Land and Society in Medieval Japan*, p. 82. I am inclined to think that feudal growth (like social progress itself) is not normal; and is, on the whole, a fortunate abnormality that has been the gift of a very few races in the world's history.

(38) Folder 103, p. 80396. Is feudalism a stage that every society would pass through in the normal course of evolution? And was it due to some abnormal circumstances……? In our limited knowledge, we fail to discover one instance of a people who have created a feudal régime …… exclusively with their own means and in accordance with their native genius.

(39) Folder 103, pp. 80399–80400. If feudalism may be deemed, ……, to have afforded to the races that have developed it a valuable experience on the whole, does it not appear that it has been the rare fortune only of a small number of peoples which have been gifted with certain moral qualities and which have known how to apply them to the grave crises with which they chanced to be beset？朝河はこの文の直前で一九世紀イギリスの比較法史家ヘンリ・メイン（Henry S.Maine）の名を挙げ、「ヘンリ・メインはすべての進歩が例外的なもの（abnormal）と考えた」と述べている。朝河がいう歴史の「例外的な」進歩としての封建制成立論とメインの思想との関係は今後検討を要する。

(40) Otto Hintze, "Wesen und Verbreitung des Feudalismus."

(41) Folder 108–4, pp. 80757–80759. The nation ……conceived itself as forming a vast family, and its rulers as its general house-fathers following one another in an unbroken line of succession in the main stock, all under the special guidance and protection of the national ancestral deities; the relation between ruler and ruled was an emotional one of affection and reverence, never a cold give-and-take of claims and counter-claims.

(42) Folder 108–4, pp. 80759–80760. ……the emperor has been placed in the background of indirect rules,……his sovereign attributes have never been challenged by the strongest suzerain easily capable of overpowering him, but on the

contrary have been all the more strengthened by the loyalty of the people……. Japan may thus be cited as an example, perhaps the unique example, of a nation that has achieved a corporate political entity of great vitality rather through mutual devotion than through coercion or a balance of antagonistic rights.

(43) 朝河の歴史研究における天皇制の意義については、山内晴子氏が『朝河貫一論』（四三八—四九〇頁）で詳細に分析し、朝河の歴史観の核をなす要素としている。

(44) Heinrich Mitteis, *Lehenrecht und Staatsgewalt. Untersuchungen zur mittelalterlichen Verfassungsgeschichte*, Weimar 1933. ミッタイスが述べた封建法と国家秩序形成の関係については、我が国では戦後、西洋法制史の世良晃志郎が取り上げ、我が国でもよく知られることになった。同『封建制社会の法的構造』（創文社、一九七七年）、参照。

(45) Folder 107–1, pp. 80562–80592. ここではミッタイスの名前も挙げられており（p.80567）、朝河が彼の影響を受けているのは明白である。また朝河は、一九四〇年四月にボストンの「アメリカ中世学会」の会合で行った講演の草稿（Comments upon Professor Stephenson's paper on "The Origin and Significances of Feudalism", Box 7, Folder 66）でミッタイスを批判している。この草稿では中世史家カール・スティーブンソンの論文を評しながらミッタイスの研究に触れ、ミッタイスがシュタウフェン朝期のドイツで家臣の権利がフランスよりも強くなったと主張しているのは誤りだと述べている（p.0060255）。

(46) ミッタイスの著作の第一部「フランク時代の封建法」の第一章は「フランク時代の封建法における個人の要素」、第二章は「フランク時代の封建法の物的要素」で、朝河の「個人の要素」と「土地の要素」の議論に内容は対応する。H. Mitteis, *Lehenrecht und Staatsgewalt*, pp. 16ff.

(47) ヒンツェの『歴史学雑誌』での『入来文書』の書評（*Historische Zeitschrift*, Bd. 142, 1930）は、全文の翻訳が『朝河貫一比較封建制論集』（六四六—六五九頁）にある。ヒンツェは書評で朝河の研究を高く評価したが、一方で朝河がドイツ語圏の研究を十分に参照していないと指摘する。このヒンツェの批判が、朝河がドイツの法制史研究に取り組むきっかけとなったと考えられる。

(48) 福島県立図書館所蔵「朝河受信欧文書簡」E–165–2（1931/6/17）. ……Inzwischen habe ich Ihre Werke kennen gelernt und daraus erst ersehen auf einem wie hohen Niveau jetzt die japanische Verfassungsgeschichte steht. Sie ist übri-

gens der deutschen sehr viel ähnlicher, als der englischen oder französischen. Ich glaube in der Tat, dass das Studium der deutschen Verfassungsgeschichte für Sie von besonderem Interesse sein würde. 本書の「付録2」参照。なお福島県立図書館所蔵「朝河受信欧文書簡」の目録では、ヒンツェが朝河に宛てた書簡は三通（E-165-1［1910/7/13］、E-165-2［1931/6/17］、E-165-3［1931/7/30］）あるとされるが、そのうちのE-165-1［1910/7/13］は、筆者の確認ではヒンツェが書いた書簡ではない。この書簡の発信者はドイツの教会法学者ウルリヒ・シュトゥッツ（Ulrich Stutz）で受信者がおそらくヒンツェである。なぜこれが朝河貫一の書簡集に紛れ込んだのかは不明である。今回、ドイツ語文献学に精通した早稲田大学の同僚の藤井明彦氏、Arne Klawitter氏のご助力を得てこの三通の手書き書簡を解読できた。記して感謝したい。

（49） 福島県立図書館所蔵「朝河発信欧文書簡」D-57-1（1931/7/15）。この書簡は『朝河貫一書簡集』（早稲田大学出版部、一九九一年、四三四—四三六頁）に翻訳がある。本書の「付録2」参照。

（50） 福島県立図書館所蔵「朝河受信欧文書簡」E-165-3（1931/7/30）. ……Gegenwärtig arbeitet an einem neuen Buche über Feudalismus Professor Mitteis in Heidelberg, der wohl der beste Kenner dieser Materie gegenwärtig ist. Ich habe ihn in meinem ersten Briefe nicht genannt, weil Sie von "Juristen" gern absehen wollten. Das wird aber, wie ich jetzt sehe, gar nicht möglich sein, und so würde ich Ihnen Herrn Prof. Mitteis in Heidelberg in erster Linie als Leiter Ihrer Studien empfehlen. 本書の「付録2」参照。

（51） マルク・ブロックのヒンツェ批判は以下にある。M.Bloch, "Féodalité, Vassalité, Seigneurie: à propos de quelque travaux récents," *Annales d'historie économique et sociale*, 3（1931）, pp. 246-260. なお最近ではドイツの中世史家ミヒャエル・ボルゴルテが、ヒンツェの封建制のテーゼがドイツの帝国主義時代の歴史観を反映した誤った歴史の理解として批判している。Michael Bolgolte,"Hintze's Lehre vom Feudalismus in kritischen Perspektiven," in;（eds.）N. Fryde, P. Monnet, Otto Gerhard Oexle, *Die Gegenwart des Feudalismus*, Göttingen 2002, pp. 247-269.

（52） Folder 103, pp. 80397-80398. Otto Hintze has pointed to the four peoples, the Franks, the Turks, the Russians, and the Japanese, as the only ones that have known ages of feudal life possessing the essential peculiarities of the true régime; and concluded that in each instance a decisive cause was a fusion of native and alien institutions. One may hesitate to pass on the merit of this theory, or to affirm whether or not the Turks and the Russians each really did develop to fulness the attributes of what we would term a true feudal organization.

（53）Folder 103, pp. 80398–80399. But as regards the four conditions for its use that we have discussed, —— namely, a stage of land economy in the form of a domanial system, a disintegration of an once centralized State, a virile race capable of vigorously responding to the challenge of social unrest, and a habit of forming groups of men devoted to one another with strong pledge of mutual fidelity, —— the conjunction of all these conditions that we find with at least two of Hintze's four societies, the Frankish and the Japanese, can scarcely be said to have been 'natural' or 'normal' in the evolution of either of them.

（54）森本芳樹「封建制概念の現在」（同『比較史への道―ヨーロッパ中世から広い世界へ』創文社、二〇〇四年、二三二―二五五頁）は、封建制概念無用論者のスーザン・レイノルズ（Suzan Reynolds）の主張を批判し、封建制概念が、西欧の初期中世社会のような権利と義務の諸関係が上下や横に錯綜する社会を分析するためには十分に有効であるとする。また日本史の側からも、峰岸純夫「戦後日本の中世史研究とこれからの展望」（近藤成一ほか編『中世日本と西欧―多極と分権の時代―』吉川弘文館、二〇〇九年、三五二―三六六頁）が、封建制を中世の人的ネットワークと土地制度とを結ぶ有機的な構造として捉えれば、なお有益な概念だとしている。こうした最近の柔軟な封建制理解は、朝河の日欧比較封建制論に通じるものがある。

越前国牛原荘の研究と朝河貫一

似鳥雄一

はじめに

朝河貫一の研究姿勢は、しばしば「比較封建制研究」という言葉で表現される。日欧の比較研究という点に大きな意義があったわけだが、朝河の研究を現代の我々が受けとめようとするとき、まず障壁となるのは「封建制」という部分であろう。周知のように、戦後歴史学では日本中世もしくは近世の「封建制」をめぐって長く議論が交わされてきた。しかし近年では、日本中世史で「封建制」をキーワードやタイトルに掲げた研究者・論文を目にすることはほぼなくなった。もちろんこれは日本中世の「封建制」について万人の共通認識が形成されたからというわけではなく、当時の社会体制を理解するための用語として、例えば「主従制」や「領主制」などが「封建制」を代替するようになった結果に過ぎない。なぜそうなったのか。保立道久は著書『歴史学をみつめ直す―封建制概念の放棄―』(校倉書房、二〇〇四年)のなかで次のように述べている(一六〇頁)。

現在の実際の研究において、封建制という学術用語が生産的な意味をもって使用されているかどうか、それが本当に必須の範疇なのかについて、そろそろ現実的な判断が必要になっている。

指摘されているのは「封建制」という概念の限界性である。要するに、そこに「封建制」があったのかどうか、ということを指標あるいは価値基準として、日本・ヨーロッパ・東アジアの歴史を比較することや、古代・中世・近世といった時代区分を考えることは、すでに困難になっているというのが歴史学の現状であろう。

ところで、「封建制」という用語はどこから来たのか。「封建」とは古代中国で用いられていた漢語で、日本でも『日本書紀』には欽明天皇から皇太子（敏達天皇）への遺言として「汝須打新羅、封建任那」との用例がみえている。(1)もともとの意味は「古代の天子が爵位と土地を諸侯に分け与え、その分封された区域に建国させること」であったが、近代に入って日本人が欧米の諸言語を翻訳する必要に迫られたさい、古代からの漢語に新たな意味を付与して改造した近代用語の一つであるという。(2)つまるところ「封建制」をめぐる議論とは、古代中国に由来する「封建」という言葉の意味を拡大して、ヨーロッパの「フューダリズム」に対する訳語として使用し、かつそれとの比較に堪えうるアジア唯一の実例として日本を挙げる、という複雑な構造になっている。

そもそも日本中世史の研究者であれば誰もが経験的にわかっていることだが、当時の史料で「封建」という語が使用された例は極めて限られている。例えば、五山僧の希世霊彦（一四〇三—八八）の詩文集『村菴小稿』で用いられているのがみえ、(3)また同じく五山僧の桃源瑞仙（一四三〇—八九）が一四七七年（文明九）に著した『史記抄』（『史記』の注釈書）での用例が『日本国語大辞典』で引かれている。しかし、これら以外の一次史料での用例は現時点では挙げることができない。探索に全力を尽くしたわけではないので他にも見出しうるのであろうが、少なくとも「封建」は当時の社会に広く浸透していたとはいえない言葉で、使用者は漢学の素養を持った一部の知識人に限定されていたのではなかろうか。いわば日本中世にとっては時間的にも空間的にも隔たりのある言葉であり、当時の社会をイメージする上でなじまない言葉であることは間違いない。[4] さらにその上、ヨーロッパとの比較を経由して日本の「封建制」を考えるという方法論では、どうしても概念先行にならざるをえず、いきおい「封建」の語は多義的に用いられ、議論は複雑さを極めていくことになる。

またこの問題に関しては、中学・高校の学校教育でのわかりづらさという点にも考えを及ぼすべきだろう。ここで高校の日本史教科書で「封建」という言葉がどのように扱われているか、一例として山川出版社の『新日本史B』（二〇一五年）をみてみよう。索引をみる限り「封建」が登場するのは一度だけしかなく、そこでは鎌倉幕府の成立と関係して、次のような記述がなされている（九〇頁）。

頼朝は、御家人たちが支配する父祖伝来の所領を本領安堵として保証し、さらに軍功などに対しては新たな所領を与える新恩給与をおこなった。これら御恩に対して、御家人たちは奉公の義務を果たした。（中略）鎌倉殿と呼ばれた将軍と御家人との主従関係は、鎌倉幕府の根幹であった。こうした御恩と奉公の主従関係が、土地の権利付与を媒介に結ばれることを封建関係と呼ぶ。

教科書の説明としては特に珍しいものでもないだろう。しかしこの文章を先入観なく読んだときに浮かんでくるのは、いったい何の必要性があって「封建」という言葉が用いられているのか、という素朴な疑問である。現代の日本人にとって、とりわけ予備知識を持たない中学生・高校生にとって、「封建」というのはほとんどイメージを喚起しない言葉といってよい。前段の文章との脈絡が読み取れない言葉として唐突に現れ、しかもその後はなんら言及されることがない、というのが「封建」の実状なのである。ちなみにこのような問題意識は筆者自身が過去に受けた学校教育の経験から芽生えたものでもあるのだが、その当時から状況は大きく変わってはいないということをも意味している。

さて、「封建制」という言葉について思わぬ紙数を割いてしまったが、目下の課題はこのような状況下にあって、現今の日本中世史学が朝河から何を学び、いかなる形で継承すべきか、というところにある。先述のように朝河の研究は日本と諸外国の比較という点に大きなポイントがある。ならばいま、朝河が日本中世社会をどのように捉え、どのように海外との比較を行ったか、その詳細をあらためて吟味することに一定の価値があろう。

そこで本稿では、その好適な素材として、朝河が着目したフィールドの一つである越前国牛原荘をとりあげる。第一の作業として朝河による同荘の研究を振り返り、その内容について検証を試みたい。そして第二に、現在の日本中世史学の枠組み・手法によって牛原荘の具体的なあり方をどこまで復元できるかを示したい。主なテーマは以上の二点だが、さらに「日本中世」という時代を他国との比較のなかで問うとした場合、今後どのような方途がありうるのか、それを模索するための考察もあわせて行いたい。

一　朝河の牛原荘研究

1　遺稿集の公刊

一九四八年（昭和二十三）に朝河が没した後、十数年を経て、中世荘園を主題とした彼の遺稿集が刊行された。朝河貫一著書刊行委員会編『荘園研究（*Land and Society in Medieval Japan*）』（日本学術振興会、一九六五年）がそれである。収録された遺稿は英文による論考と英訳された史料からなり、さらに編者によって増補された和文の史料集が追加されている。史料集の例言には、その作成に携わったのは東京大学史料編纂所の竹内理三、新田英治、百瀬今朝雄の三名である旨が記されている。

同書の中心部分をなすのは「越前牛原荘（Ushi-ga-hara *Shō*, Yechizen）」と「荘園制度の展開を示す古文書の研究（Some Documents Illustrative of the Development of *Shōen* Institutions）」の二つの論考である。もちろん本稿で参照するのはそのうちの前者である。同論考ははじめに越前国牛原荘の起源について論じたのち、一二世紀の史料の英訳と解説をもとに、院政期から鎌倉幕府成立までの同荘の動向について考察したものである。

その内容については後に詳しく検討するとして、同書に関しては一点付言しておく必要がある。朝河と同じく福島県出身で県立安積高等学校を卒業し、現代中国を専門とする矢吹晋が、朝河の著作物の和訳や朝河に関する評論を近年精力的に行っており、先述の『荘園研究』も矢吹晋編訳『中世日本の土地と社会』（柏書房、二〇一五年）としてまとめなおされ、朝河の英文論考や英訳史料に新たに和訳・解説が施された。これら矢吹の果敢な取り組みは、朝河史学を再び世に広く知らしめ、読者に便宜を提供した点において、その貢献は大きなものといえよう。(5)

2　越前国牛原荘とは

次に、本稿で扱う越前国牛原荘の立地や研究史についてここで概観しておこう。福井県の東部、九頭竜川の上流域に大野市がある。大野市の北西部には大野盆地があり、さらにそのうちの北西部一帯に醍醐寺領の荘園であった牛原荘が存在したとみられている（図1）。大野盆地では多数の河川が南から北へと流れており、逐次合流しながら、最終的にはとなりの勝山市に入るところで九頭竜川の本流へと一本化される。牛原荘はそのような氾濫原に位置する平野型の荘園である。後述するように、荘域の推定には河川との関係がキーポイントとなる。

牛原荘の先行研究に関しては、まず専論はというと、管見の限りでは朝河を除くと一点しか挙げえない。笠島清治「越前国における荘園制社会の興隆と衰退—醍醐寺領牛が原荘を中心に—」（『地方史研究』二〇-二、一九七〇年）である。この論文では院政期（一一世紀）の立荘から戦国期（一六世紀）の解体まで、牛原荘の通史的な叙述がなされており、その間の支配権をめぐる政治過程が記述の中心を占めている。その一方で、牛原荘の現地の状況に関する精査は行われておらず、朝河の研究への言及もみられない。牛原荘の概説としては『福井県史　通史編一原始・古代』（一九九三年）と『福井県史　通史編二中世』（一九九四年）でまとめられているものが最も新しく、参照すべき成果となっている(6)。このほか論文の一部で牛原荘を取り扱ったものがいくつかあるが、それらについては以下本論のなかで随時取り上げることとしたい。

牛原荘の史料集としては、先述の通り『荘園研究』が、朝河の引用した関係史料を補完したうえで掲載している。その後、『大野市史六　史料総括編』（一九八五年）が刊行され、牛原荘の研究には至便なものとなった。また、そのほかに『福井県史　資料編一古代』（一九八七年）、『福井県史　資料編二中世　県外資料編』（一九八二年）を用いることもできる。ただし『荘園研究』に掲載された史料が『大野市史』では漏れているという場合もあり、その点では使用に注意が必要なようである。

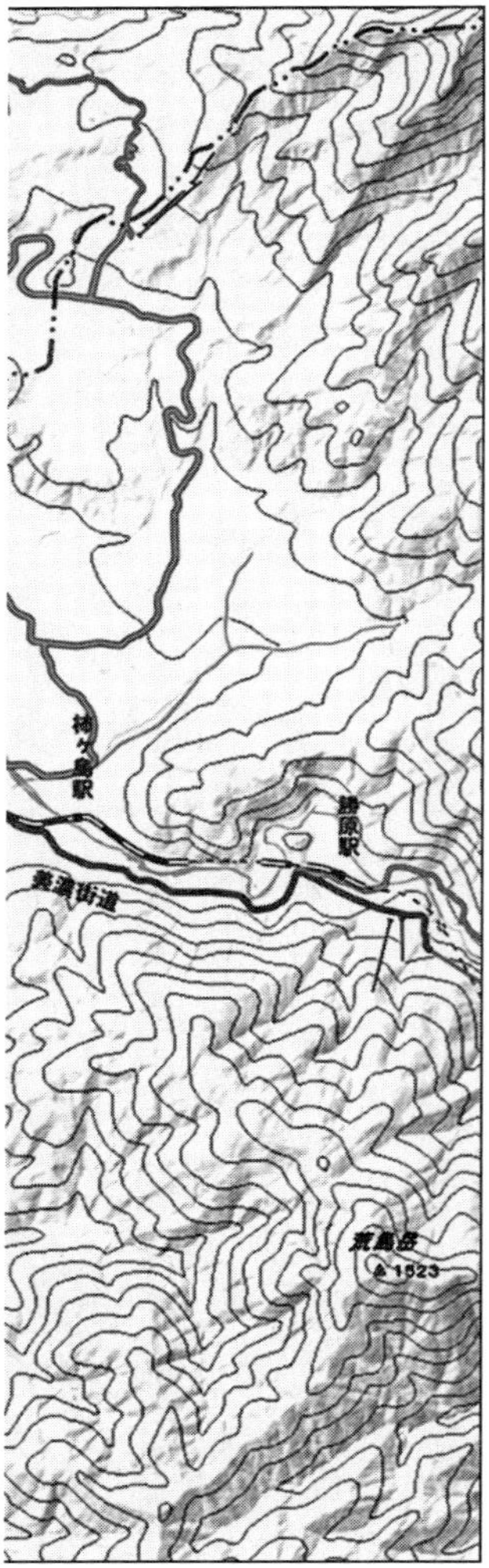

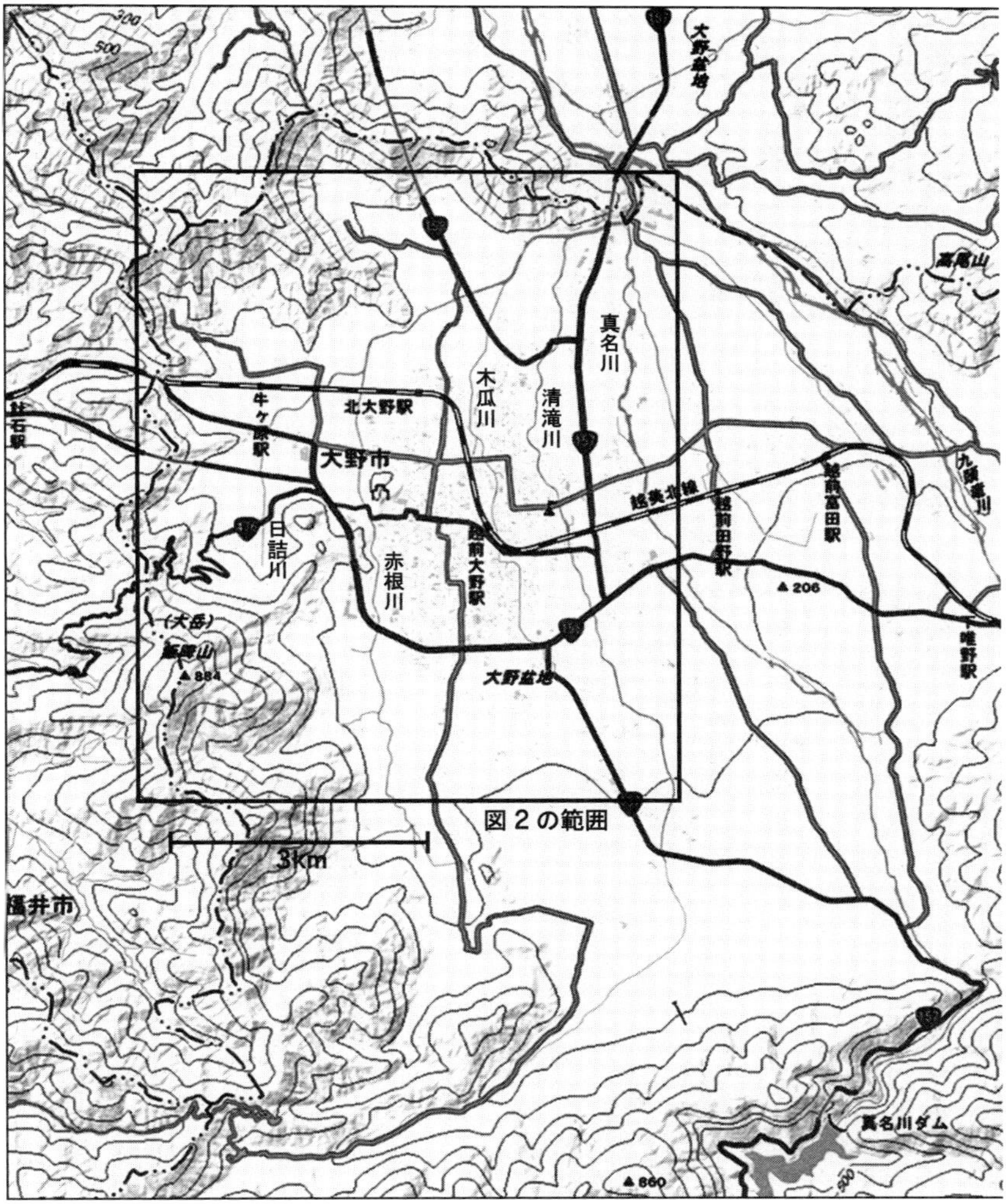

図１　牛原荘周辺図（大野盆地全域，国土地理院「電子国土 Web」をもとに作成）

これらのことからすると、牛原荘は先行研究の少ない荘園ということになるだろう。そのことは決して史料がないわけではないが、といって特別多くもない、という状況に由来するようである。そして研究成果の継承が必ずしも順調ではなかった、ということも指摘できるかもしれない。

3　朝河のみた牛原荘

朝河は遺稿のなかで、牛原荘の史料からどのような結論を得ていたのであろうか。最大のポイントは、史料上では「御佃」などと呼ばれる領主直営地（demesne）が、領主にとって高収益であるにもかかわらず全耕地に占める割合が極めて小さかったと指摘し、その要因を水田耕作の集約性に求めたことである。すなわち、稲作は非常に手間がかかるので可耕地・労働力ともに限定されてしまい、そのため農民は小作地の耕作で手いっぱいとなって直営地は労働力が不足する、という論理で説明がなされている。

また荘内の身分階層には流動性があり、それを下地として小作人（tenants）や荘官（*shō officials*）のなかから武士（private warriors）が生まれ、やがて領主の被官（feudal vassals）となっていった、とも述べている。このことを日本中世の「封建制」社会成立の基礎とみなしていることは明らかであろう。

朝河は以上のような点をもって、日本とヨーロッパの間に存在した大きな差異であると位置付けた。近代歴史学が日欧の類似性を探求するなか、むしろ相違点を明確に主張したその姿勢は、特筆に値するものといえよう。

4　朝河説の検証

それでは、前記のように朝河が論じた「直営地の収益性の高さ、全体に占める割合の低さ」という点について、近年の中世荘園研究の成果を参照しつつ、牛原荘の史料に即して検証してみよう。朝河の主張の根拠は、次に掲げる史料Aである。[7]

【史料A】「醍醐雑事記」巻一

円光院領

一、近江国柏原庄本公験延暦十二年十一月廿日　員十三枚

（中略）

一、越前国牛原庄

②庄田開発庁宣一巻六枚　応徳三年閏二月

庄建立最初立券一巻三枚　応徳三年

内検帳一巻十三枚　寛治二年

立券一通三枚　長承二年

北庄百六十九町一段百四十歩　南庄百九十町九段七十歩

中夾五十九町三段二百五十五歩　庄林四十町八段四十歩

毎年々貢五百石内所用三百十石四斗用残百八十九石六斗、所当段別五斗此外加徴五升、小加徴三升、収納時笠斗別二升、莚付斗別三合

①庄本主者東大寺五師忠範之（也カ）、白河院

奉為　堀河院母后中宮被立円光院之時、為六条右大臣顕房家御沙汰、依被尋庄券契、忠範以件文書、進上遍智院

僧都義範、々々（義範）寄進大臣殿所被立也、其時見作田廿町、自余者荒野也、忠範暫為下司職、始被立庄之日、懸札、

寺使如意房賢尊也、預所未定之間、賢尊円光院始知院之沙汰、其時賢尊奉為彼僧都、庄内立一堂、安置弥陀丈六像、寄

辺（進カ）田一町五段、十二箇月料、毎月一段宛之月忌令転読四十八巻、三段者御忌日料宛置之、今為平助別当止五段為

私用云々、
③庄務僧都知行之後、権僧正御房御知行也、④領(預カ)所賢円被分庄預所於両方之時、北庄賢円、南庄慶順也、牓示者者(衍)権正(僧脱カ)御房時打之、⑥大僧正御房時者、中夾牓示依宣旨被打之、収納米者付定田段別一升弁之(名段米)、又納時石別二斗、笠置之収納得分也、三升延之、又御佃納時、段別六斗弁之、延定八斗也、御佃三町所当五十一石也(除種子養料定)、佃在家別除田小也、其所当六斗出之、又石別須馬美河(農カ)下各一升成之盛升、不搔上延三升也云々、

一、⑤牛原泉庄
領家侍従大納言藤原成通
宣旨云、為彼庄領不入院家使、毎年以米三百石弁済⑤牛原本庄矣、長承二年宣下也、此内百石造内裏之時領家被申請了、其後二百石所弁済也(代絹五十疋也)、

この史料Aは醍醐寺僧の慶延が一一八六年（文治二）までに編んだとされる寺誌「醍醐雑事記」の一部で、掲出したのは醍醐寺の院家の一つである円光院の所領について記された箇所である。このうち牛原荘についてみると、最初に「庄田開発庁宣一巻」以下、荘園としての由緒を示す四種類の文書がリストアップされている。続いて荘内を構成する「北庄」「南庄」「中夾」「庄林」という四つの地域ごとの面積が記載されており、それらを合計すると約四六〇町に達する。またその直後には「毎年々貢」として五〇〇石という数値が計上されている。そして何ヵ所か割注が施され、主に「加徴」「莚付」「段（反）米」「延」など付加税に関して説明がされているが、合わせて「御佃」が三町あり、その「所当」は五一石ということも記されている。

朝河はこの五〇〇石という年貢高は四六〇町という面積に対して少なすぎるため、荘官給・仏神免・輸送費などの控除分（allowance）に過ぎないとみなしているが、この史料の記述からそこまでのことを読み取るのは無理があろう。

よって異なる理解を模索する必要があるわけだが、その手がかりとして、まずこの数値がいつ頃のものなのか確認しよう。先にふれた荘内の四地域別の面積は、いずれも歩単位までのかなり具体的な数値が記されていた。このような数値は、中世荘園の土地調査である検注を実施しなければ得られないはずである。当時の牛原荘における検注の実施状況を探ると、史料Aでリストアップされていた四種類の文書のなかに一〇八八年（寛治二）の「内検帳」が含まれており、また別の文書にも「内検帳一巻十三枚　寛治二年八月　日」との文言がある。[8] この「内検帳」そのものは伝存していないが、同年八月に内検（簡易調査）が行われたのは事実であろう。

詳細については後述するが、史料Aにも関連する記述があるように、そもそも牛原荘は一〇八六年（応徳三）、実際に耕作されていた見作田が二〇町しかなかったところに、二〇〇町の荒地を付け加えて立荘されたものである。つまり成立当初、牛原荘の荘域はほとんどが荒地であった。そして前述の内検はそのわずか二年後である。その結果として計上されたのが史料Aにみえた四六〇町だとすれば、実態としてはその大半はいまだに荒地であったに違いない。

このように考えてくると、面積に比べて年貢高は五〇〇石とやけに切りがよい数字なのは問題である。またその一方で、年貢高の内訳として示されている「所用」は三一〇・四石、「用残」は一八九・六石と数値が細かくなっていることをどう理解すべきだろうか。ここで近年の中世前期荘園制論、とりわけ立荘論と呼ばれる議論の成果を参照する必要がある。牛原荘の立荘に関してはかつて川端新が論及し、[9] また直近では鎌倉佐保も再論している。[10] それらによれば、このときの立荘ではあらかじめ年貢高を五〇〇石と決定した上で、それに見合った規模の領域を準備したのだという。五〇〇石という年貢高は二〇町の見作田では遠く及ばないものであり、後に荒野が開発されることを見込んだ数値だったのである。つまり年貢高五〇〇石というのはいわば設定された目標値であり、「毎年々貢」という表現もそのことを傍証している。

となると、それに対して数値が詳細な「所用」や「用残」は何らかの実績値なのではないか。この点は、川端が牛原荘との比較のなかで論じた、同じく円光院領で史料Aにも名前がみえる近江国柏原荘の例が参考になる。川端は一〇八五年の円光院の仏事を行うために柏原荘の年貢がどのように経費配分されたかを示す相折帳を一覧表に整理しているが、そのなかに「所用」や「用残」の表現がみえる。牛原荘の「所用」も同じ意味で、仏事への支出総額ということであろう。ただし柏原荘の年貢高は田数一〇九町六反一〇歩に反別五斗の斗代（年貢率）を乗じたもので、その点では裏付けのある数値だといえるが、牛原荘の場合はこのとき本当に五〇〇石が収納されたという保証はない。「用残」は単に五〇〇石から「所用」を差し引いた架空の数値という可能性もある。仏事に支出した三一〇・四石は信頼できる数値だとして、史料Aにある通り斗代が反別五斗ならば、少なくとも見作田が六〇町ほどはあった計算になる。

この数値の年次を特定するのは難しいが、後述するように史料Aでは円光院別当が定海だった時代を回顧しているので、彼が別当を辞した一一四二年（康治元）が上限ではないか。下限は史料Aが成立した一一八六年である。立荘から六〇〜一〇〇年が経過して、もとは二〇町だった見作田がその数倍には増加したようだが、年貢高が五〇〇石から変動した様子はないから、一〇〇町を大きく超えたということはなかろう。いずれにせよ荘域の大部分はいまだに荒地であり、その開発が依然として続けられていたはずである。

朝河は史料Aの割注部分にみえる佃に関する記述から、その収益性の高さ、それに反しての面積の少なさを指摘した。佃三町で所当五一石ということは反別一石七斗であり、当時よくみられた反別三斗や五斗などの数値と比して非常に高いことは間違いない。ただ、佃とは領主が作人に種子・農料を支給するかわりに、収穫のほとんどを収取するという仕組みであるから、本来は斗代など設定する必要のないものである。佃三町で所当五一石というのは、たまたま割り切れる切りのよい数字だったという可能性もあるが、史料Aの割注をみると、佃にも付加税として「段別六斗」（六升の誤りか）の反米が課されており、むしろ斗代の設定がなければ不整合である。ちょうどこの頃、名主・名田に佃を均等に割り付けて耕作させる「名役佃」が成立し、その結果として佃にも斗代が設定されるようになる。つまり史料Aの「御佃三町」とは名ごとの数値であって、牛原荘にある佃の全数ではないという可能性も排除はできないのである。

一方で佃以外の耕地については、朝河は同じ割注にみえる「付定田段別一升」という記述を年貢の斗代とみなし、それにしては数値が低すぎることから「段別一斗」の誤記だとしているが、これは先述の通り付加税にすぎない反米の斗代であるから誤りである。要するに朝河は、まだ大部分が荒地のままの四六〇町という面積に、年貢本体ではなく付加税の斗代を乗じて年貢額を求め、全数ではないかもしれない三町の佃と比較しているのである。これは朝河の段階での史料理解の限界というべきであろう。少なくともこの牛原荘の史料を使用して、朝河のように直営地の性格を論じることは困難である。

また朝河説の問題点として、中世農民の生産・経営について考えるさいに、稲作のみで議論を構築しているという点も挙げられる。もちろんこれも朝河個人の資質というより、学界全体の風潮に責を帰すべきであろうが、現在の研究状況から考えれば、畠作を初めとするその他の生業を無視して中世社会を論ずることはもはや不可能であろう。

そしてもう一つ気になる点として、朝河は牛原荘の現地の景観や環境についてほとんど言及していないということがある。遺稿のなかでは、本稿でも後に説明する荘域に関わる史料を掲げるのみにとどまっている。周知の通り二度の長期帰国を果たしている朝河に、そのための時間が全くなかったというわけではないはずだが、おそらく牛原荘の現地は未踏だったのではないだろうか。

そこで浮かんでくるさらなる疑問は、それではなぜ朝河は牛原荘を研究対象として選んだのかということである。実のところ、この疑問に対して現時点では明確な解答が得られていない。朝河が留学のために二度目に帰国した一九一七年（大正六）当時でも、彼が遺稿のなかで参照している『醍醐雑事記』（一九三一年刊）、『醍醐寺新要録』（一九五一―五三年刊）、『荘園志料』（一九三三年刊）といった史料は、いずれもまだ刊本が出版されていなかった。特に研究環境が整っていたというわけではなく、たまたま史料とめぐりあっただけなのかもしれない。

ただ一つ注目されるのは、朝河は牛原荘を the very first *shō* created under the *in-sei*（『荘園研究』四三頁）、つまり「院政下で創立された初めての荘園」と表現している点である。朝河が院政期における荘園の成立・形成過程に関心を抱き、牛原荘を題材として選択したという可能性は考えられよう。この点に関して、現在の荘園史研究では領域性を持った中世的な荘園は院政期に成立すると理解されているわけだが、直近の概説書のなかでは、そのような中世荘園の事例として牛原荘が第一に紹介されているのである(11)。このように院政期を中世の開始期とみる現在の研究状況と相通じる視点が、朝河独自の封建制論のなかに潜在していたというのは非常に興味深い点ではある。

二　牛原荘の再検討

本節では、朝河もあつかった院政期～鎌倉初期を中心とした関係史料を読み直すことにより、初期段階の牛原荘をめぐる政治的な過程や、現地に即した荘域の具体的な様相について復元していきたい。

1　牛原荘の成立と領域の確定

この時期の牛原荘の関係史料は、すでにふれた「醍醐雑事記」に大きく依存している状況である。同書は醍醐寺の歴史を叙述するために編纂されたいわゆる寺誌であるので、文書の引用と独自の記録が入り混じっており、それら情報の整理・検討はいまだ不十分な状況にある。そこで本項および次項では史料A〜Dの四点をもとにして、牛原荘の立荘から荘域が確定されるまでの経過をあらためて再現することで、院の周辺や醍醐寺の人的関係など、先行研究では見逃されてきた点を照射してみたい。

すでにみた通り史料Aは、慶延がまとめた牛原荘の由緒である。以下に掲げる史料B〜Dは、いずれも「醍醐雑事記」のなかで引かれた官宣旨の案文である。

【史料B】「官宣旨案」（「醍醐雑事記」巻十二）

左弁官下醍醐寺円光院

雑事弐箇条

一、⑪応遣官使任国司守源朝臣高実任四至、打牓示、永止牢籠院領越前国管大野郡牛原庄事

③四至 東限真中河 南限猪山 西限坂戸 北限油瀧

右、得彼院司今月十三日解状偁、謹検案内、当寺者公家、奉為前中宮職、去応徳二年所被草創也、其後安（置脱カ）両部曼茶羅、定置六口浄侶、朝暮二座、修秘密法、自余仏事、又以有数、爰以①近江国柏原庄、雖被施入、只支仏聖供料之用、已乏僧侶衣服之資、然間、②彼国守源高実朝臣任、応徳三年為奉報椒房之旧徳、卜彼牛原荒地二百余町、施入寺家、即定四至令打牓示、漸招浪人、開墾田代、而④次守清（源）実朝臣任、寛治三（二カ）年称広博之由、雖令縮減、⑤依寺家訴、東限大野河、同四年所改直牓示也、裁免之田数、雖不及前任、守其四至、不致重訴、⑥随又寛治之比、郁芳門院司、殊令旨、共以相議、以其所出之地利、支配寺僧之衣食、⑦次守修理大夫藤原（家保）卿在任之日、尚可依寛治二年四

至之旨、雖致沙汰、用途不足之由、訴申白河院庁之処、任同四年可令領知之状、被下知先畢、自爾以降数代之間、
敢無牢籠、爰⑧前司忠盛(平)朝臣任、依高実任四至、以真中河内八十余町、如旧免除、而前司⑨顕能(藤原)朝臣、先停止件田、
次尋寛治二年四至、四十余町雖致其妨、⑩任本四至、可為庄領之由、成免判又畢、然而世及澆季、人好狼戻、末代
国司、称無綸言、恐尚致妨、抑当庄建立旨趣、早達天聴、已経年序、雖無官符、豈非勅免乎、就中彼宮者、堀河
先帝之母后、当時上皇之祖母也、歳月縦緩、威権何疎、望請天裁、遣使、任前前司高実朝臣任四至、令打牓示、
永止国郡之牢籠、将全寺家之相折者、権大納言源朝臣能俊宣、奉　勅、依請者、同下知彼国既畢、

（中略）

一、応糺返号引出物国使責取八丈絹佰拾伍疋肆丈事

長承元年九月廿三日　　大史小槻宿禰政理(重カ)在判

右中弁藤原朝臣(宗成)在判

史料Bは一一三二年（長承元）、牛原荘の四至や、「引出物」として徴収された絹をめぐって国司と争っていた醍醐寺円光院が朝廷に出訴し、それに対して裁許が下ったときのものである。絹に関する二ヵ条目はここでは掲出を省略した。

【史料C】「官宣旨案」（「醍醐雑事記」巻十三）

左弁官下越前国

応以参議右近衛権中将藤原朝臣成通領管大野郡内泉郷、為円光院庄、不入院家使、毎年令弁済米参佰斛、免除
自余雑事、兼又遣官使、堺四至牓示事、

四至 東限栗林　南限井上
西限大会林　北限大槻

右、得彼家今月廿日解状偁、謹検案内、件大野郡所領者、官物一色之外、全以所不勤国役也、然者為彼庄領、不入（院脱ヵ）家使、毎年以参佰斛、弁済牛原庄、如本可被免除万雑事、僉議之処、何謂非拠乎、望請天裁、被下宣旨、以泉郷為彼□（院）家庄、賜使堺四至牓示、被免除万雑事、永代無相違、欲領知者、権中納言藤原朝臣宗輔宣、奉　勅、依請者、国宜承知、依宣行之、

長承二年正月廿七日　　大史小槻宿禰（政重）

権（左脱ヵ）中弁藤原（宗成）朝臣

その翌年、越前国衙に対して出されたのが史料Cである。鳥羽院の近臣で同院皇后の美福門院の従弟だった藤原成通は、牛原荘に近接する泉郷という私領を有していた。史料Cは成通の訴えにもとづき、泉郷の四至を示して牛原荘との境界を明確にし、泉郷には毎年米三〇〇石を牛原荘へ弁済させ、代わりにその他の雑役を免除すると通達している。

【史料D】「官宣旨案」（「醍醐雑事記」巻十三）

左弁官下醍醐寺円光院

応以大野河以西中夾為院家領⑤、遣官使・国使幷院家使・右近衛権中将藤原成通朝臣家使等相共、定牓示越前国牛原庄事、

在管大野郡牛原郷

四至⑥ 東限大野河　南限弘田村
西限坂戸　北限山峯

右、得彼院去四月十五日解状偁、謹検案内、当寺者前中宮職之御願、彼庄者守高実朝臣任応徳三年之建立也、其時東境真中河也、而次守清実朝臣任、寛治四年称広博之由、東限大野河所改直也、其後数代之間牢籠永絶、四至

之内、横妨不聞、爰備前守忠盛朝臣任、真中河内八十余町、依最前四至、如旧免除、①而前司顕能朝臣先停止件八十町、大野河内四十余町、更雖致其妨、任本四至、可為庄領之由、成免判又畢、然而為止後代之異論、注上件子細、任高実朝臣奉免、遣官使可令打牓示之由申請之処、去年九月廿三日依請、被下宣旨、随又官使右史生伴友兼雖企発向、②依彼朝臣訴、国司不成庁宣、使者未遂其節之間、今年正月廿七日宣旨云、以参議藤原朝臣成通領大野郡内泉郷、為円光院庄、不入院家使、毎年令弁済米参佰斛、免除自余雑事、兼又遣官使、堺四至牓示者、③件四至東限栗林、南井上、不知何所、（不以下二十字原注ナラン）若是真中河以東、井口以南国領之地歟、西大会林、北大槻者、皆是年来寺領、狭少四至之内、上井辺・下井辺・吉岡等村也、彼朝臣多年私領、被押妨之由、自去年所訴申也、而今領知寺領内、不入院家使、可令弁済年貢之状、申請之旨、前後之詞、已以相違、何強妨寺領、可好年貢哉、倩案彼家之申状、弥表寺領之道理也、就中⑧彼家領小山郷内舌村・木本小山村・小山坂尻村・左開村、川原郷内折立村・川原村・味美村・有羅河内・佐佐熊足河内・穴馬河内等所在之田畠、依及数百町、視聴之者、皆驚耳目、何乍置新立処之十余箇村、尚可妨旧庄内之四十余町哉、凡寺領建立之後、雖及五十年、大野郡内未聞彼家領、然則寺家不妨彼領、彼家欲奪寺領也、抑偏被止本庄之使者、更裁許新立之牓示、寺家之訴尤在此事、但最前四至有広博之訴者、④只依清実任寛治四年四至、可被令打牓示也、⑦至于寺家者、不好広博、不妨他領、只停止寺領之牢籠、当時向後、欲休訴訟、望請　天裁、任前司源清実朝臣任寛治四年四至、且遣官使、令打牓示、且停止彼家妨者、将仰正理之不空者、権中納言藤原朝臣宗輔宣、奉　勅、大野河以西中夾為院家領、遣官使・国使及院家・成通朝臣家等使相共、宜定牓示、（有脱カ）但彼朝臣領若所申、具注子細、重経言上者、同下知彼国既畢、院宜承知、依宣行之、

長承二年六月十四日　　大史小槻宿禰政重在判

権中弁藤原朝臣在判

しかし史料Cの決定には円光院が不満を抱き、再び朝廷に訴えを起こした。それに対して改めて朝廷が裁許を下したのが史料Dである。これ以降は四至の移動が確認できず、ここにみえるものが牛原荘の最終的な荘域と考えられる。また泉郷以外の成通の私領の分布もこの史料から知ることができるが、それらの詳細については後述する。

それでは以下、史料A～Dの記述をもとに、牛原荘の初期の歴史を再構成していこう。ことの起こりは一〇八四年（応徳元）、白河天皇の中宮藤原賢子が御願寺の建立を発願したまま二十八歳の若さで没したことにさかのぼる。翌一〇八五年、賢子の菩提を弔うために白河天皇によって上醍醐に建立されたのが醍醐寺円光院である。円光院にはまず近江国柏原荘が施入されて仏聖供料に宛てられたが、僧侶の衣服料が不足していたという（史料B①）。

そこで新たな院領を設立するため、同年から翌年にかけて、賢子の実父で六条右大臣と呼ばれた源顕房が「庄券契」（荘園の権利証文）を探し尋ねた。それに応じたのが牛原の地に私領を有していた東大寺五師の忠範で、円光院の初代別当となっていた醍醐寺遍智院の義範に証文を進上した。次いで義範の手により、同地は顕房に寄進された。先述の通り、当初の見作田はわずか二〇町を数えるのみであった（史料A①）。そして一〇八六年、これは史料Aの「庄田開発庁宣」の日付をみるに閏二月のことだが（史料A②）、越前の国司であった源高実が「桝房（椒房）」（皇后の異称）賢子のために牛原の荒地二〇〇余町を円光院に施入し、ここに牛原荘が成立したのであった（史料B②）。

当初の四至は史料Bの事書に次いで記されている通り、東が「真中河」、南が「猪山」、西が「坂戸」、北が「油瀧」となっていた（史料B③）。これ以降、牛原荘の四至・荘域は何度かの移動・増減があったことが確認されるが、これらの現地比定については次項で行うこととする。

なお同年十一月には、白河天皇が堀河天皇に皇位を譲って院政を開始している。牛原荘の立荘はそれよりも多少先行するわけだが、白河天皇の譲位は賢子を失ったことが要因だとも言われており（『中右記』一一二九年〈大治四〉七月七日条）、その意味では、院政の開始と牛原荘の立荘はともに中宮賢子という存在とその死去を大きな契機としているともいえる。その立荘の手続きは父親の源顕房、生前に縁の深かった義範ら賢子をめぐる人的ネットワークによって進められ、それによってわずかな私領を核とした、広大な領域を持つ荘園が形成されることとなった。これらの点は先行研究によってすでに指摘されていることであるが[12]、ひとまずここでは近年の中世前期荘園制論のなかで、牛原荘は明確な位置付けを与えられた荘園であることを確認しておきたい。

さて、立荘からわずか二年後の一〇八八年（寛治二）、国衙との関係のなかで、牛原荘の四至は早くも変動を余儀なくされる。その前年に国司となった源清実が[13]、牛原荘の荘域は広すぎるといって縮減を強いたのである（史料B④）。先述の通り同年八月には内検が実施されたようであるが、これは四至の変更を受けてのことであろう。このときの四至は史料上に明示がなく、さらに史料をみて検討する必要があるが、この点も後述する。

同年閏十月には、牛原荘の立荘に深く関わった義範が没する。そこで荘務を継承したのは「権僧正御房」だというが（史料A③）、これは三宝院勝覚のこととみられる[14]。またおそらくこの頃、牛原荘が「北庄」と「南庄」に分立し、賢円・慶順の二名がそれぞれの預所に就任している（史料A④）。なお同時期の両名の活動としては、まず賢円は一〇八八年に加賀国得蔵保の保司職を入手し、その翌年には国免を受けて同保を醍醐寺准胝堂領の荘園へと転換させるなど、やはり荘園経営への関与がみられる。一〇九一年の時点で賢円は二十五歳で三綱のうちの都維那、慶順は四十二歳で同じく寺主となっている[15]。

当然ながら、荘域縮減という事態に円光院は不満を抱いたであろう。そこでさらに二年後の一〇九〇年、円光院が訴えを起こした結果、東の境が「大野河」に変更された（史料B⑤）。ただし前任の源高実が最初に定めた一〇八六年の四至に比べれば、免田数は及ばないままであったという。

この寛治年間（一〇九四）、円光院は白河院と賢子の間に生まれた皇女で、堀河天皇の同母姉にあたる郁芳門院[16]の院司と相談し、「其所出之地利」を寺僧の衣食に宛てたという（史料B⑥）。郁芳門院の院号宣下は一〇九三年であるから、同年から翌年までのこととなるが、牛原荘の年貢減少を受けて、女院から援助を受けたということなのか、それともひとまず現状で妥協したという意味なのか、この間の事情はよくわからない。

清実と替わって、一〇九五年（嘉保二）から一一〇二年（康和四）まで国司を務めたのが藤原家保[17]である。家保は一〇八八年の四至に戻そうとしたが、円光院はそれでは仏事の財源が不足してしまうと白河院庁に訴え、結局このときは一〇九〇年の四至のままとなった（史料B⑦）。

その後、何代かの国司は牛原荘の四至に手を付けなかったが、一一二〇年（保安元）から一一二七年まで国司を務めた平忠盛は一〇八六年の四至に戻し、それによって「真中河」よりも内側の八〇余町の免田が回復されたという（史料B⑧）。

しかし次に国司となった藤原顕能は、忠盛によって回復された免田八〇余町をまず停止し、さらに一〇八八年の四至にもとづいて「大野河」内の四〇余町までも削減したという（史料B⑨、史料D①）。つまり一〇八八年の四至では、東の境は「大野河」よりもさらに西にあったということになろう。これが具体的に現地のどの辺りにあたるかは後ほど考えたい。この状況に対して、円光院は「四至を元に戻す」との国司の免判を獲得したといい（史料B⑩）、これは顕能の免判と思われるが、詳細は不明である。

一一二九年四月、これまで牛原荘の荘務を握ってきた勝覚が没する。なお同年七月には白河院も没している。

そして一一三二年、国司が高階盛章に交替し、そこで出されたのが史料Bそのものである。その趣旨の一つは事書に明らかなように、一〇八六年の四至に戻せということであった（史料B⑪）。しかしこれに抵抗したのが先述の藤原成通であり、そのため牓示を打つには至らなかった（史料D②）。

翌一一三三年正月、成通の私領泉郷を円光院領に繰り入れ、院使の不入、雑役の免除を条件に、毎年米三〇〇石を牛原荘に対して弁済させることを朝廷が命じた。それが史料Cであり、泉郷の四至は東が「栗林」、南が「井上」、西が「大会林」、北が「大槻」となっている。しかし以上の内容は成通からの提案によるものであって、円光院としては不服であり、泉郷の領域は「年来寺領」であると主張して反発した（史料D③）。

これらの結果、同年六月には朝廷から新たな裁許が下り、一〇九〇年の四至が採用されることとなった（史料D④）。地名に即していえば「大野河以西中夾」が円光院領とされ（史料D⑤）、四至は東が「大野河」、南が「弘田村」、西が「坂戸」、北が「山峯」ということになった（史料D⑥）。すでにふれたようにこれ以後は四至の移動がみられないので、このときをもって荘域が確定したといってよいだろう。ここで一〇九〇年の四至が採用されたというのは、いわば国司・円光院・藤原成通という三者の妥協の産物であるが、円光院の意向としては「不好広博、不妨他領」、つまり荘域の拡大は望んでいなかったという（史料D⑦）。建て前ということも多分にあろうが、五〇〇石という大枠の設定とともに立荘された荘園ならではの控えめな言い分といえなくもない。

泉郷の所在については、詳細はやはり後述するが、成通が一〇八六年の四至に難色を示したということは「真中河」より西側にも分布していたことは間違いない。もちろんこれは円光院からみれば牛原荘の根本荘域の一部であり、彼らに言わせれば「牛原本庄」に対する「牛原泉庄」ということになる（史料A⑤）。とはいえ「大野河」より東側については円光院が支配していた期間は非常に短く、その意味では一〇九〇年の四至で妥協する形になったことも道理といえよう。

2　牛原荘と醍醐寺

さて、先述の通り「大野河以西中夾」がこのとき明確に牛原荘の一部と認定され、それを踏まえて史料Aにみえる「中夾牓示」が打たれたものと考えられる。ここで注目されるのは、その頃の円光院は「大僧正御房時」だったということである（史料A⑥）。当時の円光院別当は三宝院定海で、その任期は一一二九—四二年（大治四—康治元）であった。実は史料Dの当時、醍醐寺僧で大僧正まで昇った人物はまだおらず、一一三八年（保延四）に定海が任じられたのが初めてであった。史料Aの記述はそれより後代のものということになるが、ほかに該当する人物もみあたらないため「大僧正御房」は定海で間違いない。

この定海（一〇七四—一一四九）は牛原荘に非常に強い関係を持つ人物であった。というのは、彼はかの源顕房の子であって、中宮賢子にとっては異母弟にあたり、また醍醐寺のなかでは義範や勝覚の弟子であった。一一一六—三二年（永久四—長承元）には醍醐寺座主を務め、その間に醍醐寺の興隆に大きく尽力した人物で、勝覚が開創した三宝院を受け継ぎ、理性院流・金剛王院流と並んで醍醐三流の一つとされる三宝院流の祖となった。

定海の後継者の一人に元海という人物がおり、一一三二年に醍醐寺座主を、一一四二年に円光院別当を、それぞれ定海から譲られている。この元海の時代からは醍醐寺座主が円光院を直接支配し、すでに前述の笠島も指摘したように、牛原荘の経営も円光院から醍醐寺座主の手に移るとされる。そして周知の通り、醍醐寺のなかで最も有力な院家の一つが三宝院であり、特に中世後期になると醍醐寺座主を集中的に輩出していく。

またこれも周知の通り、醍醐寺の鎮守といえば清瀧宮・清瀧権現であるが、清瀧宮を醍醐寺の鎮守にしたのは勝覚であった。そして一一一八年（元永元）三月、法会のあとに観桜の酒宴を行うので「桜会」として著名な「清瀧会」

を清瀧宮の前で初めて開いたのは、その弟子の定海であった。牛原荘と醍醐寺の関係性を考える上で、この「清瀧」は重要なキーワードとなる。ここでふれる地名のいくつかはまた後でも述べるが（図2）、中世牛原荘で「大野河」と呼ばれた河川は現在の「清滝川」にあたると考えられている。そしてその「清滝川」のほとり、住所でいうと大野市中挟《なかばさみ》には「清瀧神社」という神社が今も鎮座しており、同じ境内には隣接する友江地区の「清瀧神社」も別の社殿を構えている。近世の記録によれば中挟村と友江村が同一の「清瀧大権現社」を祀っており[18]、もとは共同の氏神であったとみられている[19]。また大野盆地の西部にある犬山（戌山・狗山）と呼ばれる低山の東麓、赤根川をはさんで大野城と向かい合うあたりには「清瀧」という地字があって、そこにも「清瀧神社」が現存している。

勝覚・定海の師弟がその歴史に大きな役割を果たした牛原荘の故地に、「清瀧」という名前がこれだけ残っているという状況からして、醍醐寺の鎮守が牛原荘の荘鎮守として勧請され、さらにその名前が付近の地字や河川に転用されていったと考えうるのである。ただ残念ながら、この推論を裏付ける直接的な証拠は得られていない。例えば先記のうち大野市清瀧にある清瀧神社の社伝によれば、勧請は七一八年（養老二）で、一五七五年（天正三）に当地に入部した金森長近が亀山と呼ばれる丘陵に大野城を築いたさいに、その麓から現在の場所に移されたというが[20]、醍醐寺との関係をうかがわせるエピソードは残されていない。中挟・友江の清瀧神社についても由緒の詳細は不明とされている[21]。

しかし傍証はまだ挙げることができる。鎌倉末期以降、牛原荘が分化して四つの郷が史料上に現れてくるが、その一つである井野部郷の百姓等が、同じく荘内の丁《ようろ》郷の百姓等のことを「清瀧山」の「神木」を切ったとして醍醐寺に訴えているのである[22]。その年次は未詳だが、訴えのなかで「畠山殿御知行之時」を回顧しているから、越前守護が畠山基国から斯波義将に替わった一三七九年（康暦元）頃以降、さらにいえば義将が醍醐寺への四ヵ郷の返付を命じた一三九五年（応永二）以降、室町期のことだろう。「清瀧山」が現在のどの山に該当するかが問題だが、平野部の荘園ということもあって候補はかなり絞られる。先の清瀧神社の社伝が真実ならば亀山の可能性が高い。さもなくば犬山であろう。[23]

また同じく円光院領であった近江国柏原荘の故地（米原市柏原周辺）をみると、牛原荘と極めてよく似た状況にあることがわかる。すなわち「清滝」という地名があり、「清瀧山」があり、その麓には「清瀧神社」や「清瀧寺」があるのである。清瀧寺は天台宗で徳源院ともいい、開基は京極氏初代の氏信（一二二〇―九五）と伝えるが、やはり荘園としての来歴を考えれば、醍醐寺から勧請された清瀧権現の神宮寺であった可能性が高かろう。いずれにしても、これら円光院領に残る「清瀧」の名前は醍醐寺との関係にその由来を求めるのが妥当といえよう。

以上のことから、中世の醍醐寺・三宝院、ひいては中世荘園としての牛原荘にとって、定海はその展開の基点に位置した人物といってもよかろう。これまでの牛原荘に関する先行研究では名前が挙げられる程度でしかなかったが、定海という人物は牛原荘の立荘に関わる人脈を一身に集約したような素性を持っていた。そのことは当然、牛原荘の荘域確定と経営安定を目指す上での大きな動機になりえたであろう。そして経営安定という点に関わることだが、勝覚・定海によって基盤が作られた醍醐寺鎮守としての清瀧宮が、いわば荘園領主の分身である荘鎮守として牛原荘に勧請された可能性が濃厚であり、その形跡が今も現地に残っていることを指摘した。勧請の時期は不詳とせざるをえないが、勝覚・定海の頃からそれほど隔たった時代ではないのではないだろうか。

3　牛原荘の四至・荘域と現地景観

本項では牛原荘の四至・荘域とその変遷について、前項までの史料理解を踏まえつつ、現地の状況に即して考察し

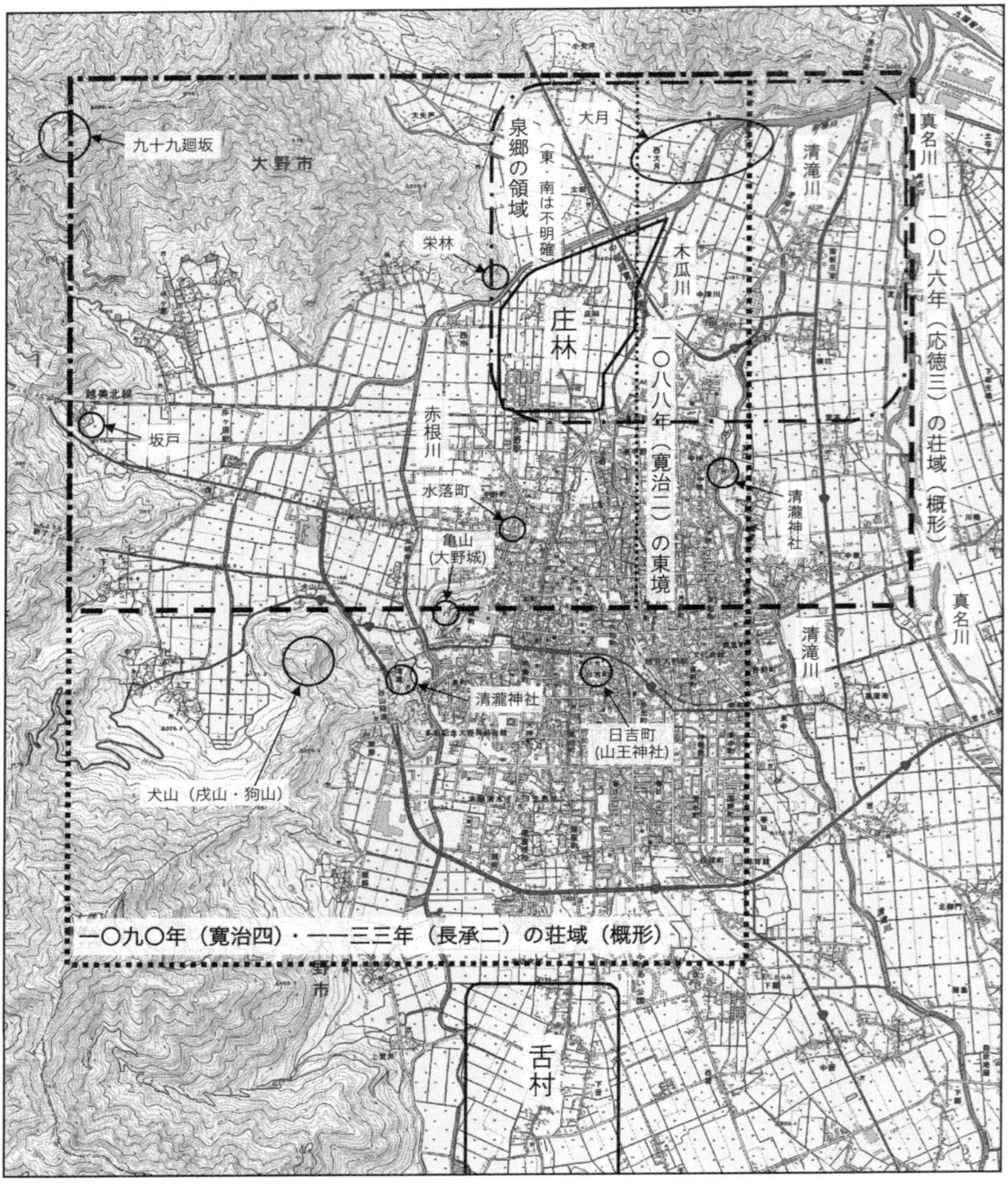

図2　牛原荘周辺図（大野盆地西部，国土地理院「電子国土 Web」をもとに作成）

ていくこととしたい（図2）。

最初に検討するのは、史料Bに記されていた一〇八六年の立荘当初の四至である[24]。先述の通り、東が「真中河」、南が「猪山」、西が「坂戸」、北が「油瀧」となっていた。このうち「真中河」については、先行研究に共通する見解でもあるが、名称の類似やこれ以降の四至との関係性から、大野盆地のほぼ中央を流れる現在の真名川と捉えておこう。次に「坂戸」については、大野盆地の北西部、越美北線が盆地に入り込んでくる辺りに現在も地名として残っている。「油瀧」については、笠島は「アブラダン」という地名の存在、および一〇九〇年の四至では北限が「山峯」となっていることから、福井市と大野市の境にある「九十九廻坂」と呼ばれる峠に比定しており、本稿でもそれに従う。

特に検討の余地があるのは、残る「猪山」である。笠島はこれを市街地西側の「犬山」のことだとしているが、「猪」と「犬」とでやはり異なるし、真名川との距離を考えると、やや西に寄りすぎという感がある。また『福井県史 通史編一原始・古代』では、他の史料にみえる「井山・居山・亥山」という地名から、現在は日吉山王神社のある日吉町付近だとする。しかし、確かに神社の辺りは周りより標高が数㍍は高くなっているようだが、境界のランドマークとするに足るほどの山とは言えまい。

そこでさらに検討すると、大野城が建っている「亀山」の北東部付近には「水落《みずおとし》町」という地名が今も存在している。そして戦国期の文書には「猪山之裏水落」という文言がみえる[25]。近世初期（一七世紀後半）の大野城下絵図をみると、亀山の北部、水落町に接するであろう辺りには沼地が描かれていることが多い[26]。これらのことからすると、当時の「猪山」は現在の亀山と考えた方が、従来説よりもよいのではないか。先述の通り、亀山は清瀧権現を祀る「清瀧山」と呼ばれていた可能性が高く、景観的にもその位置付けはふさわしい。だとすれば、もとは南の四至に過ぎなかった小山が、荘域の拡大によってその中央へと移動し、醍醐寺鎮守の勧請によって中世牛原荘の象徴となり、その後さらに近世城下町の中枢へと転身を遂げた、ということになろう。

次に、一〇九〇年にいったん実施され、その後に何度かの変更を経て、再び一一三三年に採用された最終的な四至について検討しよう。東は「大野河」、南は「弘田村」、西は「坂戸」、北は「山峯」であった。まず「坂戸」については一〇八六年の四至と変わりがなく、また「山峯」も峠のことだとすれば大きな変動は考えづらい。「大野河」については、先述の通り一〇八六年の四至よりも免田が減少したということは「真中河」よりも西の河川ということになる。そのなかで比較的大きな河川を求めれば、位置的に考えても、第一に挙げられるのは現在でいう清滝川である。これも先行研究に共通した考え方で、本稿も特に異存はない。

ただし「弘田村」についてはよくわからない。南の四至が「山」から「村」へと明らかに変更されていて、かつ円光院からそれに対する不満が出た形跡がないということは、何らかの拡張があったとみるべきではないだろうか。この点に関しては、史料Dから判明する藤原成通の私領の分布が参考になる。それによれば成通の私領は大野盆地の南部および周辺の谷筋に広範に展開しているが（史料D⑧）[27]、そのうち最も北にあると比定される小山郷舌村が、牛原荘の最大の南限と考えられる。よって一〇九〇年・一一三三年の荘域は、一〇八六年と比べれば南北に長い長方形だったとイメージできる。

それでは、牛原荘の荘域が最も縮小されたであろう一〇八八年の四至はどうであっただろうか。問題は、東の境が何を基準として設定されたのかという点である。判断材料となるのが、史料Bと史料Dにみえる平忠盛と藤原顕能に関する記述である。すなわち「真中河」と「大野河」の間にあった八〇余町と、それに加えて「大野河」よりも西にあった四〇余町を削減したのが一〇八八年の四至と理解できる。真名川と清滝川の間の距離のおよそ半分を清滝川から西へ行くと、現在の木瓜《ぼけ》川が流れている。現地の景観をみる限りでは、大きな起伏のない平野のなかで、荘域の基準となりそうなものはやはり河川ぐらいしかみあたらない。この場合は木瓜川あたりを想定するのが妥当ではないだろうか。

最後に、牛原荘の荘域とも強く関係する、一一三三年の泉郷の四至について考えてみよう。東が「栗林」、南が「井上」、西が「大会林」、北が「大槻」となっていた。このうち「栗林」と「井上」については、残念ながら不明とせざるをえない。円光院もこの二つは「不知何所」としていた（史料D③）。次に「大会林」については、北西から張り出した山裾あたりに現在は「栄林《えばやし》」という地名が存在する。また「大槻」については、盆地の北辺部に「大月」という地名が残っている。この二つに関しては円光院も把握していたようで、明確に「年来寺領」と主張している（史料D③）。

史料Aに記されていた牛原荘を構成する四つの地域のうち、泉郷の領域と重複していたとみられるのが「庄林」である。「庄林」は現在の地名としても残っており、栄林・大月と接する位置にある。荘域が固定した後の一二世紀の史料をみていると、その他の「北庄」「南庄」「中夾」の三地域に対して、「庄林」だけ記載がなかったり、別扱いになっていたりというケースが散見される。(28) これは泉郷との競合によって、「庄林」の帰属先が不明確になっていたことに由来するのであろう。これらのことから、泉郷については東と南の境界がどこまで広がっていたかは不明確ながら、牛原荘からみれば北東部分に位置しており、「庄林」付近を西の境とする領域をもっていたと考えられる。

以上、本作業によって牛原荘の領域とその変遷をおおむね提示することができた。その経過をみるに、まず大野盆地の西端の一角から東へと開発が向かい、そしてさらに北・南へ広がっていったという順序と方向性をみてとることができる。複数の河川が並流する氾濫原にあって、最初は洪水の危険性の低い山裾に近い土地から耕作が進められ、やがて河川の間に存在した不安定な耕地へと開発の手が伸びていった、というモデルがここに想定されよう。

おわりに

本稿では、朝河貫一が遺稿のなかで取り組んだ越前国牛原荘の研究に改めて検証を加えること、朝河が用いた史料を現在の研究水準に即して読み直し、中世初期の牛原荘について新たな知見を得ること、以上の二点をテーマに掲げて検討を進めてきた。以下、ここまでの論旨を整理しながら、成果とさらなる課題の抽出を試みたいと思う。

まず第一のテーマについては、朝河が日本中世社会を規定する環境要因として特筆した水田耕作の集約性、そしてその帰結として現れるところの直営地の特性、すなわち領主にとって高収益ではあるが多くの面積は確保できないという点については、牛原荘の史料を根拠として主張することはできないという結論を得た。

しかし朝河史学の現代的な継承という大きな課題に鑑みるなら、これだけで議論を終わらせるべきではない。近年の日本中世史学は様々な方法論によって当時の社会の様相を明らかにしてきた。朝河と関わることでいえば、農業論や生業論、あるいは荘園制論や在地領主制論など、ここで具体的に挙例するまでもなく多くの成果が生み出されてきた。ひとまず現時点では「封建制」のような概念の構築を目指す議論はいったん先送りにして、今までに解明されてきた当時の社会の実態を、日本と諸外国の間でどこまで具体的に比較しうるのか、再論してみることにも価値があるのではないか。例えば一口に「直営地」といっても、中世日本では佃・一色田・散田など複数の名称があり、時代や地域によって、また在京か在地かという領主の性格によって、「直営地」のあり方にも差異が生じよう。諸外国との比較を行うのであれば最低でもそれらの点は考慮すべきであるし、そうすることで現代の歴史学にとって意味のある新たな視点が得られるかもしれない。

また第二のテーマに関しては、中宮賢子の菩提を弔うために建立された円光院であるが、その運営費を調達するために立荘された牛原荘が最終的に荘域の確定をみた一二世紀前半、円光院別当の地位にあったのは賢子の異母弟にあたる三宝院定海だった点を強調しておきたい。醍醐寺と円光院のトップを兼ね、院家としての三宝院を継承し、法流としての三宝院流を開いた定海は、円光院から座主・三宝院へ、という中世の牛原荘の流れをまさに象徴する人物であったといえる。

定海の事績は、その師である勝覚とともに、醍醐寺鎮守としての清瀧宮の確立ということにまで及んでいた。おそらく清瀧権現は牛原荘にも荘鎮守として勧請され、領主と現地をつなぐ存在となったであろう。現在、そのことは現地ではほとんど忘れ去られているかのようだが、(29) 土地・河川・神社の名前には醍醐寺との関係がしっかりと名残を留めていた。中世荘園の痕跡は、現地住民の気付かないところにも刻まれていたのである。

牛原荘の四至・荘域の変遷に関しては、現地比定の結果を図2に示した通りだが、そこからは開発のおおよその方向性が判明した。山裾から平野へ、河川による影響の小さい土地から大きい土地へ、というのが基本的な動向と考えられる。このようなあり方が類似した環境下の荘園のなかでどこまで一般性を持ちうるのか、多くの事例とともに検討する必要があろうが、それら発展的な考察は今後の課題としたい。

注

(1) 『新編 日本古典文学全集三 日本書紀二』「巻第十九 欽明天皇」四六〇頁。

(2) 金光林「近現代の中国語、韓国・朝鮮語における日本語の影響―日本の漢字語の移入を中心に―」(『新潟産業大学人文学部紀要』一七、二〇〇五年)。

(3) 『続群書類従第十二輯下 文筆部』五一〇頁。

（4）　先にふれた通り「封建」の「建」には「建国」というニュアンスが含まれているわけだが、その点からも日本中世に適用する言葉として適切なのかという問題があろう。

（5）　ただし専門外ゆえか、少なくとも前掲『中世日本の土地と社会』をみる限りでは少なからず記述に誤りがみられ、参照には注意を要する。本稿ではそのうち一点だけ、朝河史学の評価に関わる重大なもののみ指摘しておく。朝河は牛原荘の領主であった醍醐寺円光院や三宝院のような「院」、すなわち「院家」のことをenclosure, separate establishmentと表現しているが（前掲書英文六頁）、これはenclosureに「（修道院・女子修道院の）禁区：食堂・寝室などの修道士・修道女の生活する場所」（『ランダムハウス英和大辞典』）という用法があるからで、ここでは「寺僧の独立した住居」といった程度の意味しかない。しかし矢吹はこのenclosureにイギリス史上で著名ないわゆる「囲い込み」、共有地の私有地化という含意があるものと拡大解釈しており、それは「公有地の囲い込みから生まれる「エンクロージャとしての院」」（前掲書和文一八一頁）という表現からも明らかである。その結果、「院家」の理解が不十分なものとなり、朝河のSan-bō *in* rose to such influence, from the early 15th century, that in the popular mind it has not only been identified with, but overshadowed, Dai-go *zhi* itself.（前掲書英文七頁）という文章の後半部を「三宝院は醍醐寺と同一視されたのではなく、醍醐寺の傘下に三宝院があった」（前掲書和文五頁）と正反対の意味に誤訳してしまい、「院を英語のenclosureに比定するところに、朝河の非凡な学識が現れている」（前掲書和文六頁）と朝河に対する過大評価を招くに至っている。

（6）　なお、古代～近世を対象範囲とする『大野市史一五　通史編上』が二〇一五年度に刊行予定とのことであったが、本稿執筆時点では発刊の報に接することができていない。

（7）　史料A～Dは『大野市史六　史料総括編』「第一編古代・中世史料」をもとに、東京大学史料編纂所が所蔵する写真帳を参照して一部翻刻を改め、傍線・丸番号を付したものである。『大野市史』掲載の史料番号は、史料Aが「Ⅲ記録」五号、史料Bが「Ⅱ文書」五号、史料Cが同六号、史料Dが同七号である。

（8）　一一八六年（文治二）四月八日「醍醐寺文書目録」（『大野市史六　史料総括編』「第一編古代・中世史料Ⅱ文書」二七号）。

（9）　川端新「院政初期の立荘形態―寄進と立荘の間―」（同『荘園制成立史の研究』思文閣出版、二〇〇〇年、初出一九九六年）。

（10）　鎌倉佐保「荘園制と中世年貢の成立」（『岩波講座日本歴史六　中世一』岩波書店、二〇一三年）。

(11) 守田逸人「院政期の荘園」(荘園史研究会編『荘園史研究ハンドブック』東京堂出版、二〇一三年)。
(12) 前掲注(9)川端論文、注(11)守田論文。
(13) 以下、国司の任期については宮崎康充編『国司補任五』(続群書類従完成会、一九九一年)を参照した。
(14) この時代に「権僧正」まで昇った真言僧として範俊(一〇三八―一一一二)も考えられなくはないが、義範とは競合関係にあった人物であるため可能性は低い。
(15) 『醍醐寺新要録』三綱部。
(16) 一〇九六年(嘉保三)に母親よりも若い二十一歳で没し、円光院に葬られた。その死後わずか二日で白河院は出家した。
(17) 白河院の近臣であった藤原顕季の子。一一三一年(天承元)より修理大夫。
(18) 「大野領諸宗寺方寺領記」(『大野市史六 史料総括編』「第二編近世史料Ⅱ土井家史料」四号)。
(19) 『大野市史八 地区編』(一九九一年、一九七―八頁、二〇二頁)。
(20) 『日本歴史地名大系一八 福井県の地名』「清滝神社」の項(平凡社、ジャパンナレッジ版)。
(21) 前掲注(19)『大野市史八 地区編』。
(22) 無年号三月二十六日「牛原庄井野部郷百姓申状」(『大野市史六 史料総括編』「第一編古代・中世史料Ⅱ文書」一一二号)。
(23) 一三九五年(応永二)十一月二十二日「斯波義将施行状案」(『大野市史六 史料総括編』「第一編古代・中世史料Ⅱ文書」八四号)。
(24) 本稿で行った地名比定に関しては、大野市教育委員会の佐々木伸治氏から種々のご教示を得た。
(25) 一五五七年(弘治三)二月日「崇聖寺領目録案」(『大野市史一 社寺文書編』「洞雲寺文書」一八号)。
(26) 『福井県史 通史編三 近世一』(一九九四年、四八七頁)、『図説福井県史』(一九九八年、一二六頁)。
(27) 本史料にみえる成通私領の比定状況は次の通り。「小山郷内舌村」:大野市上舌・下舌、「木本小山村」:大野市木本、「小山坂尻村」:不明、「左開村」:大野市佐開、「川原郷内折立村」:福井市折立町、「川原村」:不明、「味美村」:福井市味見河内町、「有羅河内」:不明、「佐佐熊足河内」:大野市上笹又・下笹又・熊河か、「穴馬河内」:大野市朝日(旧上穴馬村・下穴馬村)。
(28) 『大野市史』で脱漏している史料を含むため、『荘園研究』「牛原荘関係文書」掲載の史料番号で示すと、二四―二六号、二八—三〇号などが該当する。

(29)　その一方で近年、荘域内にあたる大野市立乾側小学校では教員の発案により、修学旅行での醍醐寺訪問、学校田で収穫した餅米の寄贈、京都市立醍醐小学校の児童を招待しての合同田植えなど、中世の縁を生かした交流事業が行われている(佐々木氏のご教示)。荘園領主と現地の関係は、図らずも教育への活用といった側面から見直されているようである。

第Ⅱ部　朝河貫一の中世史像と歴史学界

『入来文書』の構想とその史学史上の位置
――日欧の中世史研究からみて――

佐藤雄基

はじめに

朝河貫一は、英語圏における日本史研究の先駆者の一人である。その学問的業績は、一九二九年、五十六歳の年に刊行した主著 *The Documents of Iriki*（以下『入来文書』）[(1)]が知られているが、もっぱら日米関係に関わる外交評論や在米の日本人知識人として平和を模索した「個人外交」と評される活動面に注目が集まってきた。日本では戦後、戦勝国アメリカで活躍した「偉人」・「国際人」として、出身地の福島と母校早稲田大学を中心にして朝河の顕彰活動が始まり、八〇年代には『朝河貫一書簡集』編纂を契機として、[(2)]朝河貫一研究会を中心に朝河の伝記的研究がなされた。二一世紀に入ってからは、朝河個人の顕彰・研究から、朝河を素材の一つとした史学史研究・文化史研究へと展開した。特筆すべきは、アメリカにおける日本研究の基礎となる日本語図書コレクションの形成に朝河が果たした役割の解明が進んだことである。[(3)]歴史家であるとともにキュレーターでもあった朝河の活動が明らかにされた。その一方で、アメリカにおける歴史家としての朝河の実像の究明は未だ十分に進んでいないといわざるをえない。

朝河の研究の内実は、日本では十分に知られてこなかった。その理由については、朝河に関する初の本格的評伝を執筆したJ・W・ホール氏（John Whitney Hall, 1916–1997）や日本での再評価の先駆けとなった堀米庸三氏によって、朝河の学問はヨーロッパの西洋史研究の方法に基づくものであり、後の世代の日本史研究者を遠ざけるものであったことが指摘されている。[4] 国際人としての華々しいイメージとは対照的に、日本史に関心をもつ学生も少ない第二次世界大戦前のアメリカにおいて、孤高の学者というイメージが朝河にはつきまとっている。[5]

しかしながら、イェール大学図書館所蔵「朝河ペーパーズ」すなわち日記や書簡・草稿などの朝河の個人資料を用いて、歴史家としての実像を探ると、一九一〇―三〇年代のいわゆる戦間期における日欧米にまたがる国際的な学術交流のもとで朝河の学問形成がなされたことが明らかである。[6] 戦間期は近代学問の大きな転換期でもあり、朝河が日欧双方の新たな学問動向に敏感に反応しつつも、「社会史」のような新たな概念に戸惑いをみせた様子が明らかになった。[7] 日欧米にまたがる朝河の知的遍歴からは、グローバルな視点に基づく史学史の新たな側面がみえるのではあるまいか。

『入来文書』は、朝河が薩摩国入来院（現・鹿児島県薩摩川内市）に伝わる「入来院家文書」という文書群を英訳し、注釈を付し、英米で刊行したものであり、朝河の主要業績とされてきた。この著作は国際的な日本史研究のシンボル的な存在として、日本においても知られてきたが、その英文の内容はほとんど知られることがなく、その出版の経緯も従来十分に明らかにされてこなかった。拙稿「朝河貫一と入来文書の邂逅」（以下「前稿」）[8] では、朝河が日本封建制に関わる古文書の調査のために一九一七年（大正六）に来日した経緯を明らかにし、古文書を所蔵する旧家の子孫や郷土史家との出会い、『入来村史』という自治体史編纂のための調査など、朝河と入来院家文書との邂逅を可能とした諸条件を分析し、朝河の『入来文書』誕生を大正期における日本国内の歴史叙述をめぐる状況のもとに位置づけようと試みた。

一方で、『入来文書』は日本における史料調査を踏まえ、日本の史学史と関わりつつも、アメリカにおいて出版された著作であることを忘れてはならない。その成立の経緯および内容について日米（欧）双方の視点からみる必要がある。それによって前述したようにグローバルな視点に基づく史学史を描くことができよう。如上の問題意識に基づいて本稿では、『入来文書』出版に至るアメリカ側における朝河の状況を整理し（第一節）、その内容と特徴を分析した上で（第二節・第三節）、日本と西欧における『入来文書』の史学史的な位置づけを探ることを試みたい（第四節・第五節）。

一　『入来文書』構想の経緯——アメリカ、特にイェールの状況を中心に——

まず朝河の学問形成の歩みを中心にして、『入来文書』の構想過程を整理したい。前稿では、『入来文書』の誕生は大正期の日本の状況と関わっていたことを指摘したが、本稿では、当然のことながら、アメリカ、特にイェールにおける朝河や草創期の日本研究のおかれていた状況とも密接に関わっていたことを確認しておく。

一九一七年（大正六）から一九年にかけての朝河の日本留学は、日本封建制に関する一次史料（古文書）の調査が目的であった。前稿においても指摘したように、一九一七年度の日本留学の準備中、朝河は二つの企画から史料集の執筆依頼を受けており、日本到着時には英訳史料集作りという明確な目的をもっていた。

一つは、ロンドンのデント（Dent）社のエブリマンズ・ライブラリー（Everyman's Library）から中国・日本の思想史の文献英訳集の一部として「日本の宗教及思想（神儒仏）の発達変遷を代表するニ足るべき文字を精撰し」[9]て英訳するという企画（三冊本）の依頼を一九一六年十一月十日に受けている（「朝河貫一日記」〈以下「日記」〉同日条）[10]。朝河は一九〇七年からイェール大学歴史学部の講師となり、日本文化史の授業を担当し、日本の宗教・思想関係史料を授業用教材として英訳していた[11]。イェールにおける朝河の教育と密接に結びついた仕事であるといえよう。だが、予算をめぐる不一致を理由として、その約束は日本到着後に解消された（「日記」一九一七年九月二日条）。

もう一つは、日本封建制に関する古文書の英訳史料集というプリンストン大学出版局の出版計画である。プリンストン大学のD・C・マンロー（Dana Carleton Munro, 1866–1933）から一九一七年一月十七日に史料集編集の依頼を受けている[12]。マンローは十字軍研究などで知られる中世史家であるが、一八九六年に始まる西洋史史料の英訳シリーズ（Translations and reprints from the original sources of European history）の編者であった。アメリカでは、一八七〇年代以降ドイツをモデルにした研究大学・大学院が整備されるとともに、一八八四年にはアメリカ歴史学会（the American Historical Association〈AHA〉）が設立されるなど（日本の史学会の設立は一八八九年〈明治二十二〉）、アカデミックな近代歴史学がその産声をあげ、基本史料の翻訳が進められつつあった[13]。同シリーズには、ヨーロッパ封建制の発展一般について、様々な史料群からサンプルとなる史料を選択し、説明を加える『封建制史料集』（*Documents illustrative of feudalism*）が含まれていた[14]。朝河が当初マンローから依頼を受けた日本封建制に関する史料集の企画もまた、そのようなものが想定されていたと思われる。

しかしながら、朝河は各史料群から史料をつまみ食い的に利用するのではなく、日本封建制を例示するに相応しい特定地域の事例研究とそれに基づく史料集の作成を企図した。その成果が、「日本の封建制度の発達に関する例示」（illustrative of the development of the feudal institutions of Japan）という副題をもつ『入来文書』であった。本稿では朝河がそのような目的意識をもつに至った背景について明らかにする。

まず『入来文書』のなかで、朝河は直接的にはフランス中世史学の大家C・セニョボス（Charles Seignobos, 1854–1942）の著作『ブルゴーニュにおける封建制度』（一八八二年）[15]を挙げ（序、註一九七）、一地域の事例研究に基づく議論の有効性を論じた。この著作は、その後のフランス地域研究の嚆矢となる研究であり、特定地域の史料の悉皆調査に基づくフランス中世研究の基本的態度を形作った[16]。一九一五年夏のヨーロッパ調査を契機として朝河はフランス封建制に関心を集中させており、第四節で後述するように、帰米後の一九二〇年に、南九州における封建制度の研究を構想する過程で、朝河はセニョボスの著作の影響を受けていた。

一方、朝河がそもそも個別事例に注目するようになった契機は、一九一五年夏のヨーロッパ調査の直前に行われた黒板勝美との論争に遡る。一九一四年の論文「日本における封建的土地保有の起源」[17]は、封建制に関する朝河の初めての本格的な研究論文であったが、日本の荘園制と封建制との相違、日本の荘園と西欧のマナーとの相違について概説的に論じるばかりで、必ずしも個別事例に即したものではなかった（同論文の註三四において高野山領三箇荘や南九州の島津荘などの事例研究の必要を示唆はしており、この頃から南九州にも目を向けていたことは分かるが）。この論文に対して一九一五年に黒板勝美が「要するに荘園の起原は地方に依て各自特殊の発達をなし従て名目同じくして内容異なれる場合もなしとせず」として批判を加えると[18]、朝河自身は渡欧直前に再反論を執筆し（「日記」同年五月十一日・十五日条）、「欧州及び英国の中世においても此用意は極めて切要なり」として個別研究の重要性を主張した[19]。そして翌一九一六年に、高野山領三箇荘の個別事例に即して中世日本における寺領荘園の沿革を論じた論文を公刊することになった[20]。この論文には、一九〇四年から一九〇七年にかけて東京帝国大学史料編纂掛が編纂した『大日本古文書　家わけ　高野山文書』が利用されていた。一九一〇年代には日本国外にあっても古文書史料集を利用して中世史研究を行う条件が生まれつつあった。だが、中世古文書の翻刻はまだ始まったばかりであった。朝河は研究を進めるにつれて、日本を訪れ、未翻刻の古文書を利用する必要を感じていた。(21) そして封建制の典型例を示す史料群として探し出したのが「入来院家文書」であった。

『入来文書』の刊行は一九二九年である。一九一九年の鹿児島調査から十年の歳月が流れていた。だが、「日記」によれば、その執筆作業は実際には一九二〇年と一九二五年に短期集中で行われた。一九二〇年十二月二十七日に第一次原稿がマンローに手渡されたものの、プリンストン大学出版の資金不足を理由にして待たされた挙句、同僚でアメリカ史家のC・M・アンドリューズ（Charles McLean Andrews, 1863–1943）の尽力もあって、一九二四年十二月十九日に原稿を取り戻すことに成功し、かわりにイェール大学出版から刊行することになった。(22) 同年末に始まった改稿は、一九二五年夏の集中的な作業を経て終わったが、経費や植字・校正の問題もあって結局出版は一九二九年になった。

本稿では、一九二〇年の第一次稿と一九二五年の第二次稿との違いに注目したい。第一次稿の存在は現在のところ確認されておらず、両者の相違については分かっていないが、一九二五年段階において「論点の要約」（A summary of points）が追加されていた（「日記」同年七月十八日条）。

「論点の要約」とは、西欧諸国（英仏独伊にエルサレム王国を含む）との比較のもと日本封建制に関する論点が四五頁にわたってレジュメ形式でまとめられたものであり、朝河の比較封建制論のエッセンスが示されている。「論点の要約」の序文によれば、本書の目的はアメリカの学生に英訳史料集を提供することにあり、学生（読者）の側に西欧制度史の知識があることが前提とされていた（従って紙幅の都合もあって西欧史に関する参考文献は載せていないことを断っている）。すなわち「論点の要約」は史料読解のガイドラインに過ぎなかった。さらに対象読者が、日本史を学ぶ学生ではなく、西洋史を学ぶ学生であった点に注意したい。その背景には、一九二〇年と二五年の間における朝河の立場の変化があった。

　ここでイェールにおける朝河の立場について整理しておく。朝河はダートマス大学を卒業した一八九九年、イェール大学の大学院に進学した。当時のイェールには日本史の教員はおらず、アメリカ史のE・G・ボーン（Edward Gaylord Bourne, 1860–1908）や中世イングランド憲法史家のG・B・アダムズ（George Burton Adams, 1851–1925）を指導教員とするが（「日記」一九四八年一月二十五日条。なお同期に後述のS・K・ミッチェル）、博士論文では近代オリエント史（Modern Oriental History）を担当していた助教（assistant professor）のフレデリック・W・ウィリアムズ（Frederick Wells Williams, 1857–1928）を指導教員とし、(23) 一九〇二年に大化改新論を主題にした博士論文を執筆した。当時の教員の世代は卒業後、留学してドイツなどで博士号をとったケースが多かったが、朝河はイェールが課程博士を出し始めた初期の世代でもあった。(24) その後、母校ダートマス大学に講師として着任し、新設された日本文化論を担当し、さらに一九〇七年にはやはり新設の日本文化史の授業担当者（講師〈instructor〉）としてイェール大学に招かれ（これに加えて日本語の講義も担当した）、一九一〇年には助教に採用された。朝河の立身の背景には、これらの大学はキリスト教との関係が深く、布教先の日本への関心があったこと、それに加えて、アメリカが一八九八年の米西戦争以降、極東地域に政治的に進出するようになり、日本への関心が高まったことなどが指摘できる。特に一九〇四年に日露戦争が勃発し、極東への関心が高まりをみせると、朝河は『日露衝突（The Russo-Japanese Conflict）』という外交評論を発表して一躍著名人となった。一九〇六年から翌年にかけては、イェール大学と議会図書館の日本語図書蒐集の仕事を請け負って日本に帰国するなど、アメリカ国内において日本研究の専門家としての地位を確立した。

　しかしながら、日本文化史の授業に学生が集まることはなかった。第一次世界大戦後の不景気のなかで、イェール大学が財政難に陥ると、大幅な人員削減を行うことになり、一九二一年六月までで任期の切れる朝河を雇い止めにする案がでた。一九二〇年六月以降、朝河は、坪内逍遥を通して何度も母校早稲田大学に移籍可能性を打診するようになる。[25]だが、日本語のみならず中国文化・漢文にも通じ、東アジア・コレクションのキュレーターを兼ねていた朝河は、イェールにとっても必要な存在であったのであろう。歴史学部の同僚たちの尽力によって、給料の半減を条件にして、朝河の残留が決まった。[26]朝河はこの条件をいったん受け入れたものの、低待遇と生活苦に不満を募らせていた。このようなイェールでの立場を背景として（とこれは坪内に明かされなかったが、おそらくは日本在住の幼児教育者ベラ・アーウィン〈Bella Irwin, 1883–1957〉への求愛も動機の一つとなって）、一九二四年夏頃まで坪内を通じて早稲田への移籍を打診し続けたが、条件が一致しなかった（「日記」八月二十四日条）。ベラとの関係もまた、彼女が日本における幼児教育を「life-work」と考えていたため、同年中に終焉を迎えた。[27]

給料半減の一方、不人気の学部科目「日本文化史」は一旦閉鎖された。本人の希望が認められるかたちで、一九二三年に新たに開講された大学院科目「フランス封建制」の講義を担当することになり、一九二五年からは「封建制度」、「ヨーロッパ封建制」と「フランク時代の制度」「ヨーロッパ中世制度史」（全て隔年開講の大学院科目）を担当している。大学院のシラバスによれば、[28]当時のイェールのヨーロッパ史はイギリス史・フランス史（特にイギリス史）が中心であり、中世ドイツ史の専門講義はなかったようである。中世イギリス史やフランス史、中世制度史の講座は、中世イングランド財政史家のS・K・ミッチェル（Sydney Knox Mitchell, 1875–1948）と中世法制史家のG・E・ウッドバイン（George Edward Woodbine, 1876–1953）、中国史はキリスト教布教史家として知られるK・S・ラトゥレット（Kenneth Scott Latourette, 1884–1968）というずれも歳下の教授・准教授が担当していた。そのなかで助教の朝河は一種遊軍的な立場にあった。シラバスによれば、中世西欧史料の読解を授業の中心に据えつつ、西欧封建制、特に専門の講座担当者のいなかった英仏以外の西欧諸国（ドイツ、イタリアなど）、そして東アジア（日本・中国）との比較という視点に力点をおいていた。朝河自身は大学院の授業担当者として、史料読解を中心にした授業をすることに満足を覚えていたようであるが、他教員と比べても低待遇にあったことに(唯一のアジア系教員であり、人種差別であると朝河は感じていた節があるが、口にできなかったようである)、焦りと不満を高まらせていた。(29)

そのなかで日本封建制に関する史料集は、日本史を学ぶアメリカ人学生ではなく、(主にイギリス史・フランス史を学ぶ)イェールの大学院生向けのものに目的を変化させていた。その改稿作業は一九二五年の夏季休暇中になされた(以下「日記」同年七月十八日条)。当時朝河の「日記」は半年近くつけられていなかったが、久しぶりに書かれた「日記」によれば、朝河が改稿を決意した契機は、恩師の一人であるとともに、歴史学部の実力者で、朝河の最大の理解者であったG・B・アダムズの死(同年五月二十四日)であった。「封建契約」に関する朝河の研究発表にアダムズが特別に来てくれたこと、アダムズが朝河の著書の成り行きを心配していたことを回顧しつつ、朝河は「論点の要約」の作成を開始した。すなわち日本帰国の見込みも、ベラとの結婚の望みも絶たれ、公私ともに行き詰まりを感じざるを得なかった五十二歳の朝河にとって、著書の刊行は文字通り命運をかけたものであったのではなかろうか。単なる日本史の史料集としてではなく、比較封建制論の著書として欧米の研究者から評価を受けるためにも、「論点の要約」は必須のものであったに違いない。刊行される著書が如何なる評価を受けるのかは未知数であったが、朝河はそれに賭けるしかなかった。

一九二九年に刊行された『入来文書』は高い評価を受けた。朝河は一九三〇年、五十七歳の年にようやく准教授(associate professor)への昇進を遂げ、一九三三年には教授格の研究員(research associate)としてテニュアを得た(但し、この地位はテニュアとはいえ微妙なものであると朝河自身は感じていた。『書簡集』一九九号。正教授昇進は一九三七年)。それまでの朝河の立場は不安定なものであった。イェールにおける教育・研究上の立場の変化が、『入来文書』草稿の改訂作業にも反映されていた。このような成立経緯は、『入来文書』の内容に如何に反映されたのか。節をあらためて検討したい。

二 『入来文書』の概要と『南九州の封建体制』

『入来文書』とは、具体的に如何なる書物であったのか。本節では、内容把握のために本文の構成を紹介し、朝河未刊の研究書『南九州の封建体制』との関係を示す。鎌倉期に薩摩国入来院の地頭職を得て、相模国（現在の神奈川県）から西遷した御家人渋谷氏の一流が、入来院氏を称するようになり、戦国期には薩摩・大隅の大名島津家の家臣となり、近世以降も存続した。この家の伝えた「入来院家文書」は、平安末期から近代に至るまでの文書を数多く含む。一つの土地に一つの家系が、封建制の時代を通して住み続け、関連文書が通時代的に存在する。入来は、日本の封建制の発達を例示する事例として最適であった。

朝河は、「入来院家文書」およびその関連史料から二五三点の文書を選び、年代順に並べた上で、これを英訳し、注釈を付して解題などをつけた。英語版（本文）の末尾には、入来文書の翻刻も付されている。原稿自体は一九二五年に完成していたが、史料翻刻の日本語部分はアメリカに活字がなく、大久保利武の尽力によって日本で印刷されたため、英米で刊行されたのは一九二九年であった[30]。

第二次世界大戦後、朝河の『入来文書』の復刻版が一九五五年（昭和三十）に日本学術振興会から刊行されたが、翻刻部分は、東京大学史料編纂所を中心にした朝河貫一著書刊行委員会によって新しく作りなおされた。網羅的収録という方針のもとで、入来院家文書の調査・翻刻を一から行い、所蔵者別に収録したものである。この学振版は二〇〇〇年（平成十二）には、紀伊国屋書店からCD-ROM版として復刊され、東京大学史料編纂所がHP上で画像とあわせて公開した。少なくとも日本国内の中世史研究では、入来文書は朝河版ついでこの学振版の日本語部分がもっぱら史料集として利用されてきた。そのなかで二〇〇五年に刊行された矢吹晋氏による邦訳は[31]、専門家の翻訳ではないために多くの問題を抱えるものの[32]、朝河の再評価の契機となった。

まず『入来文書』の構成をみていくことにしたい。

①　序言（preface）

一九二五年七月付。日本封建制の起源と完成、および維新後の新体制への封建制の影響について、西洋の学生に一次史料を提供することを本書の目的とする。入来院家文書の所蔵者である入来院重光をはじめとして、第二次帰国時の史料調査に協力した東京帝国大学・京都帝国大学、日本語部分の印刷に尽力した大久保利武、史料編纂所の辻善之助の名をあげるとともに、本書刊行のきっかけをつくったプリンストン大のマンロー、イェール大の同僚アンドリューズ、恩師アダムズに謝辞を述べる。

②　序論（introduction）

三六頁の分量をもつ。南九州の地誌情報、島津荘と島津氏、渋谷氏および入来院と入来院家、入来文書について手書きの地図などを用いいつつ概略している。

③　「論点の要約」（A summary of points）

西洋封建制との比較という観点から、「A　起源」、「B　発展」、「C　関係」、「D　体制」の四節にわけて、日本封建制に関する論点が四五頁にわたってレジュメ形式でまとめられており、その典拠となる入来文書の、朝河の英訳の文書番号が対照できるように付されている。

④　書誌情報（Bibliography）

『入来文書』の注釈で用いられる書物の解題である。朝河が日本の如何なる書物をどこで参照したのかが分かり、史学史的にも重要な史料である。

⑤　英訳本文

英訳された文書二五三点は一五五番までの文書番号が付され、一一三五年から一八七〇年の大政奉還と明治維新に至るまでの文書が年代順に配列されている。まず朝河の解説が付され、そして古文書の英訳、それぞれに注が付されるという構成になっている。

⑥　附録（Appendices）

入来院氏の当主ごとの年代記である。

⑦　索引（Index）

英語とイタリックで記された古文書原文の史料用語、地名、人名などがアルファベット順で記されている。たとえば「an-do」（安堵）を引くと「所持の承認と確認（recognition and conformation of a holding）」、「go ke-nin」（御家人）を引くと、「将軍の直臣（the shō-gun's direct vassal）」という説明とともに、その語のみえる文書番号（註及び参照の数字も明示）も示している。(33)

以上の構成のなかで、日欧比較封建制論に関する論述は、③「論点の要約」および⑤英訳本文に付された解説に集中している。④文献解題は日本史の一次史料・二次史料に関するものが中心であり、西欧封建制に関する参考文献はもちろん、日本史の研究書の記載もない。そのため朝河の西洋史理解が如何なる文献に基づくのかは自明ではない（第四節で後述）。このような構成から明らかなように、『入来文書』は単独で理解するには、必ずしも十分な書物とはいえないのである。
その欠を補うのが、史料集としての『入来文書』の対になる研究書『南九州の封建体制（The Régime of South Kyūshū）』（以下『南九州』）であった。朝河は『入来文書』の本文中のみならず、書簡のなかでも再三その刊行を予告したが、結局刊行されることはなかった。その目次案（タイプ打ち原稿）が「朝河ペーパーズ」に残されている（ボックス8フォルダ86）[34]。三種類のタイプ打ち目次原稿が残されているが、他二つの修正箇所が反映されていることから最終版と考えられる目次は以下の通りである（章節まで記す）。

第一章　歴史の紹介（Historical Introduction）
1　家父長（patriarchal）の時代（六四五年まで）
2　文民官僚制（civil bureaucracy）の時代（六四五―約七〇一）
3　土地開発（predial exploitation）の時代（約八〇〇―約一一八五）
4　封建的支配（feudal rule）の時代（約一一八五―一六〇〇）
5　領域的統治（territorial government）の時代（一六〇〇―一八六八）

第二章　土地開発
一般的特徴／庄の土地／庄の人々／庄の開発／職／庄は村落（Village）でもマナー（manor）でもない／公的な行政区画や官職の私的所持（当初別の章立てが予定されていた「島津氏、伊東氏及びその他の南九州における封建領主諸氏に関する簡潔な説明」が最終案では第二章にまとめられている）

第三章　封建的支配　A　発展（developments）
一般的特徴／i　武士の勃興／ii　将軍制の成長／iii　封の発展／iv　武士階級の形成

第四章　封建的支配　B　関係（relations）

一般的特徴／ⅰ　領主（lord）と従士／ⅱ　領主と領主／ⅲ　領主と将軍／ⅳ　領主と朝廷と公家貴族／ⅴ　領主と荘園領主／ⅵ　領主と宗教組織（寺社）／ⅶ　領主と農民／ⅷ　領主と都市

第五章　封建的支配　C　支配（rule）

概説／ⅰ　軍事／ⅱ　立法／ⅳ《ママ》　行政／ⅴ　司法／ⅵ　財政／ⅶ　小領主の支配

第六章　領域的統治

一五八〇年頃以降の集権化の発達／封と俸禄／封と中央の行政による直轄領／統治の方法／宗教組織／都市と農村／附・武士の生活

第七章　封建体制の終焉

結論

それぞれ頁数も手書きで書きこまれている。当初の計画では本文三六〇頁、註一〇〇頁、序やインデックス四〇頁で合計すると五〇〇頁（一頁三二〇ワード）の著書となる予定であった。『入来文書』の「論点の要約」における「A　起源」が、荘園の成立を論じた第二章に対応するほか、「B　発展」「C　関係」「D　体制」が、それぞれ第三章、第四章、第五章に組み込まれていることから、『南九州』が史料集としての『入来文書』に対応する研究編として構想されていたことが分かる。[35]『南九州』では、鎌倉期から室町・戦国期を「封建的支配の時代」として一括し、第三章～第五章にわたってその時代の叙述を中心としつつ、第二章（平安期）、第六章（江戸期）、第七章（幕末維新期を想定か）を配置し、歴史書として通史的構成が意識されている。目次とともにタイプ打ち原稿も残されているが、第一章の途中、鎌倉初期までの南九州の概説で終わっている。

南九州の構想は、一九三五年頃には頓挫したと考えられる。[36]その後は個別地域を軸にした封建制論ではなく、封建制理論を軸にした比較封建制論の執筆を企図したものの、いずれも未完に終わったために、朝河の学問全体が見通しにくくなっている。一九二九年以後の朝河の歩みを見通すためにも、まずは一九二〇年代における朝河の学問形成の転機とその実態を明らかにする必要がある。そのためにも知名度ばかり高く、その内実が十分に知られてこなかった『入来文書』の解読が必要である。

三　朝河による日本封建制論の構想——『入来文書』一六号文書を中心に——

『入来文書』に納められた二五三点の文書全てを論じる余裕はないので、本稿では一例として一六号の建長二年四月二十八日付関東下知状[37]を分析し、朝河による日本封建制論の構想の一端を考察することにしたい。[38]

これは入来院氏の先祖である渋谷定心が入来院の塔原に勢力をもつ信忠と争った結果、鎌倉幕府から下された裁許状である。最初に入来文書の一通であること、KKすなわち『清色亀鑑』という江戸期に入来院家で編纂された文書集、SKすなわち『薩藩旧記雑録』という島津家の史料集にも収録された文書であることが注記されている。内容は訴人と論人の主張を交互に載せて、幕府が判断を下すという典型的な裁許状であり、最後に執権と連署が署判を加えている。朝河の付した註一五では、「進止」という史料上の言葉が解説されているように、原文に忠実に、しかし、基本的には英語の、しかも現代の英語というよりは、イングランドの古文書にも使われているような古風な英語や言い回しを駆使して、古文書が英訳されている。

一六号の冒頭に書かれた朝河の解説は、『入来文書』のなかでも特に長文の解説であり、鎌倉幕府訴訟制度の特徴について論じるものであった。ここに朝河の日本封建制理解の特徴が顕著である。三問三答で当事者の主張がやり取りされ、引付衆ついで評定衆の合議によって裁許が下されるという鎌倉幕府訴訟手続きの概略が示される。そしてその時代背景が以下のように説明される。すなわち、封建制が成立しつつも、非封建的な荘園領主は依然として存在しており、京都の公家政権と鎌倉の武家政権が併存するという二重政権の状態にあって、土地に関する微妙な問題が多く生じたため、鎌倉御家人の同輩の一人に過ぎない北条氏・執権は微妙な政治的なバランスのなかで公平さを追究した司法行政を行わなければならなかった、と。

解説の後半部分では、鎌倉幕府訴訟手続きの特徴として、ヨーロッパの封建裁判との比較がなされている。手続き全体を通して「書かれた記録」に信頼がおかれていたこと、ヨーロッパの裁判を特徴づける「口頭での審理の過度な形式化」は見いだせないことが論じられている。音声や身振り手振りを含めた動作がヨーロッパにおいて重視されたのに対して、文字・文書への偏重は、東アジアの特徴であり、古代国家形成時に中国文明・官僚制度の影響を受け、鎌倉幕府もその影響を受けていたことを朝河は重視する。決闘裁判ともいわれるように西欧では裁判は当事者間の闘争という側面が強かったが、日本では決闘による決着という習慣は発達しなかったことも指摘されている。

これは当時の日本の学界における理解とは大きく異なるものであった。一九一七年（大正六）に法制史家の三浦周行は日本人の「法治国民の素質」を歴史上に求め、鎌倉幕府の裁判を称賛していた[39]。それ以来、鎌倉幕府では裁判制度が日本でも発達した時代であるとされ、石井良助や佐藤進一による法制史的研究をベースにして、発達した裁判制度というイメージが語られ、日本法制史上の輝かしい「達成」として評価されてきた。だが、朝河は、個人的な交流もあった三浦周行の論文は引用せず、古代国家以来の系譜から日欧の相違にむしろ力点をおいた鎌倉幕府裁判像を描いていることに注目したい。近年、法制史家の新田一郎氏が、中国法制史の滋賀秀三氏の研究を踏まえつつ、西欧とは異なる東アジアの法的伝統に触れ、鎌倉幕府裁判についても「官の裁判」の延長上に捉える見解を示したが(40)、それ以前の近代史学史にあって、朝河の見解が特異なものであったことは明らかであろう。

また、朝河は身振り手振りの動作や決闘裁判の有無についても日欧の相違点を指摘したが、日本では、中田薫によってむしろ日欧の共通性が強調されていた(41)。一九八〇年代の社会史研究の進展の中で、西洋中世に関する認識も深まり、ようやく日欧の相違点に注意が向けられるようになったことを考えれば(42)、朝河が大正期以降通説化する鎌倉幕府裁判像とは異なるイメージをもちえた背景にあることは興味深い。これは、アメリカの地にあってフランス封建制を基軸に思考できたことが決定的な重みをもつのであろう。

その際、朝河が国学系の学知を情報源にしたことにも注意したい。朝河が註で挙げている荻野由之、池邊義象、栗田寛ら国学者系の法制史家の文献は、国学の伝統を引き、古代法制史をベースにして日本の前近代の制度や有職故実の面を解明するものであった(43)。彼ら国学系の学者たちには比較史の視座はなかったが、「日本中世における西欧中世の発見」という問題意識に拘束されることもなかった。

さらに、ゲルマン法以来の伝統である同輩による裁判について、朝河は評定衆と引付衆に西欧の同輩裁判と同じものを見出しつつも、「事実が存在するにもかかわらず、観念が決して意識的かつ十分には形成されていない」と評価する。鎌倉幕府がよい裁判を志向したのは、封建契約に基づくものではなく、執権政治の不安定さ、政治史的な理由によるところが大きいという理解が前提とされる。結論をいえば、朝河は、西欧の封建制と比較可能な諸要素が鎌倉幕府裁判に見出せることを認めつつも、日本においてそれが法概念として確立しなかったこと、主従関係における契約という観念の弱さを指摘する。この問題を考えるとき、戦後になって家永三郎と和辻哲郎の間で争われた論争、すなわち日本の主従関係は従者が一方的に主人に服属する片務的なありかたか、従者と主人と互いに義務を負う双務的な関係か、という議論が想起される。[44] 朝河が現実の力関係のなかで主人が従者に正義の義務を負う側面を認めつつ、契約観念の弱さに注目する点は、独自の着眼点として注目されるところである。

この契約の双務性は、『入来文書』の封建制論において最も重視された論点である。「論点の要約」において、朝河は日本封建制の時代を三つに区分する。第一期は鎌倉期（一一八五―一三三三年）に相当し、朝廷も存続しており、封建制が十分に発展していない時代としている。第二期は、南北朝期から戦国期（一三三三年―一六世紀）に相当し、特に戦国期に主従関係の双務性も相対的に増し、封建制はもっとも発達するとする。第三期は江戸期（一六〇三―一八六七年）に相当し、中国的な官僚政治の伝統の前に封建契約の双務性が抑制され、封建制が変質した段階とする（第二節でみた『南九州』目次によれば、「封建的支配」とは異なる「領域的統治」の時代）。朝河の見立てでは、日本における封建制の発達は一五・一六世紀となる。これは西欧封建制と比べて三世紀遅い。封建制の発達のメルクマールとなる主従関係の双務性について、戦国内乱によって生じたものであるとした上で、日本の戦国期はおよそ百年余りの期間に過ぎず、フランスに比べるとごく短期間に内戦が集中した。すなわち古代以来の国家を解体させる大規模な内戦の到来の遅れとそれが比較的短期集中的になったことに、朝河は日本の封建制の発達がフランスに比べて遅れた理由を求めている。フランス封建制はあくまでも比較の基準であり、むしろドイツ封建制の発展に日本が近いことが指摘されている。

朝河の見立ては、双務的な主従関係や長子相続制という物差しで、「早い」「遅い」という視点で各国の封建制を位置づけようとしたものである。現在の研究段階ではこのような発展段階論的な問いの立て方には疑問があろう。だが、源頼朝の鎌倉幕府創設に「封建」の成立、そして江戸幕府の政治体制に封建制度の発達を見出してきた日本の通説的な理解とは大きく異なるものであったことに注目したい。[45]

比較という議論の土台として、朝河は日欧封建制の共通性に目配りをする。「論点の要約」A起源の（Ⅳ）小結（Conclusion）では、日欧封建制の共通点が整理されている。すなわち人的要素として、戦士の私的な集団が包括的性格を持つ援助と奉仕の契約によって結合する点、経済的要素として、戦士集団が農地により維持される点、政治的要素として、国家が外敵もしくは社会的動乱に対応できないとき、戦士集団が公的な機能を持つようになること、である。

その上で、日欧の相違点をもたらしたものとして、朝河は農業に注目する。すなわち半牧で、農耕のための共同体の広範な成立をみたヨーロッパとは異なり、日本は労働集約的で個人的な稲作を基盤としており、個人の土地所有意識が強固であるとされる。これが土地の収益を分割する「職」のシステムが生まれる前提となったとする。

さらに朝河が着目するのは、封建制の初期条件である。初期条件という論点は、朝河の立論の大きな特徴であり、マルク・ブロックの『封建社会』にも影響を与えた(46)。すなわち一六号の解説で詳述されているように、同輩の市民の参加というフランク時代以来の伝統のあるヨーロッパに対して、日本が影響を受けた中国の法制度は純粋に官僚的であり、日本においても天皇の統治が続き、封建制は官僚による家父長制的支配の一部であったため、同輩裁判の原則が発達しなかったと述べる。さらに、徳川幕府の時代、つまり近世に集権的な支配が行われ、封建制の大原則の無力化がなされたことにも言及する。それゆえにその制度の「果実」、すなわち西欧の封建制度の生みだした民主主義は日本で生まれなかったという見通しを示す。

一方、フランスの封建契約は、ノルマン・コンクエストを得て、イングランドに導入され、王と貴族たちとの間の契約として、マグナ・カルタを生み、立憲君主体制をもたらしたとする。このように封建制と議会民主主義を結びつける理解は、恩師アダムズに依拠していた(47)。その上で、日本の封建制は、封建契約を生まず、武士の忠誠心と農民の従順さが近代化に貢献したものの、民主主義についてはヨーロッパから学ばなければならなかったとする。

朝河が封建制において日欧の《相違》を見出した背景には、封建制と近代化の関係に関する省察があった。一九三〇年代には、朝河は「国民性論」に傾倒し、単なる「早い」「遅い」だけではない、国ごとの封建制の「型」の違いに関心を寄せた。その際、朝河は日本の近代化が如何に表層的なものであったかという発言をするが、その素地は『入来文書』の封建制論にあったといえよう。

このように『入来文書』は、公表当時は日本の近代歴史学の歩みを相対化する可能性をもった。このような相違へのまなざしをもちえたのは何によるのか。節をあらためて『入来文書』の構想の際に参照された文献について検討してみたい。

四　西洋史研究にとっての『入来文書』——暫定的な見通しとして——

朝河の比較封建制論の土台にある西洋史の理解について、『入来文書』には参考文献が明記されていない。第一次世界大戦中の一九一五年の西欧調査とその際にF・ポロック（Frederick Pollock, 1845–1937）から受けた助言を契機にして、朝河はフランス封建制に本格的に関心を向け始めた(48)。朝河は学生時代はドイツ語を学び、当時のアメリカもドイツ留学が主流であったが、第一次世界大戦中であったため、ドイツを訪れることが難しかったという事情もあったのであろう。朝河がフランスに目を向けたことは、時代背景とあわせて興味深い。それでは具体的に如何なる文献を読んでいたのであろうか。イェール大学所蔵「朝河ペーパーズ」に残る日記・カード類から、朝河が特に依拠した文献について推測することができる。その本格的検討は後日の課題として、二〇一六年（平成二十八）夏に実施した史料調査の成果を踏まえて、本節では若干の論点を示しておくことにしたい。

恩師アダムズに宛てた一九一六年十一月二十六日付書簡において、朝河はJ・ブリソ（Jean Brissaud, 1854–1904）著『フランス公法史』を読み、エスマン（Adhémar Esmein, 1848–1913）よりも有益であると述べている[49]。同書は、大陸法史シリーズ（The Continental Legal History Series）の一冊として、一九一五年に英訳が刊行された。「朝河ペーパーズ」に残された西洋史カード群（ボックス11—24）については、詳しい分析は別稿に委ねたいが[50]、一九二〇年代を中心に作成されたと考えられ、メロヴィング期・カロリング期の封建制成立過程が中心的内容である。ブリソの著書から切り貼りしたカードが多数含まれており、朝河はブリソの文献リストをもとに関連文献を収集していたようである。学生時代の朝河は、イギリスにおける歴史法学の祖であるヘンリー・メイン（Henry Maine, 1822–1888）の『古代法』の読書ノートを作成し、その影響を受けていた（ボックス46）[51]。さらに一九一五年頃までの朝河は恩師アダムズの影響のもと、イングランド法を中心に学んでいたようであり[52]、同年の英仏伊の調査中、学者への面談は主にイギリスで行っている。朝河がアテネ・フランセでフランス語会話を学習し始めるのは一九一七年（大正六）の日本留学中であり（「日記」同年九月十一・十五日条）、語学的な問題もあったのだろうか（但し、これ以前にフランス語文献の英文書評を書いていることから読解力はあったとみられる）[53]。ブリソの英訳を手掛かりに、フランス法制史の勉強を進める様子が垣間みえる。だが、『入来文書』の「論点の要約」では、英仏と日本だけではなく、特にドイツの存在が重要な位置を占めている。英（仏）独それぞれへの関心に注意しつつ、詳しく『入来文書』の準備過程をみていこう。

まずイングランド法の研究についてはイェール大学の同僚の影響が大きかったようである。前節で検討したように、『入来文書』の封建制論の核心にあるのは封建契約であったが、一九二三年七月八日には、封建契約の性質とそこにおける官職授与（investiture）の位置について、同僚で院生時代からの親友でもあったイングランド史家S・K・ミッチェルと議論している（「日記」）。そして最も影響を与えたのは、一九二一年に『イングランド憲法史』を上梓した恩師アダムズであった。アダムズはイングランド封建制について、ノルマン人によって移植・導入されたという正統学説の立場に立っており、サクソン社会の段階で封建制を認めるメイトランドらの古典学説に反論を試みていた。(54) その際、契約概念を軸にして封建制の定義を厳密に行い、サクソン社会段階のものを封建制の定義から外れるものとする手法をとった。(55) 封建制の本質を契約におき、厳密な定義に基づくアダムズの封建制論の手法は、朝河の比較封建制論にも影響を与えたのではなかろうか。

一九二〇年十二月に『入来文書』の第一次稿をマンローに提出した朝河は、一九二一年九月二十九日付のアダムズへの書簡のなかで研究書の構想の変化を三点にわたって説明している。第一には、封（fief）を論じるとき、島津氏の影響だけではなく、南九州全体を見渡すこと、具体的には日向の伊東氏の存在が与えた影響を測定すること。第二には、セニョボス『ブルゴーニュにおける封建制度』の方法にならって、地理的な背景知識や枠組みを述べた章と、社会階層に関する章とを分けるという方針をとること。(56) 第三には、封建時代における封建制度の発展に関する長く、中心的な章を設けることにし、一般的な区分けでは通常二つに分かれる時代を一章にまとめることにしたという（第二節で紹介した『南九州』の目次をみる限り、鎌倉時代と室町時代を一緒にすることを意味するか）。

このうち第一の点に関していえば、朝河ペーパーズの西洋史関係カードの中に、ローマ帝国滅亡後の諸地域における慣習（coutume）の成長を重視するセニョボスの議論に関するカードがあることに注目したい（ボックス15「Court／司法」のまとまり）。朝河は一九二一年十月二十二日の日付を付して鉛筆の手書きのメモを追加している（以下、原文は片仮名で書かれているが、読みやすさに配慮して平仮名に直した）。すなわち、「こは、あまりに coutume に偏じ、あまりに政治的勢力を軽んじたる論なり。此二勢力の直に影響せしを否むべからず。もし後者なくば、coutume の地方的差異は、諸侯領を分つだけの勢力なかりしならん。」とセニョボスを批判するとともに、「南九州に於て、島津勢力の範囲と伊東勢力の範囲とを見よ。（1）習法的にその差初より大なりしにあらず。後日の差は政治勢力の差より来れり。又（2）政治団結を生じし事情は、習法の差の為にあらず。」と。

なお、このとき朝河は、この夏は南九州の新著とともにヨーロッパ封建制に関する研究も進めており、著書執筆を急ぐことはしたくないとアダムズに述べている。「日記」をみると、一九二一年八月二十二日には『日向纂記』からのノート取りを終え、二十八日には島津忠良や貴久の時代の研究を始め、九月二十八日には「東鑑」（吾妻鏡）のノート取りを始めている。その一方で、セニョボスの『ブルゴーニュにおける封建制度』とともにベロウ（Below）の著作に取り組んでいる。この頃の一週間の学習計画を記したメモをみると、[57]ベロウからのノート取りとならんでラテン語の勉強に力を入れていたようである（「日記」一九一九年十二月二十日条によれば、帰米直後からラテン語の勉強を日課としていた）。このような準備期間を経て、一九二三年にはヨーロッパ封建制に関する講義を始めることになった。

ここで名前のみえるベロウの著作とは、ドイツ中世国家論争の最後を飾るといわれるG・フォン・ベロウ（Georg von Below, 1858–1927）の著『ドイツ中世国家』である。[58]これによって一九二五年の『入来文書』「論点の要約」におけるドイツの理解のベースが形成されたと思われる。朝河ペーパーズの西洋史関係カードは何度かにわたって増補と廃棄が行われたと思われるが、その中で比較的古いカードにベロウの名がみえる。前節において指摘したように、朝河の比較封建制論の特徴の一つに、内戦の時期に注目する視点があったが、ベロウの視点から影響を受けたようである。朝河ペーパーズの西洋史関係カード（ボックス13）のなかに、ドイツの長子相続制に関するカードがあり、そこに「長男制の成るるは佛より遅し。是れ戦乱より来る要因が遅ければならん　cf Below, Prof.」とある。別のカードには（ボックス19）、ベロウからの抜き書きとともに「Graf が lehn となり、世襲となりしは（仏国よりやや遅くして）

X なり」とあり、日本の事例として「cf　守護領と守護職」「cf　国司　守護」という注記がなされている。長子制については鉛筆で「日本と逆なり。長男制は後に来る。∵　1．公的起原なし　2．fief の為に、主の権少し。3．戦おそし（此点独と似）」と書かれ、3について「cf. Below」と鉛筆で追記されたカードもある。ベロウの著作に取り組むことによって得た仏独比較（西欧諸国内の相違）という視点が、日本をまじえた比較封建制論の土台になったのではなかろうか。

さらに朝河が影響を受けたのは、公私混交という議論を排し、中世における公法（ひいては国家）の存在を説くベロウの仕事であった。一九二三年七月七日の日付をもつ「封建の基礎は個人的除外にあり」というカード（ボックス17）によれば、「私的 contract」のみが封建制の基礎となる訳ではなく、「有限の公権を排し特許する」「immunity & franchise」が重要であり、これは「act of grace」であると述べ、両者が「後に相結び相混ず」と論じ、ベロウの名を挙げる。さらに朝河は、晩年の比較封建制論の草稿ではH・ミッタイスのいわゆる「形式は私法だが、機能は公法」という封建制論を評価するが（ボックス10フォルダ105など）[59]、ミッタイスの前提となる議論としてベロウの名を挙げる。『入来文書』自体は封建契約を重視する構成となっていたが、一九二五年の第二次改稿以前に、朝河は私的契約のみが封建制を構成する要素ではないことを認識するようになり、日本とドイツの比較に関心を抱くようになった。

比較対象としてのドイツの発見は、朝河の比較封建制論に微妙な陰影を落としたと思われる。『入来文書』準備段階の当初、朝河はフランス封建制をベースに比較封建制論を構想していた。だが、日本封建制は個人と個人の私的な双務契約によって成り立つ世界とは異質であり、日欧の封建制の相違が強く意識されるようになったのではなかろうか。このことを突き詰めれば、ヨーロッパ（フランス）における封建制概念を日本史に適用することの是非につながる。これは、日本封建制論の解明という朝河のライフワークの根幹に関わる問題であった。そのなかで、日本と比較可能なドイツ封建制の存在に、朝河は強く惹き寄せられたのではなかろうか。以前、『入来文書』刊行後の朝河が、一九三一年のオットー・ヒンツェとの文通を契機としてドイツに関心を向けたことを指摘したが[60]、本稿では、日本とドイツの比較という関心自体は、『入来文書』の準備段階に始まっていたことを指摘しておく。

『入来文書』刊行後、朝河は比較法制史家として著名なJ・H・ウィグモア（John Henry Wigmore, 1863–1943）への書簡のなかで、『入来文書』執筆の段階では法学の訓練がなかったことを告白している[61]。一九三〇年代の朝河の草稿をみると、中田薫の講義録なども参照しつつ公法と私法という枠組みを意識し、日本とドイツにおける公法的な存在に関心を寄せたことが分かる。このことは一九三〇年代の朝河の知的遍歴と天皇制への態度を考える上で重要な論点となるが、その一方で、『南九州の封建体制』の構想が最終的に挫折していくこととも深く関わると考えられる。

南九州という地域における封建制の成長に注目していた『入来文書』の段階では、双務的な封建契約と封の成長という観点から、戦国期における封建制の成長を見出していたが、これは契約という私法的な側面に注目する議論であった。朝河が南九州をフィールドとして選択したことについて、J・W・ホールが「辺境」を選択したことによって朝河には「バイアス」が生じたと批判している[62]。だが、朝河が地域的な封建君主の成長をみるために戦略的に南九州という地域をフィールドとしたことは、セニョボスの著作との関係から明らかであろう。だが、朝河が日本における公法的な存在（天皇・朝廷）を重視し、国家単位の比較史を構想するようになると、南九州という一地域における封建体制の成立を具体的に解明する動機づけが弱くなったのではなかろうか。一九三三年に朝河は源頼朝の鎌倉幕府草創に関する論文を発表するが[63]、そこでは朝廷と幕府の関係（封建君主である武家政権が朝廷から承認を得て成立する）ことの位置づけに関心が移行していた。

『入来文書』はその経緯や内容からいっても、朝河の学問的遍歴の過渡期の産物であった。日本における私法的世界＝契約に注目することで、日本の個別具体的な地域社会における封建制概念の適用可能性を模索した著作が『南九州の封建体制』であった。日欧の相違に直面した朝河の関心の変化とともに、その構想が最終的に挫折するのは、半ば必然であったのではなかろうか。

最後に節をあらためて、日本の学界の『入来文書』受容のありかたをみることで、朝河の関心の変化がもつ意味を明らかにしたい。

五　日本の学界における受容と忘却

一九二九年の朝河『入来文書』の刊行後、同年には日本および各国で書評が出された。欧米で出された書評、特にマルク・ブロックやオットー・ヒンツェとの関係については、以前も触れており[64]、後日本格的に論じたい。本稿では、最後に日本中世史研究との関係について見通しを述べておく。

かつて石井進が論じたように、二〇世紀初頭は、「『ヨーロッパ中世封建制度』の『日本中世』における発見という視角」に基づく新たな研究が相次いで現われ、今日にいたるまでの「日本中世」の古典学説が形成された時代であった[65]。中田薫の荘園研究・封建制研究にみられるように、ドイツを中心とする西欧歴史学の強い影響下で新たな歴史叙述を試み、日欧の《相似》を肯定的に論じた点に、日露戦争前後の時代の史学史上の一大特徴があった。

これに対して、これまでみてきたように、『入来文書』には日欧の相似のみならず、相違への眼差しがあった。従来の日本の学界における理解や問題意識とは大きく異なる像を示した『入来文書』に、真正面から取り組み、本格的な書評を公表したのは、京都帝国大学法学部で日本法制史を講じていた牧健二（一八九二—一九八九）だけであった[66]。

その書評では、法制史家らしく、日本封建制における封建契約の弱さ、日欧の違いという『入来文書』のエッセンスが満遍なく紹介されている。それでは何故、牧だけが朝河の『入来文書』を正面から受けとめることができたのであろうか。

一九三五年（昭和十）に刊行された牧の著作『日本封建制度成立史』[67]をみると、朝河と同じような立論が目立つ。同書にみえる朝河への言及を表にまとめた（別表）。日本における封建契約の弱さ（一〇七頁註（一九））、日本における集約的な水田耕作が土地所有の形態に及ぼした影響、日本における西欧的な意味での農奴の不在、といった諸論点である。だが、牧は必ずしも朝河を正面から引用した訳ではない。史料集として引用する他（一〇五頁）、批判的に言及するときに明示することが多く、明らかに朝河の影響を受けた水田耕作に関する箇所では朝河の論文を挙げていない（四四六頁）。朝河『入来文書』と内容が重なりつつも、牧が註で朝河を引用しない箇所をみると、別の欧語文献が引用されている（一九頁）。牧が西洋封建制に関する朝河の叙述の元ネタを見つけて、そちらを直接引用したということであろう[68]。封建制の日仏独比較について、独仏の相違や内乱到来の時期の違い（仏が独より三世紀早い）という指摘など、朝河の議論と重なるところがあるが、牧は一九二八年に刊行されたシカゴ大学のJ・W・トンプソン（James Westfall Thompson, 1869–1941）の『封建独逸』（Feudal Germany）に依拠し（四七三頁）、朝河や朝河が参照したと思われるベロウの議論は引用しない[69]。牧は朝河の影響を受けつつ、朝河とは別の元ネタを求めていた。

日本と西欧が似ていないというとき、その違いに肯定的になるか、否定的になるかにスタンスが分かれる。そのなかで牧は後者の立場をとった。一九二〇・三〇年代には、西欧近代を相対化し、日本的なものやいわゆる「日本精神」を肯定する思想潮流が日本に生まれるが、牧は明らかにその潮流のなかにおり、それ故に朝河の『入来文書』を自分自身の問題意識のなかに取り込むことが可能であったのであろう。牧は第二次世界大戦中、『日本国体の理論』、

『「いへ」の理念と世界観』という本を出版し、天皇を中心とする日本の国体が古代以来不変であったという国体論に傾斜し、封建制という概念を用いなくなる。また、近年山口道弘氏が指摘したように、『日本封建制度成立史』の一九三五年の初版では「封建契約」を論じていた箇所が、一九六四年の改版では「封建誓約」と変えられ、封建的主従関係の基礎から契約が削除されていた。[70] 牧は『入来文書』との出会いを通じて、契約に基づく西欧封建制とは異なる日本の姿に自覚的になり、日本の独自性を積極的に肯定する道を選んだ。

牧に比べて、朝河自身の立場には微妙なものがあった。日欧比較封建制（の成立可能性）は、イェールにおける研究者としての朝河のレーゾンデートルに関わってくるものだった。朝河は日本の国家主義的な傾向に対しては批判的なスタンスをとり続けたが、その一方で、国ごとの封建制のあり方の違いに基づく国民性の相違を論じるようになった。国民性論自体は、西欧（英仏）と異なる日本（とドイツ）の現状を肯定する可能性をもった。[71] 国ごとの違いを認めつつも、日本に対する封建制概念の適用可能性を否定することはなかったし、むしろ日欧双方に適用可能な封建制概念を模索した節がある。そこに一九三〇年代の朝河が、南九州という個別具体的な地域をフィールドとした著書の構想を断念し、抽象的な封建制概念の理論研究に傾斜する必然性があったのではなかろうか。

牧健二は戦後、京都帝国大学を辞職した。そのこともあって戦後京大をはじめとして日本の学界に牧健二の学統は残ることはなく、現在では顧みられることの少ない歴史家である。牧の忘却とともに、朝河の『入来文書』の学説の中身もまた忘れられていくことになる。しばしば「『井の中の蛙』で英語を読まない日本の日本史研究者が『入来文書』を黙殺した」という言われ方をする。[72] 日本の日本史学のもつ一種の自国中心主義は否定できない。だが、本稿でみたように、『入来文書』自体は比較封建制論、ひいては比較史という方法のもつ困難さの上に成り立ち、戦間期における朝河の模索と葛藤の生んだ過渡的な著作であった。

別表　牧健二『日本封建制度成立史』の朝河引用箇所

初版の頁数	朝河引用箇所
16 頁註(2)	「朝河貫一氏の入来文書に関する著述」「拙稿、朝河貫一氏の英文入来文書に就きて」「今後西洋学者の中より此絶好の史料を利用したる日本封建制度の研究を為す者あるべきは予想に難くない。而して我国文に於ては、中田薫氏により庄園其他に就き有益なる部分的諸研究が為されて居ることは、此處に言ふ迄もないことである。」
17 頁	「従来英独等諸国の庄園と称し来れる Manor と我国の庄園とは同一物に非ずとは、朝河貫一氏が日本封建制度に関する多年の研究の結果として主張せらる丶充分尊重すべき見解であるけれども(二)、我と彼とに於ける封建制度発生の経済史的基礎の酷似は、決して低く見積ることが出来ぬ。」 →註(二)では「朝河氏前掲「入来文書」頁七註三三、頁四〇及七一に日本の庄は manor でなしと見ゆ。此点尚後章に譲る。」(22 頁)とする。
＊19 頁	「英国にも自然的発生の傾向はあつたが(四)、国家の制度としては、千六十六年ノルマンジー侯此国土を征服して所有地となし、諸侯に庄園を分封したのに始まる。」 →(四)では P・ヴィノグラードフ(Vinogradoff)のマナーの研究(The Growth of Manor, 3rd ed.)や、ポロック(Pollock)とメイトランド(Maitland)のイギリス法史(A History of English Law)、ホールズワース(Holdsworth)のイギリス法史(A History of English Law)を引用するが、後段のノルマン・コンクエストに関する部分には註をつけず。
＊23 頁 註(5)	「我国ではフュウダリズム全盛の時代が欧州のそれに比して比較的短かい。これは我国が国際的に孤独であつた結果であると言へやう。徳川時代の統一は彼に比して早い時期に行はれた。此時代を警察国家の時代にあてるにも無理がある。」
33 頁 註(3)	1929 年朝河論文 The Early Sho and the Early Manor を引用　「大日本古文書第四、第五、第六巻に見ゆる東大寺領に関する研究は、カロリンガ朝の Villa との比較研究に於て……あり。然し両者を斯く対比することは、両者発達の時代を考ふると無理がありはせぬか。」
105 頁註(3)	「朝河氏編入来文書第一〇八号、延文四、八、十の引文に関する文書参照」
106 頁註(11)	「註(三)所掲入来文書の例は、南北朝期の者であるが、此時代にもか丶る例ありしならん。」
107 頁 註(19)	「Asakawa, pp. 65–67 は欧制との比較を試み、鎌倉時代には封建契約が支配者の永年の慣行に依りて阻害せられ、独伊の封建制に比して双務性弱かりしことを述ぶ。又眞の封建稀なりし為、契約は変更され易く、法的効力に於て確実ならざりしとの説である。」
110 頁 註(31)	「我国は支那の君臣思想を輸入して官僚国家を組織したが、其結果として支那思想は主従関係の中に君臣関係の観念を混入せしめた。」
110 頁 註(34)	「Asakawa, p. 81, 66, 67 に封建契約の観念が英国に於て大憲章の制定を導きて近代生活に対し世界的の感化を与へたのは、日本の封建的忠義心が明治時代の国家統一に貢献したるに過ぎざる国家的効果と、其効果に於て大差あることを指摘したるは吾人の賛同する所である。」
215 頁註(28)	「執印職につきては、Asakawa, pp. 93. 184.」
251 頁 註(15)	「署判の沙弥とあるは、一は少弐貞経、他は大友貞宗であつた。朝河氏は The Documents of Iriki, p. 173 に、之を北条両執権ならんかとせらる丶も妥当でない。」
306 頁註(10)	「大日本古文書四、(中略)。朝河貫一氏論文 The Early Sho and the Early manor: A Comparative Study(中略)には此等の史料を利用す。」
＊446 頁	「我国の集約的なる水田耕作は、同一水田に於て多数の収益権が重複して存在し得る程に収穫多き生産方式であつたから、(後略)」
＊473 頁・474 頁 註(18)	「ソムプソンの著述「封建独逸」は独仏両国の封建制度を比較する好著であるが、両国の封建制は類似よりも対比のほうがめだつと言ひ、(中略)以上の歴史を日本の場合に比較すると、独仏共に日本の発達と異なつてゐるが、それは庄園と封建制度との結合の仕方がちがふからだ。併し何れかといへば、我国は仏国の如く早く封建時代に入つて、其結果内乱が烈しくなつたのではなくて、独逸の如く、おそく之に入つたと言はねばなるまい。相続については、恩地の相続は我国が比較的早きも、長子相続制を見ると南北朝以後の発達となるのであつて遅い。封建制度と相続との関係は、長子相続法を見るのが最もよい。」

(注)明記されていないが，参照が想定される箇所には頁数に「＊」を付す．なお，旧字は新字に改めた．

それだけではなく、戦後歴史学における封建制概念自体が大きく変容したことも無視しえない。主従関係を中心とした法制史的な意味での封建制概念に対して、戦後歴史学では法制史研究は概して低調であり、領主・農奴関係を封建的と規定する社会経済史的な定義が一般的であった。永原慶二らの日本封建制論も基本的には在地領主制の発展をめぐる議論であった。すなわち封建制という言葉は同じであったとしても、議論の前提となる道具立て（概念）が変わってしまっていた(73)。

このようにして『入来文書』は黙殺ではなく、忘却されたのである。そして史料集として日米双方においてその名を長くとどめることになる。

おわりに

戦後の日本人は、アメリカ＝先進国というイメージから、朝河の学問についても「進んだ」ものを想像しがちである。朝河自身、同時代の日本人に対して、イェールにおける立場の微妙さを伏せ、自らを誇張して演出した節がある(74)。だが、第一節でも示唆したように、一九世紀に西欧に成立した近代歴史学を導入したという点では、アメリカと日本とは多かれ少なかれ同時代的な状況にあった。先行しているかにみえた西欧の歴史学もまた国ごとの個性を内包しつつ、試行錯誤を続けており、マルク・ブロックのアナール創刊（一九二九年）のような新たな動きを生みだしていた。アメリカにあって朝河は日本、西欧双方の新しい学問潮流を受けとめ、時に戸惑いをみせつつその学問形成を進めていた（第四節）。戦間期の世界各地で起こっていた新たな歴史学の潮流について、朝河を介して同時代的に見通すことができる点に、グローバルな史学史研究において朝河研究のもつ魅力がある。

朝河の活動のみならず、その学説にまで踏み込んで読みなおす必要がいま浮上している。もちろん、現在の研究水準からすると、朝河の歴史理解は古びた部分が多い。だが、朝河の学説は公表当時において、日本の近代歴史学を相対化する可能性をもっていた（第三節）。それだけに、現在の我々にとっては、朝河の読みなおしを通じて、日本の近代歴史学をその根源の部分から問いなおすことが可能となるといえる。とりわけ、第四節でみたように、朝河が西欧封建制のモデルの日本への適用可能性を追究した学問的な歩みを再検討することは、史学史上の重要課題である。そのことは、西欧の歴史学をモデルに成立した日本の近代歴史学の歩みを再検討することになるからである（第五節）。さらに、中国文明の日本への規定性という論点など、朝河の論考は比較史にとって現在なお多くの示唆を含む。[75]

その上で、本稿で提起したのは、（歴史学をめぐる）文化史・史学史研究の一事例として、朝河という歴史家とその歴史理解の再検討を行うことである。いうまでもなく、朝河が日欧米にまたがって自らの学問形成を進めた以上、一国史的な枠組みをこえたグローバルな視角が史学史研究に求められることになる。史学史研究が盛んになり日本国内について知見を深めてきたことを受けて、ようやく朝河の史学史的な評価が実現する条件が揃ったといえよう。

本稿は執筆準備中に行ったイェール大学での調査に基づき、「朝河ペーパーズ」の未整理のカード類を用いて論述したが、決して精査できた訳ではなく、途中経過的なものに過ぎない。今後「朝河ペーパーズ」やその他のアメリカの関連史料の調査・研究を進める必要がある。日本人からみた「国際人」朝河ではなく、アメリカにおける朝河の実像を探ることは、なお今後の課題として残されている。かつて堀米庸三氏はE・ライシャワーの近代化論が朝河の封建制論を土台にしたことを示し、「その基本線において欧米学界の主流にぞくする」と評した。[76]だが、果たして朝河の学問は実際のところ如何なる影響をその後のアメリカの日本研究に及ぼしたのか、具体的な検討はなされていない。朝河の封建制論および国民性論について、その史学史的な再検討を進める必要があろう。

さらに第五節では『入来文書』との関係から部分的に言及するにとどまった法制史学史も今後の課題である。朝河はイェールにおいて中世イングランドの法制史研究の成果を学びとった上で、フランス封建制論に関心を広げ、牧健二ら日本法制史学史、ベロウやミッタイスらドイツ史学史と交差した。これらについても、朝河を参照軸として、新たな視点から再検討することが可能であろう。

注

（1）K. Asakawa edit., *The Documents of Iriki, illustrative of the development of the feudal institutions of Japan*, Yale University Press, 1929.

（2）朝河貫一書簡編集委員会編『朝河貫一書簡集』早稲田大学出版部、一九九〇年（以下『書簡集』）。

（3）和田敦彦『書物の日米関係』（新曜社、二〇〇七年）など。史学史研究としては、拙稿ａ「朝河貫一の比較封建制論の再評価をめぐって―イェール大学図書館所蔵「朝河ペーパーズ」の紹介―」（『歴史評論』七〇八、二〇〇九年）、拙稿ｂ「朝河貫一と比較封建制論　序説―個人資料に基づく史学史研究の試み―」（『歴史評論』七三二、二〇一一年）、拙稿ｃ「朝河貫一と入来文書の邂逅―大正期の地域と歴史をめぐる環境―」（河西英通・浪川健治編『グローバル化のなかの日本史像―「長期の一九世紀」を生きた地域―』岩田書院、二〇一三年）など。朝河研究をめぐる研究状況は拙稿ａｂも参照。

（4）John W. Hall, "KAN'ICHI ASAKAWA: Comparative Historian," *Land and society in medieval Japan*, Tokyo, 1965.（朝河貫一著書刊行委員会編『荘園研究』日本学術振興会、一九六五年）、堀米庸三「封建制再評価への試論」（『歴史の意味』中央公論社、一九七〇年、初出一九六六年）。

（5）「孤独な学者」という晩年の朝河のイメージは、前掲注（4）論文に端を発する。増井由紀美「朝河貫一　自覚ある「国際人」」（『敬愛大学国際研究』一八、二〇〇六年）一一七―一一九頁の整理を参照。

（6）「朝河ペーパーズ」については、拙稿ｄ「イェール大学図書館所蔵朝河貫一文書（朝河ペーパーズ）の基礎的研究」（『東京大学日本史学研究室紀要』一三、二〇〇九年）と同論文掲載の目録参照。のちに『朝河貫一資料　早稲田大学・福島県立図書館・イェール大学他所蔵』（山岡道男・増井由紀美・五十嵐卓・山内晴子との共著、早稲田大学アジア太平洋研究センター、研究資料シリーズ五、二〇一五年）に収録されたが、初出時の目録の誤りを修正できなかった。二〇一六年八月の調査を踏まえた修正ノートを同大学東アジア図書館ＨＰに掲載する予定である。さしあたり本論集付録３「「朝河ペーパーズ」の基礎的研究　補遺」を参照。後掲注(50)も参照。

(7)　向井伸哉・斎藤史朗・佐藤雄基「朝河貫一とマルク・ブロックの往復書簡―戦間期における二人の比較史家―」(『史苑』七六-二、二〇一六年、二六六頁)。

(8)　前掲注(3)拙稿c。

(9)　『書簡集』八五号、一九一八年六月二十日付白井新太郎宛朝河書簡（後掲注(10)自筆日記記載の控、以下「日記」控)。

(10)　Box5, Series II, Asakawa Papers (MS 40), Manuscripts and Archives, Yale University Library.（以下ボックス…と表記）

(11)　授業用の英訳草稿が「朝河ペーパーズ」に残されている。前掲注(6)拙稿d四三頁。

(12)　「日記」同日条、拙稿c二〇六頁。

(13)　アメリカの研究大学をめぐる状況については、潮木守一『アメリカの大学』第五章、講談社学術文庫、一九九三年、単行本一九八二年。

(14)　Edward P. Cheyney ed., *Documents illustrative of feudalism*, the Department of History of the University of Pennsylvania, 1898.

(15)　Charles Seignobos, *Le régime féodal en Bourgogne jusqu'en 1360*, Paris, 1882.

(16)　小澤実氏の教示による。史学史上のセニョボスについては、渡辺和行『近代フランスの歴史学と歴史家』ミネルヴァ書房、二〇〇九年。

(17)　K. Asakawa, The origin of the feudal land tenure in Japan, *American Historical Review*, vol. 20, 1914. 前掲注(４)『荘園研究』収録。

(18)　黒板勝美「朝河氏の『日本荘園の起源』を読む」(『史学雑誌』二六-三、一九一五年、一〇一頁)。

(19)　朝河貫一「日本封建土地制度起源の拙稿につきて」(『史学雑誌』二六-六、一九一五年、九九頁)。

(20)　K. Asakawa, The life of a Monastic SHŌ in Medieval Japan, *Annual report of American Historical Association for 1916*, 1916. 前掲注(４)『荘園研究』収録。

(21) 一九一六年四月二十四日付G・B・アダムズ宛朝河書簡（Box15, fol. 211, Adams Papers (MS 30), Manuscripts and Archives, Yale University Library.)。この書簡については第四節で詳述。

(22) 前掲注(3)拙稿c二一七頁。

(23) ウィリアムズについては *The early institutional life of Japan: A study in the reform of 645 A.D.*, Tokyo, Printed at Tokyo Shueisha, 1903, p. 2.『大化改新』の序。ペリー来日時の通訳として知られるサミュエル・W・ウィリアムズ（Samuel Wells Williams）の息子で、父の伝記の著者として知られるが、一九〇〇年に助教に昇進したばかりであった。熱心な教育者として知られ、日本に縁のある人物ではあった。以下、本稿ではイェール大学における研究者の学歴・職歴について Historical Register of Yale University を参照した（http://mssa.library.yale.edu/hro/）。

(24) 前掲注(13)潮木文献第五章。たとえばG・B・アダムズは一八八六年、ドイツのライプツィヒ（Leipzig; Leipsic）大学で博士号を取得した。

(25) 『書簡集』一〇二号、一九二〇年六月二十日付坪内逍遥宛朝河書簡（「日記」控）。他に、一〇四号、一〇七号、一一六号、一一九号、一二一号、一二七号（「日記」控）。

(26) 『書簡集』一〇五号、一九二一年二月六日付W・S・ブース宛朝河書簡（「朝河ペーパーズ」）。

(27) 『書簡集』一二七号、一九二四年八月二十四日付坪内宛朝河書簡。ベラについては、『書簡集』一二四号、一九二四年六月二日付アーウィン宛朝河書簡（「日記」控）。朝河は一九一七年の来日時以来ベラに求愛を続けていた。この点は中村治子氏に教示を得た。ベラについては、『荒野に水は湧きて　ベラ・アルウィンの生涯』（アルウィン学園、一九八〇年）、朝河との関係についてはアーウィン・ユキコ『フランクリンの果実』（文芸春秋、一九八八年、四九頁）も参照。

(28) 以下、イェールの授業については、イェール大学図書館 Manuscripts and archives に架蔵されている学部・大学院のシラバス（*Bulletin of Yale University, Graduate School*）に基づく。「朝河ペーパーズ」一九九一年追加分ボックス1フォルダ7も参照（本論集付録3表3）。

(29) 『書簡集』一三六号、一九二六年六月二十日付服部保一宛朝河書簡（服部琢氏所蔵自筆原本）および『書簡集』一三七号、一九二六年八月以前の坪内逍遥宛朝河書簡（『早稲田学報』三七八号に掲載されたもので、イェールでの低待遇や早稲田移籍に関する言及はない）。

(30) 辻善之助「朝河貫一氏の近著入来文書」（『史学雑誌』四〇―一〇、一九二九年）。
(31) 矢吹晋訳『The Documents of Iriki 入来文書』柏書房、二〇〇五年。
(32) 新田一郎「学界展望　日本法制史」（『國家學會雑誌』一二〇（九・一〇）、二〇〇七年）。
(33) なお現在、史料用語の英訳を確認するときに利用されることの多い東京大学史料編纂所のデータベース「応答型翻訳支援システム」は『入来文書』から用例を収集していない（二〇一六年八月二日現在）。
(34) 前掲注(6)拙稿d四五頁。
(35) 細かな相違点は存在する。たとえば第三章の構成が「論点の要約」と異なっているが、これは封と主従制の展開について、時系列に沿った叙述を目指した結果と推測される。
(36) 少なくとも『書簡集』所収の書簡に関していえば、一九二号、一九三四年十二月十日付マルク・ブロック宛朝河書簡が『南九州』に言及した最後のものとなる（そのなかで同書の約束が一九一九年になされたと朝河自身が発言）。朝河の関心の変化については、前掲注(6)拙稿d四六頁。
(37) 『鎌倉遺文』七一九五号。
(38) 前掲注(31)矢吹氏の翻訳には、誤訳や訳し忘れが目立つため、本稿の前提となる報告（本稿付記参考）では、試訳を掲載したが、本稿では紙幅の都合上割愛した。
(39) 三浦周行「日本人に法治国民の素質ありや」（『法制史の研究』岩波書店、一九一九年、初出一九一七年）。
(40) 新田一郎「日本人の法意識」（『岩波講座　日本の思想』六、岩波書店、二〇一三年）。
(41) 中田薫「「コムメンダチオ」と名簿捧呈の式」（『法制史論集』二、岩波書店、一九三八年、初出一九〇六年）。
(42) 保立道久「やれ打つな蝿が手をする……」（『中世の愛と従属』平凡社、一九八六年、初出一九八四年、九〇頁）。
(43) 近代国学については藤田大誠「近代国学と日本法制史」（『国学院大学紀要』五〇、二〇一二年）。
(44) 石井進「主従の関係」（『石井進著作集六　中世社会論の地平』岩波書店、二〇〇五年、初出一九八三年）。
(45) 日本の史学史上、「封建」という語が、feudalism の厳密な訳語としてではなく、武家政治や江戸幕府の政治体制を指すものとして利用され始めたことに注意したい。「封建」の概念史については、上横手雅敬「封建制概念の形成」（『日本中世国家史論考』塙書房、一九九四年、初出一九八〇年）。

(46) 拙稿e「マルク・ブロック『封建社会』と朝河貫一―予備的考察として―」(『東京大学日本史学研究室紀要』一四、二〇一〇年)。

(47) Adams, The critical period of English constitutional history, *The American Historical Review*, vol. 5, 1900, p. 651; Adams, The origin of the English constitution, 1, *The American Historical Review*, vol. 13, 1908, p. 245; Adams, *Constitutional history of England*, New York: H. Holt, 1921.

(48) 前掲注(3)拙稿b一八頁。但し、このときポロックから推奨された研究者の文献に朝河が必ずしも依拠した訳ではないことに注意。後述するエスマンやブリソの名をポロックは挙げていない。

(49) 前掲注(21)Adams Papers(「日記」同日条に控え)。後述の一九二一年の書簡もAdams Papersより。なお、ブリソ著はJean Brissaud, James W. Garner trans., *A history of French public law*, Boston, 1915. 仏語の原著は*Cours d'histoire générale du droit français public et privé à l'usage des étudiants en licence et en doctorat*, Paris, 1904.

(50) 前掲注(6)拙稿d掲載の表では、ボックス11―24について「西欧近代史関係」「フランス近代史関係」としたが、これは誤謬である。正しくは、「西洋中世史関係」であり、メロヴィング期・カロリング期がメインである。ここに訂正するとともに後日、詳しい史料紹介を行い、西洋史研究者の史学史研究に材料を提供する予定である。さしあたり本論集付録3も参照。

(51) 朝河にみえるメインの影響については別の機会に論じたい。

(52) 「朝河ペーパーズ」の西洋史カード群に含まれるアダムズの文献からのメモは、他のカード類とは異なる紙を利用しており、やや年代が古い。朝河の西洋史学習には幾つかの段階があるが、それを窺い知ることのできる素材である。

(53) K. Asakawa, "Le Japon: Histoire et Civilisation. Par le Marquis de la Mazelière," *The American Historical Review*, vol. 16, 1910, pp. 837–839. など。

(54) G. B. Adams, Anglo-Saxon Feudalism, *The American Historical Review*, vol. 7, 1901, p. 12. 青山吉信「「ノルマン＝コンクェスト」の史的意義を遶る学説史整理」(『イギリス封建王制の成立過程』東京大学出版会、一九七八年、二三〇頁)。なお、アダムズや同僚ウッドバイン(第一節)については、ホウルズワース他著・西山敏夫訳『英米法の歴史家たち』(創文社、二〇〇九年、原著一九二八年)も参照。

(55) 前掲注(54)の他、前掲注(47)Adams (1900), p. 652; Adams (1908), p. 238; Adams (1921), p. 69; Adams, Feudalism, *The Encyclopædia Britannica, 11 edition, vol. 10*, Cambridge, 1910.

(56) 前掲注(15)セニョボス文献。第二の点を含めたセニョボス文献の方法論については、渡辺和行「『アナール』の揺りかご」(前掲注(16)渡辺文献所収、二四三頁)。

(57) 「日記」に挿入されている(ボックス5フォルダ53)。

(58) Georg von Below, *Der deutsche Staat des Mittelalters*, Leipzig, 1914. なお一九二五年に第二版刊行。ベロウについては、堀米庸三「中世国家の構造」(『ヨーロッパ中世世界の構造』岩波書店、一九七六年、初出一九四九年、特に二六—二九頁)。

(59) 前掲注(58)堀米論文、本書所収甚野論文。

(60) 前掲注(3)拙稿c二一八頁、前掲注(7)向井他論文二六七頁。

(61) 福島県立図書館所蔵朝河貫一資料(D-138-2)。

(62) 前掲注(4)Hall 論文二〇頁。

(63) K. Asakawa, "The Founding of the Shogunate by Minamoto-no-Yoritomo," *Seminarium Kondakovianum: Recueil d'Études. Archéologie, Histoire de l'Art, Études Byzantines*, VI, 1933, pp. 109–129.

(64) 前掲注(7)向井ほか論文、前掲注(46)拙稿e。

(65) 石井進「日本における「中世」の発見とその意味」(『石井進著作集六　中世社会論の地平』岩波書店、二〇〇五年、初出一九七一年、三—五頁)。

(66) 牧健二「朝河貫一氏の英文入来文書に就きて」(『法学論叢』二二—二、一九二九年)。なお前掲注(30)辻善之助書評も同年発表であるが、史料編纂所での思い出、出版の経緯の紹介が中心であった。

(67) 弘文堂書房、一九三五年。

(68) 「封建契約の観念が英国に於て大憲章の制定を導きて近代生活に対し世界的の感化を与へた」(一一〇頁註(三四))という朝河の記述について、その典拠と思われるアダムズの文献は引用していない。牧はアダムズの文献を読んでいなかったのであろうか。

(69) 朝河とトンプソンの交流は現時点で確認されない。一九二八年のトンプソンの著作と(一九二五年に完成していた)『入来文書』との史学史上の関係は、今後の課題としたい。

(70) 山口道弘「牧健二の史学史的研究序論」(『千葉大学法学論集』二七―二、二〇一二年、一四〇頁)。

(71) 朝河自身、一九三五年頃から日本の国体論に関する文献を集中的に読み、その影響を受けた。「朝河ペーパーズ」に残る晩年のカード類の詳細な分析とあわせて、今後の課題としたい。

(72) 一例として前掲注(31)矢吹訳書の訳者解説。

(73) さらに朝河の荘園研究に関していえば、戦後の荘園研究は農村の現地調査を重視しており、関心の齟齬は否めない(本書所収似鳥論文参照)。

(74) 『書簡集』において日本人向けの書簡とアメリカ人向けのそれを比較すると分かりやすい。具体例をあげると、前掲注(3)拙稿bで紹介した「大家一両名」の誇張。

(75) 桜井英治「これからの中世史研究　比較史および経済史の視点から」(『歴史科学』一九四、二〇〇八年)、前掲注(46)拙稿eなど。

(76) 前掲注(4)堀米論文一七一頁。

(付記) 本稿は二〇一五年十二月五日に開催されたシンポジウム「朝河貫一と日本中世史研究の現在」での報告原稿をもとにしているが、二〇一六年八月・九月に実施したイェール大学での朝河ペーパーズの史料調査を踏まえて大幅に改稿したものである。シンポジウム当日の甚野尚志氏、および調査中の中村治子氏との議論に負うところも大きい。なお、草稿段階で内田力氏から多くの助言を得た。シンポジウム当日の報告では、戦後の入来院研究の学説史、アメリカの日本史研究における朝河の受容についても整理を行ったが、紙幅の都合上、別稿を用意している。なお、イェール大学における史料調査には、二〇一六年立教大学派遣研究員制度を利用した。本稿は立教大学SFR「グローバルヒストリーのなかの近代歴史学」(代表者小澤実氏)の成果でもある。

朝河貫一と日本の歴史学界

近藤成一

はじめに

朝河貫一が世界の歴史学界に及ぼした影響として第一に挙げるべきは、やはりその主著『入来文書』がマルク・ブロックの『封建社会』やオットー・ヒンツェの『封建制の本質と拡大』によって紹介され、比較史研究の対象に中世日本を加えることに貢献したことであろう。(1)

朝河の死後、朝河貫一著書刊行委員会が組織され、『入来文書』『荘園研究』が刊行されたことにより、(2)その業績があらためて評価されることになった。堀米庸三は一九六六年に「封建制再評価への試論―近代化論の再検討―」を著し、エドウィン・ライシャワーの「近代化論」を擁護するのに朝河の所説を用いたが、(3)堀米は朝河の所説を紹介するのに、『荘園研究』なかんづくその巻頭に掲載されたジョン・ホールの序論に依拠している。堀米の論考は、駐日アメリカ大使在任中のライシャワーの発言を擁護するために、前年に『荘園研究』とライシャワーの『日本近代の新しい見方』が相次いで刊行されたのを受けて書かれたものであるといえる。(4)

このように、朝河の影響は、その死後に及んでいるが、本稿では、朝河生前の日本の歴史学界との交渉について考えてみたい。

一　朝河生前の日本の歴史学界との交渉

朝河の研究を日本の学界に紹介したものとしては、一九一五年に黒板勝美が朝河の英文論文を読史会で紹介した記事が『史学雑誌』に掲載されたのがはじめである。(6)原論文の掲載誌が発行されたのは一九一四年十月であるが、黒板がこの記事を読史会で紹介したのは翌年二月二十二日、その紹介記事を掲載した『史学雑誌』が発行されたのはその翌月である。黒板は朝河の原論文が発表されてから短時日の間にこれを入手し、読解し、コメントを加えて紹介したことになる。しかし朝河はこの紹介記事に不満であり、『史学雑誌』の三号後の号に寄稿して自説の説明につとめている。(7)

一九一九年から二〇年にかけては、朝河の英文論文(8)が『歴史地理』誌上で紹介された。まず三四巻二号に上野菊爾(9)により「日本のフューダル制度に就て」の概要が紹介され、同じ論文の上野による翻訳が三五巻四号に掲載された（邦題は「日本の封建制度に就て」とされた）。また、それに先んじて三五巻三号にやはり上野の翻訳になる「中世日本の寺院領」が掲載されている。(10)上野は最初に紹介した記事のなかで「今回帰朝以来二閲年孜々として古文書の研究に是れ日も足らざる氏の論文」と述べているから、一九一七年から一九年にかけての朝河の二回目の帰国が、上野が朝河の研究を紹介する動機となったと思われる。実際、上野がはじめ概要を紹介し、のちに訳文を掲載したのは、朝河が帰国中に日本アジア協会で英語で講演し、同会の会誌に掲載されたものである。(11)

一九二九年に朝河の主著『入来文書』が刊行されると、同年のうちに『法学論叢』に牧健二による書評、『史学雑誌』に辻善之助による書評が掲載された(12)。

一九三五年から一九三七年にかけては、朝河自身が『社会経済史学』誌上にヨーロッパ中世史研究を紹介する論考を寄せている。すなわち五巻五・六号掲載の「ループネル氏仏国農地史論」(一)(二)、九号掲載の「ブロッシ教授の「仏国田園史特徴論」」、七巻五号掲載の「ヴューレル氏の北方ゲルマン原始農業論」である(13)。

そして一九三九年発行の『史苑』一二巻四号に、朝河は「島津忠久の生ひ立ち—低等批評の一例—」を寄せている(14)。

二　朝河の日本封建土地制度起源論について

ここでは、一九一五年に黒板勝美によって『史学雑誌』誌上で紹介された朝河の論文に注目することにしたい。先述のように朝河は黒板の紹介記事に不満であり、自説を説明する文章を『史学雑誌』の三号後の号に寄稿しているのであるが、朝河は黒板の紹介のどこに不満を持ち、自説がどのように理解されることを望んでいたのであろうか。

朝河は黒板の紹介・批評に感謝しながらも、黒板の批評が「論点を誤り公正を失したるもの少なからず」といい、「氏は概して精読を賜はらざりしものの如し」ともいう。そして「余は押して読者が親しく拙稿を閲読せられんことを請はざるを得ず」というのである。しかし、その後、朝河の他の二論文について上野菊爾が翻訳して紹介した例があるにもかかわらず、本論文については長く日本語に訳されることがなかったし、また朝河自身が本論文の内容を日本語で詳述することもなかった。したがって、原論文を原文で読んだ人はもちろんいたであろうが、朝河の所説に対する日本の学界の理解にはおのずから限界があったと思われる。

たとえば、網野善彦は朝河の所説を再評価した一人であるが、網野が朝河説を理解するのに依拠したのは、日本語で読むことのできる諸文献、すなわち黒板による紹介とそれに対する朝河の説明、上野による翻訳、堀米による紹介によっており、黒板により紹介されたけれども日本語訳のなかった論文について、原論文に立ち戻っての検討は行われていない(15)。

そこで、朝河が黒板の紹介のどこに不満を持ったのかに注意しながら、朝河の原論文を改めて読解することを試みることにしたい。

三 封建制の起源と荘園の起源

黒板による紹介記事は「朝河氏の『日本荘園の起源』を読む」と題されていたのであるが、朝河論文の原題は“The Origin of Feudal Land Tenure in Japan”であり、朝河自身は日本語では「日本封建土地制度の起源」と表現している。黒板による紹介に対する朝河の不満の第一は、自説が荘園の起源に関するものと解されたことであり、朝河自身の意図は封建土地制度の起源を論ずることにあったのである。

朝河は、黒板が朝河の所説を評して「氏の所論は中田薫氏の荘園研究に拠られし点多し、敢て斬新の見解に富むとは云ひ難き」と述べたことにも不満を示し、自身の所説の独自な部分を敢えて挙げている。しかし誤解の根本は、黒板が朝河の所説を荘園の起源に関するものと解したことにある。朝河自身、荘園については中田の研究に依拠している部分のあることを認めているのであるが、朝河の真意は荘園制の成立をもってただちに封建土地制の成立とはみなさず、荘園制の成立と封建土地制の成立とを区別した上で、その因果関係を論じることであった。朝河は中田と自分との差異について、「中田氏の着眼は主として法制的なり、余のは主として法制史的なり。氏は主として荘園そのものを説き、余は広く荘園制と封建土地制との因果関係を見んとせり」と説明している。たしかに朝河が荘園制と封建土地制との因果関係を論じた部分を、黒板は十分に紹介しているとはいえない。

朝河は黒板の紹介に対する自説の説明のなかで、「余が最も重要の点となすところは、第十三世紀に明に見え第十六世紀に完成したりと余が考ふる日本封建土地制が、如何にして王朝の庄園制より成り出でしか、という法制史的難問題是れなり」と述べ、「余は鎌倉時代に御家人領に前者の発生しつゝありしを推し、其の法制的起源につき「想像説」を立て、更に翻って、王朝末にも或は此発生の萌芽既に在しにあらざるかとの余の「未だ証明し得ざる」「暫定的仮説」を試みたり」と続けている。朝河がみずからこのように要約している所説を原論文に立ち戻って読解することにしよう。(16)

朝河は、日本封建土地制が「第十三世紀に明に見え第十六世紀に完成したり」と述べているが、朝河の原論文のなかでこれに該当する部分は、次のように説明されている。

武士と武士が仕える軍事貴族との関係において、武士の土地保有には二種類がある。一つは武士が軍事貴族に土地を寄進するが、実質的には自身で土地を保有する場合であり、もう一つは武士が軍事貴族から恩給を受ける場合である。そして、この二つの土地保有について、この二つが同化し、一方よりは自由が少なく、他方よりは不安定さが少ない土地保有に進化する傾向が、一三世紀に顕著になり、一五世紀から一六世紀にかけて完成したと朝河は述べている。原論文と後の説明文との対応に注意するならば、朝河は上記の二つの土地保有の同化に封建土地制を見出した、言い換えれば、同化する以前の二つの土地保有は、いずれもまだ封建的土地保有とはいえないと考えていたと思われる。

朝河は、二つの土地保有が同化する過程を次のように説明している。すなわち一二三二年（貞永元）の封建法においては、勲功に対する御恩として給与された所領の売却は禁じられていたが、世襲の所領の売却は認められていた。しかし一二七〇年（文永七）以降、御恩により給与された所領のみならず、世襲の所領についても、他人への移転が禁じられた。つまり世襲の所領に関しては、一二三二年よりも一二七〇年以降において、自由が少なくなったことになる。

「一二三二年の封建法」といわれているのは『御成敗式目』のことで、朝河はその四八条を根拠にあげているが、同条には「売買所領の事」について、「相伝の私領を以って要用の時沽却せしむるは定法也。而るに或いは勲功に募り、或いは勤労に依り別の御恩に預かるの輩、恣に売買せしむるの条、所行の旨其の科無きに非ず。自今以後慥かに停止せらるべき也」と規定されている。

一方、一二七〇年以降、御恩により給与された所領のみならず、世襲の所領についても、他人への移転が禁じられたことの根拠として、朝河は『新編追加』六五・七二・七四・七五条をあげている。[17] これは佐藤進一・池内義資両氏により付された鎌倉幕府追加法の通し番号[18]によれば、四三三・六五九・六六二・六七九の各条に相当する。これらは徳政令に関する法令のうちの質券売買地に関する条項であり、追加法四三三条が一二六七年（文永四）の法令、[19] 六五九・六六二条が一二九七年（永仁五）のいわゆる「永仁の徳政令」の第三条に相当し、[20] 六七九条は永仁の徳政令の停止に関する法令の一部である。このうち、四三三条に「御家人等、所領を以って或いは質券に入れ、或いは売買せしむるの条、侘傺の基たるか。今より以後、御恩私領を論ぜず、一向沽却幷びに入流の儀を停止し」、六六二条に「所領を以って或いは質券に入れ流し、或いは売買せしむるの条、御家人等侘傺の基なり。向後に於いては、停止に従うべし」と見えるのを、御恩により給与された所領であるか世襲の所領であるかを問わず売買・質入を禁じられたことを示すと朝河は解釈したのであろう。

朝河は、世襲の所領の自由が一二七〇年以降少なくなり、御恩により給与された所領に近づいたことを論じているが、一方で両者がいずれも、子女に対して分割して譲与することが可能であり、また再授封も可能であったことを述べている。

朝河は fief については分割が認められるが benefice については分割が認められないことを指摘しているので、分割譲与が認められる所領を benefice よりも fief にひきつけて理解しているのであろう。そして、分割可能な fief のほうが分割不可能な benefice よりも安定していると考えているのであろう。しかし日本の土地保有については、世襲の所領についても御恩により給与された所領についても、最初から分割可能であるとしているので、不安定な土地保有が安定的な土地保有に漸進的に進化したことについては、事実を示せていないことになる。朝河は二つの土地保有の同化を論じるのに、一方の自由が少なくなり、他方の不安定さが少なくなることによって両者が接近するという論理を立てているのであるが、後者については不安定さの変化は示されていない。むしろ分割可能であることが安定を示しているのだとすれば、はじめから安定しているということになりかねない。

朝河が所領を子女に分割譲与することが認められていた根拠としてあげるのは「一二三二年の封建法」すなわち『御成敗式目』の二〇・二二・二六条、所領の再授封が認められていた根拠としてあげるのは同じく一九条である。

式目二二条は兄弟のうちの弟が鍾愛されて嫡子に立てられた場合、嫡子に立てられた弟に譲られた分の五分の一を無足の兄に与えることを規定したものであるので、所領の分割が認められていることを前提とした規定であるとはいえる。しかし二〇条・二六条は所領の譲与に関する規定ではあるけれども、所領の分割についての規定は特にない。武士・御家人の所領が分割譲与されるのがふつうであったことについては、いくらでも事例によって検証可能であるが、朝河があげた式目の条文が根拠として適当であるとは必ずしもいえないかもしれない(21)。

一方、式目一九条は、従者（「人を憑むの輩」）が主人から充文や譲状によって所領を与えられた後、その主人の死後に主人の子孫に背くことがあったならば、以前に主人から与えられていた所領を没収して主人の子孫に付すことを規定したものである。「主人」という語は従者に対してここで用いたもので、原文では「本主」と称されている。ここでいう主人（「本主」）は御家人のことであるから、将軍から所領を与えられた御家人がさらにその従者に所領を与えることがあることを前提とする規定であるとはいえる。この式目の規定はかなり特殊で、この規定が該当するような事例を簡単に見出せるわけではないが、御家人所領について再授封と解釈しうる例があることについては、御家人である北条氏が将軍から補任された地頭職について、北条氏がその従者を地頭代職に補任している例があることをあげることができる(22)。

四　職について

黒板は、朝河の「職」に関する所説について、「此際氏が荘園に伴ふ或特権即ち「職」を、自由意志に依て譲渡し得るものについて欧洲のそれと比較し力説せしは注目の値あり」と述べ、「中田氏も同説なり」と付け加えている。これに対して朝河は、「荘園の成長に関し、黒板氏は、余が「職」の自由意志的移動を力説したる如く云はれしも、そは固より寄進の方面に止まり、余は恩給の方面が之と正反対なることをも説きたり。此点は中田氏明快に論ぜられたり。而して此二の並存が日本の荘園のマノル等に比して差ある要点にして、此差異の原因と影響とに論及せんことが、余の「職」論の一目的なりき」と述べている。

朝河の原論文に立ち戻ると、朝河は職の移転を、それに関係する人々の地位により二種類に分ける。すなわち、低い地位の人から高い地位の人に「職」が「寄進」される場合が commendation に相当し、高い地位の人から低い地位の人に「職」が「恩給」される場合が benefice に相当するという。ここで「　」で括った「職」「寄進」「恩給」について朝河は日本語をそのまま *shiki*、*ki-shin*、*on-kyū* のように表記している。

低い地位の人から高い地位の人に「職」が「寄進」されるのは、土地保有の保護を獲得し、免除（不輸・不入を指すのであろう）を確実にするためである。したがって、「寄進」は土地保有権を手放すことを意味せず、寄進者から寄進を受ける者に特定の権利は移るのであるが、別の権利が寄進者の手元に留保された。この留保された権利について、寄進者は自由に処分することができ、先に寄進した相手とは別の人に別の権利を寄進することもできた。このことについて、朝河は、日本においては寄進者の地位が中世ヨーロッパにおけるよりも自由であったと述べているのである。

一方、高い地位の人から低い地位の人に「職」の「恩給」が行われるのは、高い地位の人が所有する荘園の土地を、実際には低い地位の人が経営し耕作するからであるが、「恩給」は双務契約ではなく純粋に主人の側の恩恵による行為であり、「恩給」を受けた者の土地保有が認められるのは、その者の義務の遂行次第であり、主人の都合によって随意に取り消し可能であった。このような「恩給」は中世ヨーロッパの precarium と似ていると朝河はいう。

朝河は日本の荘園において「寄進」と「恩給」が並存することがヨーロッパのマナーと比べて異なるところであると論じていた。朝河の原論文によると、日本においては「封建時代に入るまでの長い間、この二つの異なる起源の複合体におけるさまざまな土地保有が、近接して並立しながらも、独立して存在しつづけた」という。したがって、日本の荘園は「かたちも大きさもふぞろいで起源も現状もさまざまなものからなるかたまり」であり、「領主と半自由農との共同により展開され経営される耕地片からなるマナー型組織」とは異なる。朝河は、マナー型組織において発展した共同体の規制が、日本の荘園においては発展する機会を有さなかったといい、それは比較的自由な土地保有権と不自由な土地保有権が並立したためであったという。マナーと日本の荘園との相違が論じられることにより、日本の荘園は封建制以前のものであると論じられることになる。それゆえに朝河は、日本において封建的土地所有がどのようにして成立したかを、荘園の成立とは別に、改めて問うことになるのである。

先に見たように、朝河は、軍事貴族に仕える武士の二種類の土地保有が同化し、一方よりは自由が少なく、他方よりは不安定さが少なくなることにより、封建的土地保有が成立すると考えていたように思われる。この二種類の土地保有が「寄進」と「恩給」、commendation と benefice によるものとされているのであるが、それが軍事貴族と武士との間のものであることが大事で、朝河は荘園における「寄進」と「恩給」の成立を論じた後、日本において封建的土地保有が成立する道筋を推論する以前に、武士と軍事貴族の成立を論じている。武士と軍事貴族が成立する以前の荘園は封建制以前の存在であり、武士と軍事貴族が成立し、その間における「寄進」と「恩給」を起源とする土地保有が同化していくことによって封建的土地保有が成立すると推論しているのである。武士と軍事貴族成立以前の荘園における寄進者の地位は中世ヨーロッパにおけるものよりもはるかに自由であったが、武士の軍事貴族に対する「寄進」に基づく土地保有が一二七〇年（文永七）以降、「恩給」に基づく土地保有と同様の制限を受けるようになったことを、朝河は論じている。「寄進」に基づく「職」が元来有していた自由が制限されることによって封建的土地保有が成立するということになる。一方で「恩給」に基づく「職」について、元来は、その保有が認められるのは義務の遂行次第であり、主人の都合によって随意に取り消し可能であるというような「不安定」なものであったと朝河は論じているが、軍事貴族と武士との間の「恩給」に基づく「職」は、確認される限りはかなり早くからその「不安定」を減じていたように思われる。武士と軍事貴族との間の「恩給」に基づく「職」もまた、武士と軍事貴族成立以前のものとは異なるのである。ここで「不安定」と仮に訳した語を朝河はprecariousと表現しているが、それは武士と軍事貴族成立以前の「恩給」に基づく「職」がprecariumに類似すると朝河が論じたことに対応していると思われる。

おわりに

黒板の紹介に対する朝河の不満は、日本における封建制の起源を論じた論説を荘園の起源を論じたものと紹介されたことにある。朝河は日本における荘園の起源と封建制の起源をはっきり区別して論じたのであるが、その区別を黒板は理解していなかったことになる。朝河以後の議論の展開を前提としているわれわれから見れば、荘園の起源と封建制の起源が別物であることは自明であるが、一九一〇年代の日本の歴史学界は、少なくとも黒板が荘園の起源と封建制の起源の区別を理解していないような段階にあった。その段階における朝河の学説の意義を考えなければならないと思う。

やがて一九三五年に牧健二が『日本封建制度成立史』(23)を著し、その第十章において「恩地及び私領の封建性」を論じたのは、「寄進」に起源を有する所領（私領）と「御恩」に起源を有する所領（恩地）との関係に注目して封建土地制度の起源を論じた朝河の論を継承したものであるように思われる。

注

（1）朝河とマルク・ブロックとの関係については、原輝史氏がブロックの主宰した『社会経済史年報』誌を調査して、朝河自身が日本経済史研究の現状を紹介する論文と「日本の社会経済史上における宗教の役割」と題する論文の二本を執筆していること、ブロックが、朝河の英文論文二本を紹介する論文を執筆していること、また封建制・従士制・領主制に関する学界動向を紹介する論文において朝河の『入来文書』に言及し、朝河が『社会科学百科事典』に執筆した日本の封建制に関する項目に対してもコメントしていることを紹介している（「二人の比較史家―朝河貫一とM・ブロックの『社会経済史年報』誌上論文」〈朝河貫一研究会編『朝河貫一の世界』早稲田大学出版部、一九九三年〉）。また朝河とオットー・ヒンツェとの関係については、甚野尚志氏が本書所収論文において、ヒンツェが一九三〇年に『歴史学雑誌（ヒストーリシェ・ツァイトシュリフト）』に『入来文書』の書評を掲載した後、両者が何度か書簡を交わしていることに言及している。

（2）朝河貫一著書刊行委員会編『入来文書』（日本学術振興会、一九五五年）は、原著（K. Asakawa, *The Documents of Iriki*, Yale University Press, New Haven, Oxford University Press, London-Humphrey Milford, 1929）の英文部分を覆刻し、史料原文を委員会が新たに編集しなおし、西岡虎之助・寶月圭吾・竹内理三による解説論文（英文）を付したものである。なお一九六七年に、同書の和文部分のみが新訂版として編者・刊行者を同じくして刊行され、また東京大学史料編纂所編『入来院家文書CD-ROM版』（紀伊国屋書店、二〇〇〇年）に一九五五年版の覆刻が附録として収録された。一方、朝河貫一著書刊行委員会編『荘園研究』（英文タイトル *Land and Society in Medieval Japan*、日本学術振興会、一九六五年）は、越前牛原荘に関する史料の朝河による英訳文遺稿を主体とし、それに対応する史料の原文翻刻を委員会が新たに加え、さらに朝河が学術誌に発表した英文論文の覆刻を収録し、ジョン・ホールによる解説論文（John Whitney Hall, "Kan'ichi Asakawa: Comparative Historian"）を付したものである。

（3）堀米庸三「封建制再評価への試論―近代化論の再検討―」（『展望』八七、一九六六年、同『歴史の意味』〈中央公論社、一九七〇年〉に再録）。堀米が擁護の対象としたライシャワーの「近代化論」の内容は、『日本近代の新しい見方』（講談社現代新書、一九六五年）所収の諸論考による。

（4）堀米の論考の趣旨は、ライシャワーの発言の根底に朝河の所説があることを主張することであったが、英語圏において朝河の研究がどのように継承されたかについては、オーシロ・ジョージ氏の論考がある（「朝河貫一と英語による日本封建制度の研究」〈朝河貫一研究会編『甦る朝河貫一』国際文献印刷社、一九九八年〉）。

（5）K. Asakawa, "The Origin of Feudal Land Tenure in Japan," in *American Historical Review, vol.* XX, *No. 1*, pp. 1–23, Washington, Oct. 1914.

（6）黒板勝美「朝河氏の『日本荘園の起源』を読む」（『史学雑誌』二六―三、一九一五年）。
（7）朝河貫一「日本封建土地制度起源の拙稿につきて」（『史学雑誌』二六―六、一九一五年）。
（8）K. Asakawa, "Some Aspects of Japanese Feudal Institutions", *The Transactions of the Asiatic Society of Japan*, Vol. XLVI, No. 1, pp. 77–102, Tokyo 1918.
（9）上野菊爾は、自身の論考としては、『歴史地理』三三―一・二（一九一九年）に「林子平処罰論」、三四―五（同年）に「松平定信の開国思想に就て」を寄稿している。また『東洋文化史』（克明堂書店、一九三五年）、『東洋文化史概説』（清教社、一九三七年、増補版一九四二年）、『東洋史概観』（清教社、一九三九年）等を著している。
（10）原論文は、K. Asakawa, "The Life pf a Monastic *SHŌ* in Medieval Japan," *Annual Report of American Historical Association for 1916, I*, pp. 311–342, Washington 1918.
（11）日本アジア協会は、日本に居住する英米の外交官、実業家、宣教師が日本についての知見を深めることを目的として、一八七二年に横浜で創設され、月例会の開催と年一回の会報の発行を活動の二本柱として今日に至っている。同会ウェブサイトのＵＲＬは、http://www.asjapan.org/web.php。
（12）牧健二「朝河貫一氏の英文入来文書に就いて」（『法学論叢』二一―二、一九二九年）。辻善之助「朝川《ママ》貫一氏の近著入来文書」（『史学雑誌』四〇―一〇、一九二九年）。
（13）当時、朝河がヨーロッパ中世史の研究を進めていたことに関係すると思われる。本書所収の甚野尚志氏の論文参照。
（14）朝河が『入来文書』刊行後に進めた南九州史研究に関係すると思われる。本書所収の佐藤雄基氏の論文、海老澤衷氏の論文参照。
（15）網野善彦『中世東寺と東寺領荘園』序章、東京大学出版会、一九七八年、六―七頁（同書は『網野善彦著作集』二〈岩波書店、二〇〇七年〉に収録されたが、著作集版では八―九頁）。また同書に序章付論として収録された「戦後第二期の研究史をめぐって―中世前期の社会と経済を中心に―」（三四―三五頁、著作集版三六―三七頁、原題「中世前期の社会と経済」、初出は井上光貞・永原慶二編『日本史研究入門Ⅲ』東京大学出版会、一九六九年）。なお網野は、「戦前にほとんど顧みられなかった朝河の仕事を、いちはやく評価した」のが清水三男の『日本中世の村落』であったことを指摘しているが、清水もまた上野菊爾により『歴史と地理』誌上に紹介された二論文によって朝河の所説を理解しており、「朝河氏の説にはかく学ぶべきものがあるにもかゝわらず、英文よりの翻訳であった事、猶史料が不足であった事の為、充分吸収されなかった」と述べている（『日本中世の村落』第三部余論五「中世村落の歴史」、『清水三男著作集』二、校倉書房、一九七四年、三二四―三二五頁）。

(16)『史学雑誌』に掲載されたこの論考について、在米の朝河が自身で校正を行うことができたのかどうか不明であるが、「荘園」と「庄園」の表記が区別せずに混在して用いられている。

(17) 七二条について、朝河はLXXVIIと表記しているが、内容からLXXIIの誤記ないしは誤植であろうと思われる。

(18) 佐藤進一・池内義資編『中世法制史料集一 鎌倉幕府法』岩波書店、一九五五年。なお二〇〇一年の時点で一五刷であるが、刷を重ねるにつれて訂正・追加が加えられている。

(19)『中世法制史料集』は追加法四三三条を四三四条とともに『近衛家本追加』を底本として収録し、両条を併せて冒頭に「条々」と記したその下に「文永四年十二月廿六日評定」と記されていることを載せている。これにより追加法四三三条は文永四年の発令と解釈すべきである。ところが朝河が底本に用いた『新編追加』にはこの記載がない。『新編追加』は追加法四三三条・四三四条に該当する法令を割裂して別々のところに載せているのであるが、追加法四三三条に該当する法令（すなわち『新編追加』の通し番号では六五条）の事書の下に「為御沙汰煩之間、被棄破之、文永七五九臨時評」と載せている。朝河が「一二七〇年以降」と記した根拠は、『新編追加』の載せるこの「文永七」の年次であると思われるが、この文言をよく読むと、文永七年五月九日の臨時評定でこの法令は「棄破」された、つまり効力を停止されているのである。『近衛家本追加』とそれを底本として追加法四三三・四三四両条を収録した『中世法制史料集』によれば、この両条は文永四年十二月二十六日の評定で定められ、文永七年五月九日の臨時評定で棄破された。文永七年の棄破については、『近衛家本追加』では四三三条と四三四条の両方を受けて「以上二箇条」が棄破されたことが追記されており、さらにこの棄破のために追加法四四三・四四四両条が発令されたことが知られる。

(20) 永仁の徳政令の本文は二種類が伝わるが、その両者の関係はまだ解明されていない。追加法六五九条と六六二条は永仁の徳政令の第三条の二種類の本文である。

(21) なお所領の分割相続は大規模開発が可能で所領が拡大するものであった時代に適合的であったが、開発が限界に近づき所領経営が集約化の方向に向かうと、分割相続の慣行を克服して、単独相続に移行することが、領主経営の課題となった。拙稿「中世財産相続法の成立―分割相続について―」（『鎌倉時代政治構造の研究』校倉書房、二〇一六年、初出一九八九年）参照。

(22) 拙稿「安堵状の形態と機能」（注(21)所掲『鎌倉時代政治構造の研究』、初出二〇〇八年）参照。

(23) 牧健二『日本封建制度成立史』弘文堂書房、一九三五年、第四版、清水弘文堂書房、一九六九年。

鎌倉幕府の成立と惟宗忠久
――朝河貫一研究との関連で――

海老澤　衷

はじめに

朝河貫一は、一九一九年（大正八）六月八日から六月十六日まで鹿児島県薩摩郡入来村に滞在し、史料調査を行った(1)。これを契機として「入来文書」の解読を行い、一次史料に基づく日欧中世史の比較研究を進めることとなる。明治維新後約半世紀を経て、通史的研究から一歩踏み込んだ日欧の比較史研究が開始され、日本の「封建制」研究が世界的なレベルで俎上に載せられるものであることが明らかにされた。鎌倉時代に、入来院に地頭として入部した渋谷氏(2)と島津荘地頭職を得て南九州一帯に支配を展開した惟宗忠久の子孫島津氏の相克の歴史が一九一九年以降朝河貫一の主要な研究テーマとなる。

一九三九年（昭和十四）に至って、朝河は論文「島津忠久の生ひ立ち―低等批評の一例―」を立教大学の学術雑誌『史苑』一二巻四号に掲載する。惟宗忠久の出生をめぐる真実と伝承に絞り、四〇〇字詰め原稿用紙にして約二五〇枚に及ぶ長大な論文に仕上げている。この論文を執筆する直接的な動機は『鹿児島県郷土史大系第三巻　島津創業史』（一九三二年刊行、『島津創業史』と略す）で触れられた惟宗忠久の記述にある。実質的に本書の著者である松下重資は、鹿児島県の小学校教員で、師範学校在学中に日露戦争があったと回想している。校閲者の有馬純彦は島津家編輯所に勤務していた。「島津忠久の生ひ立ち」は『島津創業史』を二七ヵ所にわたってページを明記して引用しており、きわめて厳格な姿勢でこの著書と向き合っており、人文系の研究業績の分類からすれば「書評論文」の趣きがある。(3)

この「島津忠久の生ひ立ち」については、第七四回朝河貫一研究会（二〇〇七年〈平成十九〉一月十三日）において、矢吹晋氏が「朝河貫一「島津忠久の生い立ち」をめぐって」を報告された。そこでは、朝河の研究理念を示され、島津氏の歴史の「捏造」を鋭く抉る論文であることが示されている。この論文の一面を明確に示しており、傾聴に値するものである。ただし、この論文が日本史研究で果たしたもう一つの側面を見逃すべきではない。矢吹晋氏は忠久論を「陰画」としてとらえているが、中世国家成立史全体の研究からすれば、ポジとネガは逆転し、渋谷（入来院）氏の活躍は「陰画」であり、惟宗（島津）忠久の動向こそが陽画であるからである。鎌倉幕府成立史を究め、いまでもそのスタンダードの位置を失わない石井進著『日本中世国家史の研究』（岩波書店、一九七〇年）では、惟宗忠久の動きが随所で考察され、守護および地頭研究の一原点となっていることがわかる。その後の研究においても、東国では特に「守護」・「地頭」に関わる歴史事例が乏しく、鎌倉幕府成立期に生きた島津忠久は全国的に見てもこれらを研究する貴重なモデルとなっている。それ故、朝河は「島津忠久の生ひ立ち」をテーマとして畢生の日本中世史論文を書き上げたと考えるべきであろう。

ただし、朝河貫一はこの長編の論文を閉じるに当たって次の文章を添えている。「此論文の範囲以外である忠久の武人としての履歴に至っては、他日別に之を論ずる機会があろう」。その機会はついに訪れなかったが、朝河がこの自覚を持っていたことは重要である。本稿は単に「島津忠久の生ひ立ち」の論評に終わらせるものではない。一九七〇年代の半ば、修士論文作成の必要から、この朝河論文を読んだとき、内容を十分に理解することなく終わったが、その時には、なにか言葉で言い表せない啓示を受けた。四〇年を経て再度読み返したところ、それが何であったのか氷解する思いを得たのである。鎌倉幕府成立に関わる「地頭職」・「守護職」・「図田帳」の三つのコンセプトは惟宗忠久が在地の実態に関わる中で先進的にできあがったものであり、源頼朝自身が惟宗忠久のこの面での功績を深く認識したとき（幕府中枢が理解したとき）、頼朝の天命が尽きたのである。惟宗忠久の記述に関して「島津家文書」と『吾妻鏡』間のタイムラグについての謎はこのように考えることによって解くことができる。

本稿では、惟宗忠久の鎌倉幕府成立史における位置づけを再確認し、さらに朝河貫一が「島津忠久の生ひ立ち」で解明を目指した島津氏における落胤伝説の諸階梯と日本の社会に根付いた系譜意識の形成過程をたどってみたい。

一　惟宗忠久の前半生における謎と鎌倉幕府成立期の活動

惟宗忠久は鎌倉時代初期に薩摩・日向・大隅の三国の守護となり、鎌倉時代から江戸時代後期まで九州の有力な大名として君臨し、ついには明治維新を成し遂げた島津氏の始祖として知られる。しかしながら、一一八〇年（治承四）に源頼朝が伊豆国で挙兵して以来、鎌倉幕府が編纂した『吾妻鏡』にその名が登場するのは一二〇〇年（正治二）のことであり、治承・寿永の内乱期はもちろんのこと、頼朝の在世中は全くその動静が語られていない。鎌倉幕府成立史の基本史料が、『吾妻鏡』であることは言を俟たない。幕府自らが編纂したこの書にはそれまで国政の中心とはなりえなかった東国の地に新たな政権を打ち立てるという緊張感がみなぎり、史書としての現実感を高めているが、史実の記載に多くの問題があることも指摘されている。ここでは惟宗忠久という人物を扱うことになるが、一一八〇年四月に源頼朝が「以仁王令旨」の奉読を行うところから開始される『吾妻鏡』の記述の前後に忠久の名前はなく、他の守護クラスの御家人が頼朝との関係を様々な形で示しているのとは大きな相違である。内乱期において鎌倉幕府の組織内で何の功績も語られないものが、一国の支配を任されるような恩賞を得られるものであろうか。まずこのような疑問が湧いてくる。

　幸いにも島津家に長く伝来した「島津家文書」の中には一一八四年（元暦元）八月十七日の源頼朝下文が存在し、ここに「惟宗忠久」が登場する。[4]本稿では朝河貫一が「島津忠久の生ひ立ち」で引用した島津家文書については全文を掲載し、『吾妻鏡』では語られないが、古文書学的には高い評価を得ている「島津家文書」に登場する姿によってその人格と活動の骨格を明らかにしておきたい。【史料〇〇】として本稿での史料番号を明記し、注で引用されたページを示す。

【史料1】[5]　源頼朝袖判下文

　　　　（花押）

下　嶋津御庄官

　可早任領家大夫三位家下文状、以左兵衛少尉惟宗忠久為下司職令致庄務事

右件庄下司職、任領家下文、以忠久為彼職、可令致庄務之状如件、庄官宜承知、

勿遺失、以下

　元暦二年八月十七日

領家大夫三位家とは摂関家の家柄である近衛家に関わる女性で、その下文に沿って惟宗忠久を下司職に任命すると

いうものである。東京大学史料編纂所で長く源頼朝文書の研究に専念された黒川高明氏は源頼朝が発給したとされる多くの文書について疑問を呈しているが、この【史料1】についてはまごうことのない正文であるとしている。この下文を根拠として、惟宗忠久は島津荘を苗字の地として活動し、以降鎌倉幕府御家人としての地位を築くことになる。この文書中のキーワードとなる「領家大夫三位家」については、以仁王落胤説との関連で「島津忠久の生ひ立ち」三七〇ページ以下に詳しい考証がある。この時期島津荘は、近衛基通の管領するところであったが、藤原邦綱が摂関家に対する年来の忠功により、藤原忠通から領家職を得、それを子女に配分した。その中に大夫三位局成子がおり、この人のことであるとしている。この考証は現在に至るまでほぼ通説となっている。摂関家周辺にいる人間であることを予感させる史料である。ただし、源頼朝による惟宗忠久宛文書はこれが初見ではない。次の二点が存在する。(6)

【史料2】(7)　源頼朝袖判下文

（花押）

下　伊勢国波出御厨

補任　地頭職事

「左兵衛尉惟宗忠久」

右件所者、故出羽守平信兼党類領也、而信兼依発謀反、令追討畢、仍任先例為令勤仕公役、所補地頭職也、早為彼職、可致沙汰之状如件、以下、

元暦二年六月十五日

【史料3】(8)　源頼朝袖判下文

（花押）

下　伊勢国須可御庄
　補任　地頭職事
　　「左兵衛尉惟宗忠久」
右件所者、故出羽守平信兼党類領也、而信兼依発謀反、令追討畢、仍任先例為令勤仕公役、所令補任地頭職也、早為彼職、可致沙汰之状如件、以下、
　　元暦二年六月十五日

【史料2】と【史料3】はほとんど同文であり、所領名だけが相違するものである。「左兵衛尉惟宗忠久」は本文とは異筆となっている。頼朝の右筆により【史料2】、【史料3】の本文が同時期に作成された後に、「左兵衛尉惟宗忠久」の官途と実名が記入され、それを確認した後に源頼朝の花押が据えられたものである。この二点の史料も【史料1】と同様古文書学的には偽文書とされることのない文書で、「地頭職」の成立を考察するさいの重要な文書となっている。

平信兼は平家の有力な一族ではあるが、一一八三年（寿永二）の都落ちにさいして行動を伴にせず、もともと基盤としていた伊勢国に立て籠もったものである。一一八四年壇ノ浦で主家が滅びた後、しばらく命脈を保っていたが、数ヵ月を経ずして討伐されることとなった。そのさい、惟宗忠久は幕府軍として編成され、勲功に預かることとなったのである。忠久は『吾妻鏡』に見えないこの時期において鎌倉幕府御家人としての地位にあり、確かに没官領地頭職を得たことになる。【史料1】島津荘下司職に補任されるのは、これから二ヵ月後のことであるが、頼朝はもちろんのこと、領家においても伊勢国における惟宗忠久の勲功を共通認識としていたことは間違いないところであろう。元暦二年八月十四日には文治と改元され、義経問題を経て、この年の十一月には源頼朝がいわゆる文治の「守護・地

頭」設置の勅許を得る。ただし、日本史研究者の間では一国地頭職の有無をめぐる論争を経て、このとき頼朝が獲得した権限は、あらゆる地域に及ぶものではなく、平家没官領に限られるものであることが明らかとなっている。この地頭職は治承・寿永の内乱の中で、ある地域を実際に武力で制圧し、占領した幕府御家人に恩賞として与えられるものであった。【史料2】、【史料3】は惟宗忠久が伊勢において武力発動し、実際に平家与党の反乱鎮圧に成功したことを意味する。

惟宗忠久が島津荘内において没官領地頭職を得たのは遅れて建久年間に至ってのことであった。[9] そもそも、源範頼が頼朝の下知により、平家追討の総司令官となって鎌倉幕府御家人を引き連れて山陽道から豊後・豊前地域に入り、鎮西を占領するのは一一八五年一月のことであり、壇ノ浦の戦いを経て九月に至るまで平家の強固な地盤であった鎮西地域の平定にあたる。中原親能らの文官もこの遠征軍に加わっており、その猶子となっていた大友能直（豊後大友氏の祖）もこれに従軍していた可能性が高いが、惟宗忠久はこれには加わっていなかった。【史料2】、【史料3】に明らかなように彼は畿内・近国の掃討戦に加わり、そこで武功を挙げていたのである。

【史料4】[10]　源頼朝袖判下文

（花押）

下　信濃国塩田庄

補任　地頭職事

左兵衛尉惟宗忠久

右人、為地頭職、従行庄務、御年貢以下、任先例可致其勤之状如件、以下

文治二年正月八日

信濃国塩田荘は、現在の長野県上田市に位置した荘園である。既述の鎮西島津荘、伊勢国の荘園については惟宗忠久との関係が一応説明づけられたが、信濃の東部にある塩田荘はどのような機縁によって惟宗忠久と結びつけられるのか。この問題を明快に解いたのが石井進氏である。氏の論文[11]によれば、二代将軍頼家の舅であった比企能員と惟宗忠久は縁者であり、一二〇三年（建仁三）比企氏の乱により、比企一族が滅ぼされたときに、薩摩・大隅・日向の守護職を没収されるほどであった。比企一族は武蔵国北部を基盤としていたため上野国と信濃国には様々な形で関わっていた。特に信濃国では比企能員が幕府最初の守護また信濃目代も兼任していたと推定され、それ故信濃国の要地にある塩田荘は惟宗忠久が初代の地頭職に任命されたのであった。比企氏との関係は一般に吉見系図の注記から説明されることが多い。これについては後述する。

【史料5[12]】　源頼朝袖判下文

（花押）

下　嶋津御庄

可令早停止旁濫行従地頭惟宗忠久下知安堵庄民致御年貢已下沙汰事

右、諸国諸庄地頭成敗之条者、鎌倉進止也、仍件職、先日以彼忠久令補任畢、而今殿下依令相替給、雖無領家之定、至于忠久地頭之職者、全不可有相違、慥令安堵土民、無懈怠可令致御年貢之沙汰也、兼又為武士幷国人等、恣致自由之濫行、或打妨御年貢物、或背忠久之下知、毎事令対捍之由、有其聞、所行之旨尤不当也、自今以後、停止彼等之濫行、令安堵住人、不可違背忠久沙汰之状如件、以下

文治二年四月三日

【史料1】において一一八五年八月十七日に島津荘領家の了解のもとに下司職についた惟宗忠久は、一一八六年三

月に摂政が近衛基通から幕府に協力的な九条兼実に交代すると、「諸国諸庄の地頭成敗の条は鎌倉進止なり」と宣言して、「下司職」を「地頭職」に切り替え、荘民に通告した。ここに頼朝とともに歩む惟宗忠久の意図を明確に読み取ることができる。治承・寿永の内乱を経ても全国に摂関家領荘園が展開していた。そのもとで、従来通りの荘官職を得ていた御家人も多数存在したのである。一一八六年四月という時点で、全国的に【史料5】のような文書が残されていても良いはずであるが、島津荘以外には、その事例を見出すことができない。旧来の荘園下司職を相伝していた鎌倉幕府御家人は多数存在したのだが、この面で惟宗忠久ほどの御家人意識は有していなかったようである。[13] 惟宗忠久は、朝河貫一が明らかにしたとおり、もともとの東国御家人ではなかったからこそ、地頭職に対して明確なコンセプトを有していたともいえる。その意味で【史料5】はきわめて重要な史料である。生粋の東国御家人の方が「守護職」に対しても「地頭職」に対しても頼朝が強調するほどには鮮明なイメージを有していなかったのである。

源頼朝の意図する「地頭職」は惟宗忠久によって正確に受け止められた。三月における摂政の交替を最も敏感に感じ取った惟宗忠久は、進んで島津荘地頭職の補任を望んだのであり、このときに頼朝の意識とぴったり一致した。この意味において惟宗忠久は最も先鋭的な「御家人」であった。様々な意識を有する御家人のなかで、新たな鎌倉幕府のイメージを正確に捉えたのが他ならぬ惟宗忠久であり、天下草創を肌で感じ取ったに違いない。この後、薩摩・大隅・日向の三国で建久図田帳ができあがり、守護の権限に関する明瞭な頼朝発給文書が出されるのもこの延長線上の問題としてとらえることができる。

【史料6】[14]　源頼朝袖判下文

(花押)

下　嶋津御庄官等

可令早停止千葉介常胤代官字紀太清遠非道狼藉事
右当御庄寄郡五箇郡者、以常胤令補郡司職了、而守其職許、可随国司下知之処、件清遠猥乱入庄家、致種々非法、苛法狼藉之間、土民不安堵、不及預所幷地頭等沙汰之由、有其聞、事実者、清遠之所行、甚以奇恠也、以郡司職何可打妨預所・地頭之下知哉、自今以後、早可停止件非道狼藉、若尚令違背者、召取其身、可処重科也、且常胤下遣正道者之由、令言上了、而此条尚以不当也、早停止非法、為郡司職代官、可致国司・本家諸役勤之状如件、
以下

文治二年八月三日

島津荘薩摩方において、没官領地頭職を得たのは、老齢を押して源範頼の遠征軍に加わった千葉常胤であり、国衙を含む主要五ヵ郡が彼に与えられた。千葉常胤の功績からすれば、幕府軍のだれでもが納得する措置であったと考えられる。また、阿多郡・加世田別符は肥後国御家人の佐女島氏に与えられている。一一九五年（建久六）に作成された薩摩国図田帳では、これらの地が明瞭に没官領であると記されている。おそらく、実際の武力発動にあたってその功績が大きかったのであろう。だが、惟宗忠久はこの時期に島津荘内の没官領地頭職を得ていない。彼のこの地域での内乱期の軍事活動が見えないことからすれば当然のことであり、文治以降に平氏与党を摘発し、遅れて平氏没官領を得ることになる。【史料6】に見える「寄郡」は、国衙と荘園領主に両属するいわゆる半不輸の地である。それ故、国司の下知に従うべきところであり、「国司・本家の諸役」を勤めるべきところであった。そのような状況を千葉常胤の代官である紀太清遠は十分に理解しておらず、惟宗忠久は頼朝に訴えることになった。そもそも頼朝が「当御庄寄郡五箇郡」を千葉常胤に御賞として与えたとき、それが惟宗忠久の権限に触れるものであることを認識していたならば、このような混乱は起きなかったであろう。結果として一地域に二つの地頭職が併存することになったのである。

しかし、一一九七年に、薩摩国図田帳が作成された段階ではこの問題が整理され、惟宗忠久の地頭職権限は及んでいない。この「寄郡五箇郡」の一つに、後に渋谷氏が入部する「入来院」があった。

【史料7】[15]　源頼朝袖判下文

（花押）

下　嶋津庄

可早停止藤内遠景使入部以庄目代忠久為押領使致沙汰事

右、号惣追捕使遠景之下知、放入使者、冤凌庄家之由、有其聞、□〔事〕実者、甚以無道也、自今以後、停止遠景使之入部、以彼忠久為押領使、可令致其沙汰之状如件、以下、

文治三年九月九日

この源頼朝下文は、源範頼の遠征軍に加わった御家人のなかで、鎮西に残り、その戦後処理を任された天野遠景に関わるものである。彼は源頼朝の信頼が厚く鎮西奉行の役を仰せつかって、平氏の基盤であった九州の統治を任されたものである。この時期の御家人としては惟宗忠久とは比較にならないほど格が上である。幕府成立期のこの段階では各国の守護の役割も明確でなく、島津荘内の職掌分担も明確には切り分けられていなかった。大宰府の権限は天野遠景が継承しており、この頼朝の下文があったにしても天野遠景の使いの入部を完全に阻止できるものではなかった。ここでは庄目代である惟宗忠久に押領使の役割を与えて後の守護の権能を付与したものである。薩摩・大隅・日向の三国における守護権限を掌握する基盤となった文書ではあるが、【史料6】とともに、東国御家人の中で惟宗忠久が孤立する可能性を濃厚に有するものでもあった。

以上のように、惟宗忠久の有する地頭職は、『吾妻鏡』にその名が見えない一一八四年から一一八七年の比較的短

期間に、伊勢・信濃においては没官領地頭職、南九州においては領家の補任した下司職を淵源とする地頭職の二つの異なった相貌を有していたことになる。つまり、東国武士団と平家の軍団の生の武力がぶつかり合った治承・寿永の内乱の終息期から幕府内とりわけ頼朝によって惟宗忠久の能力は認められ始めた。彼は「地頭職」に価値を見出す源頼朝の天下草創意識を他のいかなる東国御家人よりも敏感に、そして正確に捉えていたのである。その職務を忠実に実行していたが、頼朝の方は、薩摩・大隅・日向に広がる島津荘という荘園が公領をその行政単位のまま飲み込んだものだというところまで理解が及んでいなかったのである。それ故、千葉常胤、天野遠景に命じた職務が島津荘下司職と矛盾する面があるという認識はなかった。惟宗忠久の申し立てを受けて、【史料6】、【史料7】のような文書を発給するに及び、徐々に認識を改めていったというのが実情であろう。このような認識が決定的に改められたのが、一一九七年に行われた薩摩・大隅・日向図田帳の作成である。この年に、幕府は鎮西諸国一円に図田帳の作成を命じたものであるが、各国図田帳の現存の状況を考える限り、完全な形で作成されたのは、上記三国だけであるといってよい(16)。実際に作成の作業を行ったのは三国の在庁であるが、それぞれの国の図田帳をまとめる段階で惟宗忠久の手腕が発揮されたに違いない。頼朝が没したのは一一九九年一月十三日のことであり、この図田帳が頼朝の上覧を経、ようやく薩摩・大隅・日向における島津荘の実態が明らかにされた。院政政権も、平氏政権も成しえなかった一国規模の荘園公領の実態調査がここに初めて達成された。頼朝が惟宗忠久の三ヵ国における所領の全貌を知りえたのも実はこの時だったのである。

この段階で幕府中枢部での惟宗忠久に対する評価が定まったものと思われるが、史料上御家人間の地位として可視化されたことが確認できるのは、二代将軍頼家期に入ってからのことであった。

二 『吾妻鏡』に登場する島津忠久

源頼朝は一一九九年（建久十・正治元）に没する。惟宗忠久は、頼朝生存期間においては、ついに一度も『吾妻鏡』に登場することはなかった。[17] 内乱が収束した後、文治年間と建久年間において文書史料では、大きな足跡が認められるにもかかわらず、『吾妻鏡』に登場しない。この謎は前節で述べたように、惟宗忠久の守護職権の明確化と図田帳作成の功績が頼朝政権末期に幕府中枢部で理解されるようになったとすることでひとまず解ける。頼家の代になると彼は華々しく『吾妻鏡』に登場することとなる。

【史料8】

（一二〇〇・正治二年二月）廿六日壬午、晴、中将家御参鶴岡八幡宮、御除服之後初度也、於上宮被供養御経、導師弁法橋宣豪云々、

御出供奉人

先陣隋兵十人

結城七郎朝光　三浦平六兵衛尉義村

宇佐美左衛門尉祐茂　野次郎左衛門尉成時

佐々木小三郎盛季　加藤弥太郎光政

榛谷四郎重朝　中山五郎為重

江間太郎頼時　北条五郎時連

（中略）

次御後衆廿人束帯布衣相交

相模守惟義　武蔵守朝政
掃部頭広元　前右馬助以広
源右近大夫将監親広　江左近将監能広
中右京進季時　小山左衛門尉朝政
後藤佐左衛門尉基清　八田右衛門尉知重
嶋津左衛門尉忠久　所右衛門尉朝光
和田左衛門尉義盛　笠原十郎左衛門尉親景
山内刑部丞経俊　大友左近将監能直
若狭兵衛尉忠季　千葉平次兵衛尉常秀
天野右馬允則景　中条右馬允家長

（後略）

頼朝の死に関する服喪が明け、ここに幕府宿老に混じって後衆の一人として、弟若狭兵衛尉忠季とともにその名が見える。嶋津左衛門尉忠久として嶋津を苗字とする御家人として立ち現れる。大友能直もその名が見えており、西国守護の重鎮が顔をそろえた。鎌倉幕府に組み込まれた九州の姿が見えてくる。

【史料9】

（一二〇三・建仁三年九月）四日己巳、被召禁小笠原弥太郎・中野五郎・細野兵衛尉等、此輩特外祖之威、日来与能員成骨肉之昵、去二日合戦之際、相伴廷尉子息等之故也、嶋津左衛門尉忠久被収公大隅・薩摩・日向等国守護職、是又依能員縁坐也、

一二〇三年九月比企能員の乱が起こると、能員に縁坐し、大隅・薩摩・日向の守護職を収公される。この時点で比企一族と親しい関係にあったことは間違いない。そもそも能員の妻が頼家の乳母となったこと、および娘の若狭局が頼家の正妻となったことにより、能員は頼家の舅として力を振るうことになった。その結果北条時政と対立して討たれたのであるが、この記事以外に比企能員と惟宗忠久を結びつける史料は、【史料19】に示した吉見系図の範頼に関する詳細な注となる。ここでは比企尼の娘丹後内侍が惟宗忠久を産んだとしており、比企尼の養子となった能員と所縁があったことになる。石井進氏は、比企能員が信濃・上野の守護をしており、その縁で塩田荘地頭職を得たとしている。比企能員の北武蔵・上野・信濃における影響力は絶大で、その傘のもとに惟宗忠久はあったのであろう。頼家期になって『吾妻鏡』に登場する理由の一端はここにある。

【史料10】

(一二一三・建保元年二月)二日己酉、昵近祗侯人中、撰芸能之輩、被結番之、号之学問所番各当番日者、不去御学問所、例参候面々随時御要、又和漢古事可語申之由云々、武州被奉行之、

一番　修理亮　伊賀左近蔵人

安達右衛門尉　嶋津左衛門尉

江兵衛尉　松葉次郎

二番　美作左近大夫　三条左近蔵人

後藤左衛門尉　和田新兵衛尉

山城兵衛尉　中山四郎
三番　安芸権守　結城左衛門尉
伊賀次郎兵衛尉　波多野次郎
内藤馬允　佐々木八郎

二月一日には和歌会が行われ、二日に設置された学問所番と共通する者もいるが、島津忠久は学問所番として挙げられているのみである。源実朝の紙侯人に名を連ねており、和歌でその才能を発揮することはなかったが、和漢の古事に関する知識は幕府内部で高い評価を受けていたのであろう。『吾妻鏡』においては苗字としての嶋津が使われているが、一二二七年（安貞元）終焉の記述では惟宗姓も登場し、最期まで「惟宗」を捨てることはなかった。実朝将軍期における幕府内の立ち位置は学問と深く関わっていたのである。

【史料11】

（一二一三・建保元年五月）七日丁未、天晴、勲功事、為宗分今日先被定之、（中略）
甲斐国波加利本庄武田冠者　同新庄嶋津左衛門尉
同国古郡加藤兵衛尉　同国岩間伊賀二兵衛尉
（以下略）

一二一三年に起きた和田合戦の論功行賞があり、島津忠久は甲斐国の所領を得ることになった。和田合戦は将軍の館が襲撃されたのであるから、忠久も昵近の者として防戦に尽くしたのであろう。この後、八月二十六日には実朝は大江広元邸に移り、このときにも供奉人の行列に島津忠久の名が見える(18)。また、一二一四年七月二十七日には新御堂と呼ばれた大慈寺の供養が行われ、北条政子が輿で渡御し、実朝も出御したが、これにも供奉人として加わっている(19)。

一二一六年七月二十九日には法印忠快が相模川において六字河臨法を修したが、将軍の出御があり、忠久は狩装束で供奉している[20]。一二一八年六月二十七日、実朝が左大将に任じられてその拝賀が行われた。衛府が左右に分かれて供奉し、忠久も加わっている。

さらに北条政子は実朝に実子が生まれないことから、後鳥羽院と交渉をしたが不調におわり、実朝の横死後は前代からのつながりで九条道家の子を下向させることになった。これが三寅で、一二一九年（承久元）七月二十五日には鎌倉に入った。この行列にも隋兵として忠久の名が見える。一二二二年（貞応元）三月八日には都から下った若君が病気となり、『吾妻鏡』には次のように記載されている。

【史料12】

（一二二二・貞応元年三月）八日丙辰、晴、自去夜、若君聊御悩、仍戌剋、於御所南庭被行月曜祭、大夫泰貞奉仕之、嶋津左衛門尉忠久沙汰之、

以上のように、三寅が病となり、沙汰を島津忠久が行っている。仏教の祈禱・陰陽道の祭を取り仕切っており、これも忠久の職能として幕府内で認められていたことになる。

【史料13】

（一二二四・元仁元年十月）十六日己酉、天変御祈被行之、嶋津左衛門尉忠久為奉行、又一方供料沙汰進云々、

愛染護摩	弁僧正	薬師護摩	左大臣律師
不動護摩	大進僧都	北斗護摩	信濃法眼
七曜供	助法眼珍誉	三万六千神祭	晴幸
天地災変祭	晴職	属星祭	信賢

太白星祭　　文元　　熒惑星祭　　重宗

天変にかかわる祈禱が島津忠久の奉行によって執り行われている。仏教五種、陰陽道五種の計一〇種の祈禱が行われた。この時期の鎌倉幕府にとって天人相関の災厄を払う最も合理的な方法であったのであろう。この後、一二二五年（嘉禄元）十二月には三寅（九条頼経）の新邸移徙の行事に供奉している。

【史料14】

（一二二七・安貞元年四月）十六日甲子、霽、近日世上頓死之類甚多、依之或舂餅、或煮粥食、所々有此事、今夜御所中被始之、又将軍家依御不例之事、今日於御所南門、被行鬼気祭、泰貞奉仕之、嶋津豊後守沙汰也、周防前司親実奉行之、

世上では飢饉が蔓延し、将軍も病に冒されたので鬼気祭が行われ、これを島津忠久が沙汰した。

【史料15】

（一二二七・安貞元年六月）十八日、（中略）辰刻、嶋津豊後守従五位下惟宗朝臣忠久卒、日頃脚気之上、悩赤痢病云々、

一二二七年島津忠久が卒した旨の記事が載せられる。『吾妻鏡』ではほぼ島津姓をもって統一し、官途は一二〇〇年から一二二四年に至るまで「左衛門尉」が見え、一二二七年には豊後守となっている。没年において「嶋津豊後守従五位下惟宗朝臣忠久」と見え、これが幕府における「惟宗忠久」認識の終着点となる。ただし、朝河はこの間に「島津家文書」において藤原姓を名乗ったことを挙げ[21]、次のように述べる。「忠久の晩年一二二一年七月十二日の文書に始めて藤原姓が称せられて、以後も此氏号が時々用ひられたが、猶も久しく惟宗姓を棄てず藤原と並用した」。これは、「可令早左衛門尉藤原忠久為越前国守護人事[22]」とあるもので、承久の乱のあとの勲功に関わって発給された鎌

倉幕府の下知状であることがわかる。同時に出された北条泰時の書状では、宛所が「嶋津左衛門尉殿」となっており、本姓を藤原としているのである。同じく承久三年七月十八日付の関東下知状には、「可令早領知左衛門尉藤原忠久、信濃国太田荘地頭職事」[23]とあり、承久の乱は藤原姓で戦い抜いたということになるのであろう。しかし、最終的に惟宗姓に復したことは【史料15】で見たところである。

三　惟宗忠久をめぐる社会構造論からの研究

惟宗忠久については、彼の特殊な立場を解明すべく一九七〇年代から八〇年代にかけて単なる頼朝落胤説の真偽論から脱して、当時深まりつつあった社会構造論的な研究の中から二人の中世史研究者が画期的な論文を発表している。一人は井原今朝男氏で、幕府の御家人制研究が中心であった惟宗忠久について発想を変え、もともと荘園体制を擁護する使命を負っていた摂関家の下家司であったことを明らかにした。[24]島津荘は摂関家領の荘園であり、一一八五年(元暦二)八月十七日の頼朝下文【史料1】によって下司職に補任されたが、従来衰勢の近衛家の立場につけ込んで頼朝の口入によってなされたものであると考えられていたのに対して、事実は逆であり、荘園領主側の要請があり、それに頼朝が応えたものであるとしたのである。その証左として『玉葉』治承四年五月六日条を挙げている。これは右近衛府真手結の日に見物する出車の先頭車の前駈侍を左兵衛尉忠久と内舎人定景がするというものである。まさに以仁王の決起の直前のことであり、ここに見える「左兵衛尉忠久」が惟宗忠久その人であると指摘した。井原氏は『山槐記』治承三年二月八日条をも示して惟宗忠久が左兵衛尉であることを裏付けた。忠久が御家人となる以前から、左兵衛尉という朝官を有し、衛府として王朝国家中央軍制下に編成されていた侍身分であることを明らかにしたのである。このようにして、井原氏は惟宗忠久の新たな位置づけを行ったのであるが、『玉葉』治承四年五月六日条は朝河が「島津忠久の生ひ立ち」の冒頭に近い「忠久誕生の年」の項で挙げた史料である。朝河は歴史的位置づけを行っていないものの歴史事実としての認識はもっていたのである。さらに【史料2】・【史料3】に明らかなように、惟宗忠久は島津荘下司職に補任される以前に武功をあげ、地頭職に補任されていた。荘園領主の地位を相対的なものとして捉えていたのであり、荘園領主層の期待を越えて、「地頭職」を荘園公領制の中に組み込むことに成功したといえよう。

近年、注目すべきもう一人の研究者は武士団研究から中世成立期の社会構造に迫る野口実氏である。論文「惟宗忠久をめぐって―成立期島津氏の性格―」(25)において、まず、東国の摂関家領荘園と武士団との関係を示し、その中で相模の波多野氏を取り上げ、現在残されている比企氏の系図がすべて比企氏の出自を波多野氏庶流としている点に注目し、両者の関係が深いことを指摘している。惟宗忠久が比企能員と深いつながりを有することを強調する従来の研究を一歩深めたものといえよう。さらに、『吾妻鏡』記事から陰陽道関係の諸役に携わっていることを挙げ、伝統的な惟宗氏の役割を継承するものであることを述べている。また、五味克夫氏の研究を踏まえて酒匂氏・本田氏・猿渡氏・東条氏らの被官層に着目し、これらが梶原氏、畠山氏ら滅ぼされた有力御家人に連なるものがあり、京侍としてさほどの軍事力を有していなかった忠久の苦心をみる。さらに、出自については、広く流布している惟宗広言説を排して、貴族・官人社会が官司請負・家業継承の中に置かれ、子が親とほぼ同じ官歴を歩む一般的状況からも、広言の父基言の少内記・少外記、広言の民部丞という官歴に左兵衛尉→左衛門尉→検非違使（廷尉）という武官の経歴をもつ忠久とは整合せず、「酒匂安国寺申状」に見える忠久の父を忠康とする事実に注目し、陽明文庫所蔵『兵範記』紙背文書にある一一六七年（仁安二）閏七月日付「惟宗忠康申文」と『山槐記』除目部類の仁安三年一月十一日条により、惟宗忠康こそが忠久の父であると指摘している。出自に関する論争はこれによってひとまずの結論を得たことになる。

また、南九州地域の研究を続けた江平望氏は『島津忠久とその周辺』およびその改訂版を作成、島津忠久に関する専著を刊行している。さらに、保立道久氏は近衛基通—比企尼—惟宗忠久の間の連絡ルートを想定し(26)、東国における治承・寿永年間における忠久の東国方面での活動に関する解明の方途を見出しつつある。

四　惟宗忠久の出生をめぐる研究の流れ

惟宗忠久の出生をめぐっては、その説をめぐって中世以来様々な意見が取り交わされてきた。明確に跡づけられる最初は『山田聖栄自記』に見られる意見であり、『尊卑分脈』によって、公家・武家の系図が整えられるさいにその集成が行われる。さらには、近世初頭に各藩において系図が整えられ、幕府がその集大成を行った。これらを基礎史料にして『大日本史』の編纂が行われ、列伝の部で実証性のある研究が芽生えていった。派生的に各武士のルーツ探し的な調査も行われるようになる。明治期に入ると、近代実証主義を基盤とする系譜研究が進むこととなり、歴史研究者による研究が進められるようになる。本稿が対象とした朝河貫一の研究もこのような中で位置づけられるものであろう。本節では改めてその流れを追って朝河貫一が行った研究の意義を明確にしたい。

1　酒匂安国寺申状

朝河は「酒匂安国寺申状」について、「忠久死後四五十年頃に其孫久時と市来政家との系図相論のあったことを

『酒匂安国寺申状』に記してある」とし、[27]さらに一五世紀前半に成立した安国寺申状には信濃島津家が近頃源氏を唱え出したように書いてあると指摘している。[28]このような惟宗忠久に関わる基本的な問題を扱っているが、その根拠となる史料的な提示は行っていない。ここでは五味克夫氏の「安国寺申状」翻刻[29]に依拠して関連部分を掲載する。

【史料16】

一　忠久御為には御孫、忠義の御ためには御子七男久時と申はあそ谷殿の先祖薩摩国の守護代にて在国候ける間、市来政家と申人申されけるハあまりおんこの仁のやうにおほしめされ候、島津殿も我等か家より御出候て惟宗にてわたり候物をと申されける間、久時の方よりハ同惟宗なから格別之由被仰ける程ニ両方よりの系図を奉行所へ被出候、大隅守修理亮久時の方よりハ元祖蘇我大臣以来民部大夫広言、忠康、忠久と御出候、政家の方より宗大納言より以来忠康・忠久と被出て候、為後日我ら方にも書付置て候、執印方にも少もたかハす書付をかれ候、先年京都にのほりて候時、みかた殿をたつね申て候へは惟宗氏にて候よし被仰候間、系図を所望申て尋て候、久時の奉行所へ被出候かハらす候、信のなかぬま殿様をたつね申候へハ頼朝の子孫にて候間、源氏にて候へと上意ニ候とて近年より源氏にてかゝせ被申候、久時むほんをゝこし薩摩国を押領候間、久経御下候て国を取りかへされ候てより御一家には守護代をもたせへからさるよしをき文をゝかれ候由承候、

これによれば、惟宗忠久の孫にあたる久時が守護代として在国している時に（一三世紀後半ごろのこと）、市来政家という人物が、久時の恩着せがましい態度がすぎるので、島津家も我々と同じ家から出た惟宗ではないかと主張し、双方が系図を奉行所へ提出することになった。久時の方からは民部大夫広言—忠康—忠久と出され、市来政家側からは宗大納言から忠康・忠久と出された。両者惟宗姓である点では一致を見た。京都に上ったおりに若狭島津氏に尋ねたところでは惟宗姓であった。しかし、信州のながぬま殿に聞いたところでは源氏だということが上意であった、と

要約できるであろう。したがって、この記述による限り、一二世紀後半の段階では惟宗をもともとの姓としており、頼朝落胤伝説は、薩摩国において普及していなかった。しかし、酒匂安国寺の時代になると信州の島津氏では源氏姓説が広まりつつあったらしい。

2　『山田聖栄自記』における惟宗姓

山田聖栄は俗名を忠尚といい、聖栄が本名であり、一三九八年（応永五）の生れで、一四七〇年（文明二）ごろから自分が見聞したことを筆記し、一四八二年、八十五歳にして数巻をまとめたことが知られている。[30] 写本の伝来が複雑ではあるが、五味克夫氏の整理によりその全体を見ると、頼朝落胤説の伝承がほぼできあがっていることがわかる。

【史料17】

一　嫡子頼家次男実朝雖御座有と、当腹と云、遠国なれハ二位殿思召煩而御吟味之処ニ、有人申様、比企判官の妹丹後之御局の御腹に頼朝御子男子御座有、二位殿御妬深きにより忍まします、十三に御成候、押立殊更他に勝給事、世に無隠、我御子を厭心に申、此謂を時政ニ申、則畠山に給る、是尤可然とて頼朝に披露あり、猶も二位殿を憚有りけるか、夫者重忠はからひと仰下る、仍御烏帽子如何と申されけれハ、畠山親として男になすへし、此時ハ媒酌も入ましきとて、左折之御烏帽子、源氏恒例として召セ、名乗をも忠久と申、此字は重忠の忠之字を上申さる、頼朝の御免有る上ハとて聟に取申、同陸奥国の先手御大将に御越候、

比企判官の妹である「丹後局」に頼朝の子ができ、十三歳になった時に立派に成長したが頼朝は北条政子を憚り、北条義政に相談したところ、畠山重忠に給るべきであるとの返答があったので、頼朝もそれに応じたというのである。ここでは後に一般化する「丹後局」の西への逃走と彼女が惟宗広言を夫とする話は登場せず、惟宗姓がほぼ忘却され

た段階の物語が展開しているのである。ただし、『山田聖栄自記』の中で前出の「酒匂安国寺申状」にかかわるエピソードは次のように紹介される。

【史料18】

一　久経法名道忍ノ御代薩摩守護代に六番目御舎弟久時、阿蘇谷殿被置候処、国をも雅意に計ひ、地頭御家人にも無礼に候、中ニ市来政家ノ儀、嶋津殿と申も、我等か家よりこそ御出候と被申候、左様之儀ニ付て、文注所系図被出候、忠久之時より氏は藤原姓に成、惟宗氏被改候と被仰、依久時国をも雅意計被成如押領被企候、依久経御下有之守護代被取返候畢、

ここでは島津久時が系図を提出したことは記されないが、市来政家の主張はより明確に把握されており、「守護代嶋津久時が偉そうにしているが、先祖をたどれば我々と同じ惟宗氏の出身だ」と申し立てたというのである。島津久時の突出した行動が在地武士の反感をかったわけだが、これが大きな契機となって島津氏側は頼朝落胤説の構築を開始することになったのであろう。薩摩の他の武士との差別化を図ろうとする島津氏の意図が鮮明になってきたのである。その中心的な位置にいたのが山田聖栄であることは【史料17】から明らかであり、【史料16】によれば久時側が提出した系図も惟宗姓であったので、山田聖栄は故意にその記述を避けたと考えるべきであろう。

3　浅羽成儀による系図作成と吉見系図

『大日本史』などが惟宗忠久の生い立ちを論ずるさいにしばしば引用される史料に「吉見系図」がある。この系図は源頼朝が治承・寿永の内乱にさいして、平家追討軍の司令官とした源範頼を始祖とするもので、冒頭のところに詳しい注記があり、「島津忠久の生ひ立ち」においても約二〇ヵ所で引用されている。冒頭の注記は次のようなもので

ある。

【史料19】（群書類従本「吉見系図」源範頼注記）

清和天皇十代、左馬頭義朝息男、右大将頼朝舎弟、母遠江池田遊女、於遠江窯御厨出生之間、号蒲冠者、三河守、従五位下、為頼朝名代、西国合戦之時為大将、平家追討、帰陣時於芸州土肥次郎実平令相談、令建立一寺、号米山寺豊田郷ニ有真露山、於于今範頼実平之木像在彼寺、其後建久四年八月日家人当麻依逆心、範頼伏罪、豆州号流罪、於武州金沢父子二人郎従四人以上六人被誅、其廟在金沢、初頼朝十四歳之時、永暦二年三月廿日伊豆国流罪之時、平家恐権威、国人不与一食、頼朝乳人比企局、其比武州比企郡少領掃部允妻女也、三人之息女在之、嫡女者在京、初奉仕二条院、号丹後内侍、無叢歌人也、密通惟宗広言生忠久、其後関東下向、藤九郎盛長嫁生数子、比企禅尼二女河越太郎重頼妻也、禅尼三女伊藤九郎祐清妻也、頼朝牢浪之間、比企禅尼令哀憐、武州比企郡ヨリ運送粮、又三人聟ニ命ジテ奉扶助コト及廿年余、然而頼朝天下安治之後、聟三人之内伊藤助清平家ニ随ヒ討死。其妻頼朝之一門平賀義信給ハル、其腹之子朝雅頼朝一字給、北条時政聟トナル、扠又比企禅尼聟藤九郎盛長武州足立郡給、盛長女範頼之内室給、二番目聟河越重頼武州多磨郡給、重頼女義経内室給、比企禅尼子息能員、比企禅尼孫島津忠久日向国守護職給、是元暦二年八月十七日御下文被下、禅尼報恩之由被仰、去程建久四年八月範頼生害之時、嫡子六歳にて同生害、二男三男四歳二歳、二人子有之、盛長妻丹後内侍女ナレバ、比企禅尼幷内侍命申請、即二人令出家、比企之内悲光山之別当トナル、範円源照是也、雖然凡僧ニテ不守戒法、在子、比企禅尼比企郡六十六郷之也、其子吉見庄興、号吉見三郎為頼、吉見先祖是也

【史料20】（続群書類従本「吉見系図」奥書）

此系図元来吉見氏苗裔所蔵武州氏寺也、浅羽氏写之、

今以浅羽氏家蔵本写之者也、

延宝七年五月念八日　　　　　彰考館識

【史料19】に見られるように吉見氏の「始祖」源範頼の経歴を説明する注記が異様に詳しい。実質的には比企尼を中心とする記述であり、彼女の三人の娘とその聟によって、伊豆北条氏や相模三浦氏とともに初期鎌倉幕府を背負う比企グループの存在が示され、源範頼の悲劇の中で子孫が絶えることのなかったことが説明されている。通常、系図は当事者の家系を誇るために作成されるものであり、他氏の女性の力により家系が保ちえたことを示すものはめずらしい。このような経緯は第三者により書き加えられたものであると見て良いのではないか。

この点で、青山幹哉氏の考察が示唆を与えてくれる。(31) 江戸幕府の書物奉行浅羽成儀（?—一六八七年）は種々の系図を書写し、「浅羽本系図」の原型を作り、その子昌義（一六五六—一七二八）は彰考館に入り、系図作成などに従事するとともに、所持する「浅羽本系図」を水戸藩で作られた『諸家系図纂』の原本として少なくとも十数点を書写させたのであった。さらに、『諸家系図纂』から『群書類従』系図部に何点かが転写されたのである。この過程は「吉見系図」においても内閣文庫本『諸家系図纂』で確認できるところであり、「源範頼注記」が存在するのは、続群書類従本と同様であるが、続群書類従本では「源範頼注記」の次に「ィ東鏡文治三年十月十三日畠山次郎重忠ヵ所領伊勢国沼田ヲ召放タレ吉見次郎頼綱ニ充行ハル云々」（Ⓟと仮称）があるのに対して、内閣文庫『諸家系図纂』には別筆で頭注として付け加えられている。また、同じ別筆で「閥閲録巻六所載吉見系為頼建仁元年卒」（Ⓠと仮称）が加えられている。吉見為頼を範頼の子息範円の子とする。この記述では、為頼を「吉見先祖是也」とする。つまり、水戸藩で「浅羽本系図」の「吉見系図」を『諸家系図纂』に入れるとき、彰考館に入った浅羽昌義は新たな考証を行ってそれを「吉見系図」に記入したと考えられるのである。その痕跡を重んじた『続群書類従』の編者はイ表記などして刊行したのであった。この「群書類従本」が普及し、近世後期から現代の研究に至るまで使用されてきた。【史料20】にあるように「吉見系図」はもともと武蔵国の吉見氏の子孫の氏寺にあったものを浅羽本系図に取り込み、それを彰考館で写したものであった。したがって浅羽成儀が収集した一本として存在し、それが『諸家系図纂』にも入れられたのであろうが、この後者の段階で若干の考証が行われ、その痕跡が残っていることは先述の通りであり、これは浅羽昌儀が行った可能性が高い。さらに他の「吉見系図」に当たると、内閣文庫本の『系図纂要』所収「吉見系図」には【史料19】のほぼ全文が存在しないことがわかる。『系図纂要』は原本に忠実であることからすれば、武蔵国に存在した吉見氏の氏寺が所蔵していた原本には【史料19】が存在せず、浅羽成儀がその博識をもって加えた注記であったと推定される。なお、『系図纂要』所収の「吉見系図」には、石見吉見氏を一家の内に取り込んだ毛利氏の近世における系譜が記され、「続群書類従本」よりもこの面で一層の展開を遂げている。

埼玉県吉見町には、「吉見御所」があり、範頼の居館と伝えられる。「吉見系図」本文では全く記されていないが、『諸家系図纂』、『続群書類従』の吉見系図の奥書にある武蔵国の氏寺が「吉見御所」に関連するものであろう。

【続群書類従本（A）、諸家系図纂本〈彰考館本〉（B）、系図纂要本〈内閣文庫〉（C）、尊卑分脈（D）】の比較

（A）は注記の末尾にイ本としてⓅの記述、吉見次郎頼綱について掲載。（B）では頭注風に字体を変えて記入。Ⓠの記述も同様に（A）では本文に見えるが、（B）では後筆の記入。『萩藩閥閲録』に為頼の記述がある。能登下向が記されている。『閥閲録』は一七二〇年（享保五）に着手し、一七二五年に完成。（B）に見える注記はその後に追加されたはず。彰考館本に追記されたものか。（C）は（A）・（B）に比して近世初頭の人物を詳しく記す。萩藩での書き込みになるのであろう。（D）は範円を祖とする吉見氏の系図を載せる。石見吉見氏には至らず、島津忠久、忠季および大友義直を頼朝息として点線で入れている点に注意が必要である。（D）・（C）には源範頼条に見られる比

企尼の詳細な注記が存在しない。以上のことからこの四点の「吉見系図」について、次のような仮説を立てることができるであろう。

（D）〈基本的に中世末までの情報で、吉見系図は独立していない〉→（C）〈吉見系図の古本に萩藩により石見流吉見氏が詳細に書き込まれる〉→（B）〈浅羽成儀が古体の吉見系図を「浅羽系図群」に取り込む過程で、源範頼条に比企尼に関する情報を加える。浅羽昌儀が彰考館の系図群に取り込む過程で若干の書き込みをする〉→（A）〈浅羽昌儀の分は書き分けることができたが、成儀分は系図の記述として扱った〉。現在に至るまで「続群書類従本」として扱われてきた「吉見系図」については、以上のようにその成り立ちを考察することが可能であり、その上で歴史的役割を論ずべきであろう。

4『大日本史』の考証

水戸光圀は一六五七年（明暦三）に江戸駒込に史局をスタートさせる。「本紀」と「列伝」のかなりの部分は光圀の存生中にできあがる。「源頼朝」が『大日本史』第一八〇巻列伝に載せられている。島津忠久の出生についてその割書部分に詳しい考証がある。

【史料21】

印本尊卑分脈島津忠久大友能直並為頼朝子、然古写本皆無所見、且云頼朝無子孫、印本所載、未知何拠、島津家伝曰、比企能員妹丹後局寵于頼朝有娠、避政子嫉、潜赴西国、過住吉社産子、即忠久也、為惟宗広言聟、冒姓惟宗、建久七年謁近衛殿、許称藤原、而三長記建久九年、東鑑安貞元年、並書惟宗忠久、不称藤原、其説既可疑、且東鑑粗載忠久事蹟、而不言為頼朝子、拠除目大成鈔、則久寿二年、忠久以藤原頼長薦任播磨少掾、是時頼朝僅八歳。其非頼朝子明矣、吉見家譜以忠久為広言之子、其説近是、臥雲日件録或為義朝子、然保元平治乱、忠久既長大、時義朝諸子皆従軍、而忠久無所見、亦為可疑、大友系図曰、大友経家女利根局為頼朝妾有娠賜之斎院次官藤原親能、生能直、冒親能姓為藤原、以外祖氏称大友、而東鑑亦不言為頼朝子尊卑分脈云、能直秀郷之後、而近藤能成子、為親能所子養、其説不合、島津家伝又曰、忠季亦頼朝子、丹後局所生、而若狭国税所今富領主次第為頼朝乳母之子、亦不合、結城家譜云、結城朝光亦頼朝子而其説又以其母為頼朝乳母、

活字本の『尊卑分脈』に島津忠久と大友能直がそろって頼朝の子となっていることを取り上げ、その根拠が不明であるとした上で、『島津家伝』の説を引用し、比企能員の妹である丹後局が頼朝の子を孕み、密かに西国に行き住吉社で忠久を生み、忠久は惟宗広言の聟となり、惟宗姓を継ぎ、一一九六年（建久七）に近衛に拝謁し、藤原を「詐称」したことを記したとしている。『三長記』の一一九八年、『吾妻鏡』の一二二七年（安貞元）に惟宗姓を使用していることを考証し、藤原説を否定する。しかし、藤原姓も『島津家文書』に見えるところであり、この辺は『大日本史』の勇み足だが、『島津家伝』が繰り広げた頼朝落胤説に対してきわめて懐疑的であり、史料収集を綿密に行って歴史を記述しようとする彰考館的な実証主義が前面に押し出されており、近世島津氏にとってはこの『大日本史』への対応が大きな問題となる。

5　大森金五郎による考証

近代的実証主義を体現した一人に大森金五郎がいる。(32) 彼は、『大日本史料第五編三』にある惟宗忠久没年記事より『嶋津家譜』、『島津国史』によってその大意を述べた後で、吉見系図源範頼条を続群書類従本より参照し、さらに『大日本史』の記応に至っている。『大日本史』の中で頼朝落胤説を否定する根拠として使用されている『除目大成

抄』の原本を調べたところ、一一五五年（久寿二）の項で播磨少掾に任じられている惟宗忠久は別人であるという結論に達している。その上で「丹後局」と頼朝との関係は潔白であると主張するものであり、頼朝落胤説を否定する結論となっている。

6　松下重資による鹿児島県郷土史研究からの考証

惟宗忠久の生誕を一一七九年（治承四）とし、頼朝落胤説を固守しており、史料の解釈も総ての基点をここに置いているのである。[33]一九三二年（昭和七）においては、鹿児島県内においてもきわめて少数意見であったと思われる。ただし、薩摩藩内部の資料を豊富に提供している点は看過しえぬものがある。「島津忠久の生ひ立ち」で分析された第四系の階梯は斉彬・久光の行動がよく伝えられているが、これらは島津家編輯所に架蔵された資料をもとにしたものと思われ、朝河貫一の立論は第二章第四節「皇胤説に関する研究」に依拠しているところが見受けられる。

【史料22[34]】

島津斉彬公は前記の諸説に疑問があったものと見え、嘉永五年に、伊地知季安に命じて、忠久公の古伝に関する記録を蒐集し、其の秘譜を選ばしめられたが、安政四年五月に、その秘譜が成就して、季安よりして、斉彬公に呈したのであった。

文久二年に、島津久光公が京都に在るの時、近衛家で島津忠久公の肖像を拝せられたことがあった。同時に、其の原本は、栂尾高山寺に在ることを聴いて久光公、藤井宮内、井上大和、町田孫一郎の三人を高山寺に遣って、忠久公の肖像と、其の由緒書を複写せしめられ、元治元年の冬に、更に伊地知季安等に命じて、其の肖像や由緒書の真偽を、考えしめられた結果、慶応元年九月に至って季安は「得仏公真像、及両荘由来。」を著した。

この記述によれば、一八五二年（嘉永五）に島津斉彬は、『薩藩旧記雑録』などの編纂に当たっていた記録奉行の伊地知季安に命じて島津忠久の古伝に関する記録を蒐集させ、「秘譜」を作成させた。この「秘譜」が一八五七年（安政五）に完成し、斉彬に献呈されたのである。一八六二年（文久二）に至って島津久光が、おそらく「秘譜」を読んで関心を高め、近衛家に伝わる忠久の肖像を拝し、さらにその原本を求めて栂尾高山寺に家臣を派遣し、伊地知季安に命じて肖像と由緒書の真偽を確認しているのである。

『島津創業史』では、第二章「島津家の系統考」の第四節「皇胤説に関する研究」において「秘譜」を約四ページにわたって紹介している。ただし、「秘譜」の原文引用はなく、すべて松下重資により咀嚼された文章となっている。これを受けて、「惟宗忠久の生ひ立ち」では、三六二ページから三六三ページにかけて『島津創業史』の記述に沿って一二段階に分けて、次のように伊地知季安の説を詳述している（やや煩瑣ではあるが、主語などを補って、できるだけ朝河の記述に従った）。

（イ）忠久は以仁王の第三子で、母は比企尼の長女丹後内侍である。
（ロ）丹後内侍は一一六五年二条院崩御の後もなお宮廷に仕えた。
（ハ）丹後内侍の所へ二条院の弟である以仁王が訪れるようになった。
（ニ）丹後内侍は一一六七年十二月に忠久を産んだ。
（ホ）丹後内侍は二十三歳のときである（朝河は実年齢に一歳のズレがあるとする）。
（ヘ）丹後内侍は惟宗広言に嫁した。
（ト）忠久は一一七四年に八歳で、仁和寺の隆暁（守覚法親王）に七年間学んだ。
（チ）一一八〇年、以仁王の挙兵失敗により忠久を出家させ、得仏という法名で寺から出した。

（リ）得仏は、丹後内侍が安達盛長に嫁していたので、そこに身を寄せることになった。
（ヌ）頼朝は安達邸を訪れ、忠久が以仁王の落胤であることを知り、寵遇した。
（ル）一一八五年には、忠久は畠山重忠の加冠により、元服。娘を忠久の嫁とする。
（ヲ）一一八五年十月、後白河法皇は二口の刀を頼朝に送って忠久に与えた。
（ワ）頼朝は、自刀を加えて三口の刀を忠久に与えた。
（カ）一一八六年、忠久は九州に赴くため発向したが、京で後白河法皇に謁したとき、法皇は忠久が以仁王に似ているため、いとおしく思い、高倉殿に留めおいた。
（ヨ）頼朝は畠山重忠に命じて忠久の九州下向を促した。

（イ）～（ヨ）は、朝河によるノートというべきものであり、基となる松下重資の文章は、直接話法と間接話法が入り交じり、独自の考証がなされていて、「秘譜」の原本の状況を留めていない。ここまで整然とまとめられたのはいつにかかって朝河の研究能力の賜物である。おそらく、朝河自身も「秘譜」の原本には当たっていないと思われる。「皇胤説に関する研究」が松下重資による創作であるということはないと思うが、『薩藩旧記雑録』を編纂した伊地知季安の近代実証主義に通ずる文書収集主義と「秘譜」の内容にはあまりにも隔たりがあり、非常に気になるところである。伊地知季安ほどの人物でも近世の史学者は浄瑠璃本作者のような意識構造であったのであろうか。それとともに、黎明館の創設・運営で知られる開明的な島津斉彬にして、一方で始祖の系譜に拘泥していることに驚くほかはない。

7　九州中世史料の網羅的採訪期の考証

第二次世界大戦終了後、九州地域における中世史料の収集は急速に進んだ。その中心にあったのは竹内理三である。一九四八年に東京大学史料編纂所から九州大学法文学部に赴任し、九州各地で史料調査に当たった。島津荘の成立に関して多大な関心を寄せ、その構造を解明する一方、惟宗忠久にも少なからぬ興味を示し、「島津氏源頼朝落胤説の起り」という小論文をまとめている。(35)これは大隅半島の志布志で調査をしているときに、島津源姓説の成立事情と時期を明瞭に示した文書を発見したというものである。江戸幕府が寛永年間に各藩の系譜をまとめ、「寛永諸家系図伝」を作成するが、その時に、薩摩藩では源義朝からの系図の作成を試みるが、忠久の名をはめ込むことができなかったというものである。大森金五郎から竹内理三に至るまで、島津氏源頼朝落胤説は、近代の実証的な研究者にとって常に心にかかる問題の一つであったらしい。竹内理三としばしば調査をともにした鹿児島大学の五味克夫は、幅広く島津氏関連史料の原本を調査し、翻刻しており、良質な史料が提供された。本稿においても、すでに【史料16】の「酒匂安国寺申状」や【史料17】の『山田聖栄自記』などで、テキストとしての恩恵を受けている。竹内理三は一九五三年に東京大学史料編纂所にもどるが、地方自治体の県史、市町村史などに引き継がれ、『薩藩旧記雑録』など伊地知季安の史料集も刊行されるようになった。このような学術的環境が高まる中で、「島津忠久の生ひ立ち」も新たな評価を受けるようになった。その一例が鹿児島短期大学に長く勤務した三木靖の研究である。その著『戦国史叢書一〇薩摩島津氏』(36)の第二章「島津家の系譜」で島津氏の系譜意識を幅広く論じ、「五味克夫氏の方法」の一項を設けるとともに「朝河貫一「島津忠久の生ひ立ち」の方法」の項を設けて方法論的に詳述している。それまでも朝河論文に触れた論考はあったが、その方法全体を俎上に載せたのはこれが最初であると思われる。「系譜に関する伝承を、比較・定量化してその史実としての可能性を追究する独自な方法で、忠久をめぐる歴史的事実と伝承成立過程について明らかにした。(中略)島津氏の個別的な研究上はもちろん、科学的歴史学の系譜研究上においても画期的な金字塔であることを指摘するにとどめたい。」とあり、系譜研究上の成果として高く位置づけた。次節ではこのように高く評価された系譜研究上の方法を見ることにする。

五　「島津忠久の生ひ立ち」の構成と朝河による忠久出生伝説の四階梯

以上のように、本稿では惟宗忠久に関する史料を収集し、現在の研究水準と照合して多方面から検討を加えた上で、「島津忠久の生ひ立ち」を分析するという方法をとっている。ここで改めて朝河論文の構成を見て彼の目指したものを考えてみたい。本論文は明瞭な章立てを有していないが、構成はほぼ次のようなものである。

①　忠久誕生の年
②　丹後内侍—比企氏であったか、忠久であったか
③　丹後局と丹後内侍
④　惟宗広言—広言と忠久、伝説の由来、伝説の活力
⑤　源頼朝、畠山重忠、近衛基通—頼朝伝説の漸成、この説を疑うもの、改めるもの、政子の嫉妬、重忠との関係、基通との関係、基通に重用された理、頼朝に重用された理、頼朝説の動機
⑥　高倉宮以仁王—説の根拠、説の影響と責任
⑦　結論—伝説の地盤、伝説の四体系四時階、近世改造の例、諸点の史値の評価、史学的価値と現実、史学的改造

（A）①〜③は史料の提示

いわば助走路。長大な論文で使用される主な史料が提示されており、マジック・ショーで、主な素材が紹介される

最初の儀礼的な場面に似る。しかし、すべてのからくりはここにすでに仕掛けられている。結論的な次の文章に注目すべきである。『『玉葉』には一一八〇年五月六日右近衛真手結の密々見物を記する条に、出車先駈侍の中に左兵衛尉忠久を挙げる。これが同人ならば、其時に忠久を十八歳程の壮年としても、聖栄の一説と同じく一一六三年の誕生となる』。②において比企氏の出自で「丹後内侍」と呼ばれる女性が、安達盛長の妻として存在したが、これが本来後白河法皇に仕えて権勢を振るった丹後局と混同され、『島津国史』など、後に薩摩藩が作成する史書に登場することが述べられている。この混乱は③で触れられているように近代にまで引き継がれる。

（B）④で上昇し、展開する伝説

「伝説の活力」を確認し、島津忠久の出生伝承が鎌倉時代においてどのような展開を遂げたかを明らかにする。その中心にあるのは源頼朝ではなく、ここでは惟宗広言である。惟宗広言は院政期における文官の受領で、文章生を経て大宰少監、式部丞となり、一一五五年（久寿二）年には正六位下となり、一一六〇年（永暦元）には正五位下となっている。今様の名手で、後白河法皇に近侍したことが知られる。永享年間に作成された「酒匂安国寺申状」によれば、一二七九年（弘安二）から一二八四年の間に島津忠久の孫の久時と市来政家が系図相論をし、久時は広言を忠久の父としたのである。これも一つの伝説ではあるが、展開する力を有した「活力」のある伝説であるという。しかし、中世の中でも次第に頼朝父親説が台頭するとする。

（C）⑤で頼朝落胤説の登場

源頼朝伝説が本格的に登場し、「落胤」の一方の主役である政子が登場し、嫉妬論が語られる。島津荘下司職の補任問題から近衛基通との関係が示され、源頼朝と近衛基通との関係が成立する年代的考証。丹後局（高階栄子）と丹後内侍についての混同が近代の歴史研究者にもしばしば見られることを指摘する。(37)

（D）⑥は以仁王の落胤説

幕末に島津斉彬が伊地知季安に下命し、報告書を提出させたことがあり、さらに島津久光が重野安繹に命じて再度調査をさせたが、確証を得られずに終わった。松下重資の著書『郷土史大系』[38]に紹介した資料により朝河は詳細な考証を加えている。薩摩藩の記録にも登場せず、伊地知季安の報告によってのみ知りうる説であるが、『島津国史』などの頼朝落胤説の弱点である忠久の生年（一一七九年〈治承三〉）について齟齬のないように考証されるなど、薩摩藩が他からの論難を防御する目的が明瞭に読み取れるものである。幕末の薩摩藩は源氏への結びつきでは満足せず、皇統に繋がる説を模索した。朝河は、⑥に限らず、松下重資の著書を論駁することを当面の課題としていた。

以上から忠久の出生伝説を次のように四階梯にまとめている。このようにして伝承自体がまとめられ、その階梯が歴史的に論じられた点は、主に文書の照合によって歴史事実を論じる日本の近代実証主義を一歩抜き出るものであった。

◇第一系の伝説群（一三世紀前半の成立）

忠久と近衛基通に関わる伝説であるが、藤原氏に臣従した史実は早く忘れられる。鎌倉幕府御家人としての輝かしい経歴が史実として存在する。

◇第二系の伝説群

惟宗広言と丹後内侍に関わる伝説を中心とするもの。この伝説群は第一系から第三系に至る幅広い年代幅を有する。惟宗広言を父とするだけのものであれば一三世紀後半のやや遅い時期には唱えられており、それは真実そのものであった可能性もあり、そうであれば第一系以前の問題にもなりうる。島津氏宗家が、薩摩の惟宗姓諸家の系図に忠久の父が広言であることを知ったのちに広言説を採ったのであれば、当然第一系より遅くなる。惟宗広言と丹後内侍の密通説は一三世紀後半の系図相論には見えないので、単独の広言説よりは遅い。

◇第三系の伝説群

源頼朝と丹後内侍の密通を中心とするもので、薩摩藩の中では正史的な扱いを受けている。

◇第四系の伝説群

以仁王落胤伝説群であって堕胎の形で滅した。島津家自身もはや虚託の装飾を必要としない時代となっていた。

おわりに

本稿では、鎌倉幕府成立と惟宗忠久との関係をまとめる中で、朝河の仕事の再検討を行った。前者は朝河が随所で行う史料名の提示を受けてできるだけ原文に即して考察してみた。その結果、惟宗忠久という人間の歴史的役割が浮かび上がってきたのである。それは、源頼朝自身でさえ、明確なイメージを摑みかねている文治・建久期の「地頭」・「守護」・「図田帳」について、自己の持ち場で懸命にそのあり方を追求し、頼朝の晩年に解答を作り上げることができた。千葉氏や天野氏が抱いた惟宗忠久に対する南九州における武勲への疑念も解けたのである。これが幕府中枢部に受け入れられ、「島津忠久」として受領名を得られる地位へと上昇することができたといえる。

朝河が「島津忠久の生ひ立ち」を執筆する直接的な契機となったのは、一九三二年（昭和七）に刊行された松下重資の著書であった。朝河は当論文執筆時点で研究者としての地位を確立しており、「島津忠久」の出自に世界的に見ても希有な伝承体系を見出し、客観的に分析することを目指した。したがって、西南雄藩に対する個人的感情や「真偽を明らかにする」といった初期的実証主義は、彼の問題関心の中で克服されており、すでに後景に退いていた。

彼の最大の関心事は、伝承がどのような事実の上に構築され、長い時代の中でどのように有効性を保ち、取捨選択されていくかである。執筆過程でマルク・ブロックの『王の奇跡』[39]が意識されていたことは十分に考えられるところである。しかし、朝河の場合にはもはや若い留学生のようにアナール学派の方法論を丸呑みするように受容することはなかった。日本の「文明開化」や「近代化」の裏に潜む特異な系譜意識に関心を持った朝河は、それを冷厳に分析して解剖し、我々に提示したのである。その方法は近代実証主義を踏まえたものではあったが、一九三〇年代の日本史学界の中では、その論旨構築の方法自体が異質なものであった。

注

（1）山岡道男・増井由紀美・五十嵐卓・山内晴子・佐藤雄基『朝河貫一資料　早稲田大学・福島県立図書館・イェール大学他所蔵』（早稲田大学アジア太平洋研究センター、研究資料シリーズ五、二〇一五年）の付録1「朝河貫一年表」による。

（2）入来院は中世における薩摩国内の行政区の一つ。ほぼ「郡」に近い。摂関家領である島津荘に吸収され、荘園と国衙に両属し、収取体系上は半不輸で、一般的に「寄郡」と呼ばれた。海老澤衷『荘園公領制と中世村落』（校倉書房、二〇〇〇年）参照。

（3）本来の書評論文であれば、その著書の論旨をくみ上げ、その骨子を紹介し、自説との比較検討を行い、さらに自説を展開させることになるが、ここでは論文の冒頭で、「余の妄評を以てすれば、啻に疑問を解決されないのみならず、却って解決から一層に遠ざかられた点もある」とし、史料収集のみの評価にとどめ、昭和期に入ってもなお残る薩摩藩の因襲的な意識を見出して、それに立ち向かう姿勢を見せている。

（4）源頼朝発給文書を掲載するにあたっては黒川高明『源頼朝文書の研究　史料編』（吉川弘文館、一九八八年）に依拠した。黒川氏は二〇一四年に至って『源頼朝文書の研究　研究編』を刊行された。ここで改めて論稿「源頼朝文書における疑偽文書について―「検討ノ要アリ」の文書を中心に―」を掲載され、偽文書および疑わしい文書に関して詳しい考察を行っている。一部島津家文書も含まれており慎重に検討していきたい。

（5）「島津忠久の生ひ立ち」二八二頁において、この頼朝下文の存在を明らかにするが、古文書学的な検討は行っていない。

三七三頁においても「一一八五年下文」として引用。

(6) このほかに信濃国塩田荘地頭職も惟宗忠久が得ていた。

(7)「島津忠久の生ひ立ち」二八二頁。ただし、文書としての日付の明示はなく「伊勢二箇所の地頭にした」という記述のみ。

(8)「島津忠久の生ひ立ち」二八二頁。前掲注(7)に同じ。

(9) 海老澤衷「島津荘内薩摩方地頭守護職」に関する一考察」(初出『史観』九八、一九七八年、後、『荘園公領制と中世村落』所収)。この論文は、島津荘内における惟宗忠久の地頭職には、①荘全体に関わる政所を統括するものと、②荘を構成する各郡を没官領として成立したもの、という二つの惣地頭職から成り立つものであることを明らかにしたものである。彼が下司職を得てから没するまでの四二年間を四期に分けて考察した。第Ⅰ期・下司職に補任されてから薩摩・大隅の守護職に補任されるまでの一一八五～一一九七年、第Ⅱ期・日向国を含めて三国の守護職を収公されるまでの一一九七～一二〇三年、第Ⅲ期・「島津荘地頭職」に還補されるまでの一二〇三～一二一三年、第Ⅳ期・鎌倉で没するまでの一二一三～一二二七年である。

(10)「島津忠久の生ひ立ち」二八二頁。「信濃一処の地頭とし」とあるのみで具体的な地名は記されていない。

(11)「比企一族と信濃、そして北陸道」(黒坂周平先生の喜寿を祝う会編『信濃の歴史と文化の研究 (二) 黒坂周平先生喜寿記念論文集』一九九〇年)。

(12)「島津忠久の生ひ立ち」二八二頁。

(13) 黒川高明氏の『源頼朝文書の研究 史料編』において、この前後で偽文書としての疑いを受けずに「地頭職」が安堵されているのは、文治三年十二月一日付の源頼朝袖判下文で下野国寒川郡阿志土郷の地頭職であろう。これは小山朝光の母に安堵されたものである。「地頭職」安堵の確実な例は非常に少ない。その中で惟宗忠久の例はきわめて貴重である。

(14)「島津忠久の生ひ立ち」三八一頁。

(15)「島津忠久の生ひ立ち」三八三頁。この頁では、守護職補任に関して鋭い追究を行っている。一一九七年(建久八)十二月三日下文を取り上げ、家人奉行人とあり、この文書が守護補任状であることを否定する。この点は朝河貫一の研究が、その後の日本中世史研究とは相違する方向に進んだ例であるということになる。朝河はここにある「守護」は動詞として使用されており、名詞ではないとする。しかし、「彼は守護であったらうとだけはいひ得る」とし、佐藤進一『増訂 鎌倉幕府

守護制度の研究　諸国守護沿革考証編』（東京大学出版会、一九八三年）に示された守護比定に近い結論を下している。ここで重要なのは、この下文が建久図田帳の作成後、あまり日をおかずに発給されていることである。「辺境」という空間認識が示されており、国ごとの「守護」の職権が明確になったのは、惟宗忠久のこの地域における活動が一つの基点になったと考えうる。

(16) 薩摩・大隅・日向以外の国で知られる同時期の図田帳は、豊前国（『鎌倉遺文』九二五号）、肥後国（『鎌倉遺文』九二九号）、豊後国（『鎌倉遺文』九二七号）であるが、いずれも断簡である。このうち肥後国の場合には「鎌倉殿御領」五〇〇町の存在が記され、預所は大江広元が任じられている。しかし、全貌はわかっていない。豊後国では大友能直が守護を努めていたが、建久段階で全域的な作成が可能ではなく、弘安年間を待たねばならなかった。豊前国では、田川郡宇佐八幡宮領などが知られる。これらの断簡を以て一国全域に及ぶ図田帳が作成されたと判断することはできない。

(17) 一一九〇年頼朝上洛にさいして、先陣を畠山重忠が勤める入京の行列の中に「四十七番右衛門兵衛尉」が存在するが、これを惟宗忠久とする決め手に欠く。

(18) 『吾妻鏡』建保元年八月二十六日条。

(19) 『吾妻鏡』建保二年七月二十七日条。

(20) 『吾妻鏡』建保四年七月二十九日条。

(21) 「惟宗忠久の生ひ立ち」三〇九頁。

(22) 『鎌倉遺文』⑤二七六四号。

(23) 『鎌倉遺文』⑤二七七七号。

(24) 「鎮西島津荘支配と惣地頭の役割—島津荘と惟宗忠久—」（原題「荘園制支配と惣地頭の役割」、『歴史学研究』四四九、一九七七年）、後に『日本中世の国政と家政』（校倉書房、一九九五年）に収載。

(25) 『立命館文学』五二一、一九九一年。

(26) 『中世の国土高権と天皇・武家』第五章、校倉書房、二〇一五年。

(27) 「島津忠久の生ひ立ち」二九六頁。

(28) 同三三二頁。

(29)「南北朝・室町期における島津家被官酒匂氏について―酒匂安国寺申状を中心に―」(新名一仁編著『シリーズ・中世西国武士の研究一　薩摩島津氏』戎光祥出版、二〇一四年)。
(30)『鹿児島県史料集Ⅶ　薩摩国阿多郡史料　山田聖栄自記』鹿児島県史料刊行会、一九六七年。編集・校訂にあたった五味克夫氏の解説に依る。
(31)青山幹哉「中近世転換期の系図家たち」(『名古屋大学文学部研究論集　史学』一九九八年)。
(32)「島津忠久は頼朝の落胤という説の真偽について」(『歴史地理』四四―六、一九二四年)。
(33)有馬純彦校閲・松下重資編纂『鹿児島県郷土史大系三　島津創業史』。
(34)前掲書三三頁。
(35)『日本歴史』四九「歴史手帖」欄、一九五二年。
(36)新人物往来社、一九七二年。
(37)大森金五郎「島津忠久は頼朝の落胤という説の真偽について」(『歴史地理』四四―六、一九二四年)にもあり。
(38)この『郷土史大系』の第三巻は論文中にしばしば引用されている。早稲田大学図書館に松下重資著『鹿児島県郷土系統史一名郷土史大系』(鹿児島印刷、一九三〇年)が所蔵されているが、ここでは忠久を源頼朝の庶長子として以仁王落胤説には触れていない。おそらく一九三〇年から数年の内に新たな史料を入手して『郷土史大系』が刊行されたのであろう。
(39)マルク・ブロック著、井上泰男・渡邊昌美訳『王の奇跡　王権の超自然的性格に関する研究/特にフランスとイギリスの場合』刀水書房、原著一九二三年、翻訳出版一九九八年。第三章「奇跡を起こす聖なる王権」の「四、参照」冒頭「伝説という建造物に石材が一つか二つ付け加わるのは、十四世紀特有の現象であった。」という指摘は紋章の中に込められた伝承であるが、中世王家の構築する伝説群という点で共通するものがある。

第Ⅲ部　朝河貫一の活動とイェール大学

朝河貫一とイェール大学日本語コレクション

――構築・目録作成、整理の葛藤――

中村治子

はじめに

朝河貫一（一八七三―一九四八）が収集した膨大な日本語資料を基盤とした日本語コレクションはイェール大学の日本学研究の発展に大きく貢献している。本稿では、初めにイェール大学図書館における日本語資料の発展を述べ、次に日欧中世史研究以外にも幅広い分野にわたって構築された五種のコレクションを紹介し、朝河研究への活用を促す。また、最近発見された朝河のノートブックと報告書から、朝河の一九〇六、七年時の蔵書構築活動を分析する。さらに、その分析をもとに朝河が収集したコレクションの現時点の状況やその分散されてしまった過程を論じ、朝河をはじめとするイェール大学東アジア図書館司書の抱く日本語資料整理の葛藤とアメリカでの日本語資料の目録作成の歴史を概観する。

一　イェール大学日本語資料収集活動の発端

アメリカ東海岸コネチカット州ニューヘイブンにあるイェール大学は、以下に述べるように、日本との関係が深い。朝河貫一が日本人初のアメリカ主要大学の歴史学の正教授として、また東アジア図書コレクションの初代部長として赴任するにはふさわしく、ある意味で必然的な環境であったと考えられる。イェール大学では早くも一九世紀に日本語の授業が提供され始め、ニューヘイブンで過ごした日本人滞在者も多く、その数は同時代のハーバード大学やプリンストン大学と比にならない。大学図書館はアメリカの大学図書館で一番最初に日本語資料を収集したといわれ、それ以前からも、日本を訪れたアメリカ人宣教師の寄贈や、日本旅行のさいにイェール大学教授が持ち帰った日本語資料も多くあった。大学卒業生のアレックス・スティーブンズによって寄贈された『大智度論』は、その蔵書票に「Presented by Alex H. Stevens, M.D. of New York, Nov. 1851」とあり、アメリカ大学図書館で所蔵された日本語資料の中で記録上最古のものとして知られている。

その三年後の一八五四年にはアメリカで最古の学会の一つとされるアメリカン・オリエンタル・ソサエティー（American Oriental Society〈以降AOSと表記〉）が所有する中国資料の管理をイェール大学に委託している。このAOSは一八四二年にボストンで創立されたが、当時のことを伝える記録は少ない。当時のイェール大学の主要人物の大半が、そのメンバーだったことと、とりわけイェール・カレッジ学長のセオドア・ドワイト・ウェズリー（Theodore Dwight Woolsey, 1801–1889）がAOSの副会長だったことが、イェール大学への委託の理由と推測されている(1)。

同時期の日本では、ペリー提督が黒船で浦賀に入港していた。吉田松陰がアメリカへの同行を懇願した手稿が、中国への宣教師で、ペリー遠征時の正式な通訳だったサミュエル・ウェルズ・ウイリアムズ（Samuel Wells Williams, 1812–1884）の手に渡っている。この手稿は後にウイリアムズがイェール大学で初の中国文化の教師となったさいに、ペリー遠征関連の資料やその当時の日記などとともに「吉田松陰投夷書」としてイェール大学図書館に収められた。(2)

一八七〇年代になるとニューヘイブンには数多くの日本人が集まるようになった。一八七二年には牧師でイェール大学神学校の講師であったレナード・ベーコン（Leonard Bacon, 1802–1881）が森有礼の申し出に応じて、日本明治政府の女子留学生として渡米した山川捨松を引き取った。捨松はイェール大学を卒業した山川健次郎の妹であり、ベーコンの娘のアリス・メーブル・ベーコン（Alice Mabel Bacon, 1858–1918）とは、年齢も近く、姉妹のように過ごし、生涯の親友となった。捨松は日本帰国後に大山巌と結婚し愛国婦人会や赤十字篤志看護会理事などを務め、日本の女子教育にも深く貢献した。アリスはその後ハンプトン大学の講師となるが、一八八四年に捨松や津田梅子からの招聘を受け、華族女学校に英語講師として赴任し、東京女子師範学校や女子英学塾でも教えている。(3)イェール大学東アジア図書館にはアリスが寄贈したとされる日本語書籍も所蔵されており、その中には『復讐双三弦』、『古今奇談莠句冊』、『会稽松之雪』など一三の版本があり、そこには貴重書、珍書も含まれる。またその中で『奇談双葉草』などの一一冊には「新渡戸文庫」蔵書印が確認できる。(4)

同時期にイェール大学に留学した日本人留学生たちは、アディソン・ヴァンネーム（Addison Van Name, 1835–1922）の邸宅に寄宿し、共同生活を送った。(5)ヴァンネームは言語学を専門とし、一八七一年にはじめてイェール大学において中国語、日本語の授業を開始した人物であり、AOSのメンバーでもあった。一八六五年に大学図書館長に就任したヴァンネームは福井県でお雇い外国人だったウィリアム・エリオット・グリフィス（William Elliot Griffis, 1843–1928）を通して日本語資料の購入を開始している。(6)その他にも一八七六年には古生物学の教授のO・C・マーシュ

(Othniel Charls Marsh, 1831–1899) から日本語書籍のために寄付された五〇〇ドルをもとにして、佐土原藩の出身で後に西郷隆盛と出会い西南戦争で二十一歳の若さで亡くなった町田敬次郎らの日本の留学生を介して、約二七〇〇冊が収集された。(7) このようにイェール大学では一八七〇年代から散発的に日本語の資料が集められた。朝河もイェール大学在学中(一八九九―一九〇二年)に日本図書の整理に取り組み、ヴァンネーム宛に日本語資料の整理完了の報告書を送っている。(8) しかし、大学の日本語資料の収集が本格的、かつ組織的に開始されるのは、朝河貫一がイェール大学に歴史学講師および初代東アジアコレクションの部長として赴任したときからである。二〇世紀初頭から半世紀に及ぶ朝河による日本語資料構築が、現在の大学の日本語コレクションの基盤となる。

二　朝河貫一とイェール大学朝河関連コレクション

一九〇七年にイェール大学に赴任した朝河貫一は、その後三五年間にわたって大学で教鞭をとり、アメリカにおける東アジア研究の先駆者となると同時に、イェール大学図書館の初代東アジア図書部長としては、四〇年以上にわたって大学の日本語コレクションの基盤を構築した。朝河に関連するイェール大学所蔵の資料群は大きく分類して五つとなるが、それぞれに特徴があり朝河の蔵書活動が大きく反映されている。また各資料群は大学の各部局・部門の様々な図書館で管理されるが、長年の図書館の発展に伴いそれらの区分けが複雑になっていく。その理由は後述する。各資料群が所蔵される図書館、その閲覧方法を紹介するサイト、その資料群に関する研究を参考文献として付録に掲げた(付録1)。

①　日本および東アジアに関連する一般書籍

② 日本文書コレクション（Japanese Manuscript Collection）
③ 東アジア図書館スペシャルコレクションズ（East Asia Library Special Collections）
④ 日本イェール協会コレクション（Yale Association of Japan Collection）
⑤ 朝河貫一文書（Kan'ichi Asakawa Papers）

①の日本および東アジアに関連する一般書籍は朝河が収集した明治期に出版された膨大な数の叢書、辞書、雑誌であり、その大半は現在もイェール大学スターリング記念図書館（総合図書館。以降、スターリング図書館）の一般書籍として配架されている。日本語の資料だけではなく、日本で発行された英語の資料、欧州で作成された日本に関する資料も含まれる。それらの大半が図書館のために収集されたものであるが、朝河が個人的に収集した書籍も含まれており、朝河が教授を引退した一九四二年に図書館に寄贈している。それらには朝河個人の蔵書票や蔵書印があり、朝河の手書きメモなども発見されている（図1）。

②の日本文書コレクションは、朝河が日本へ帰国したさいに収集した写本が大半であり、全部で五八八タイトル、約一二〇〇冊（製本後の形態）ある。朝河はイェール大学に就任する前にアメリカ議会図書館とイェール大学の依頼を受け、一九〇六年二月から一九〇七年八月までの約一八ヵ月間、日本での日本語書籍の収集を行った。この時期に収集された写本の大半がこのコレクションを形成している。資料の特徴としては和綴じの書物を何冊かにまとめて天地を切断し背に書名を記し、西洋風に製本されている。このコレクションは東京大学史料編纂所が二〇〇九年から六年間かけて調査した上、詳細な解題を作成し、『イェール大学所蔵日本関連資料　研究と目録』として刊行している(9)。これらの書物には一九〇七年に図書館に蔵書されたという意味で、手書きで「1907」と記した蔵書票が貼られている。現在、このコレクションはバイネキ稀覯本・手稿図書館（以降、バイネキ図書館）に所蔵されている（図1）。

朝河 1906, 7 年時で収集された書籍に貼られている蔵書票. 1907 年に図書館に蔵書されたという意味で, 手書きで「1907」とある. これは「息距篇」のブックプレート.

朝河の個人蔵書によく見られる「ASAKAWA」の判と 1942 年に寄贈図書館に寄贈したとのブックプレートが見られる. 書籍は牧健二著『日本法制史概論』で著者からの寄贈.

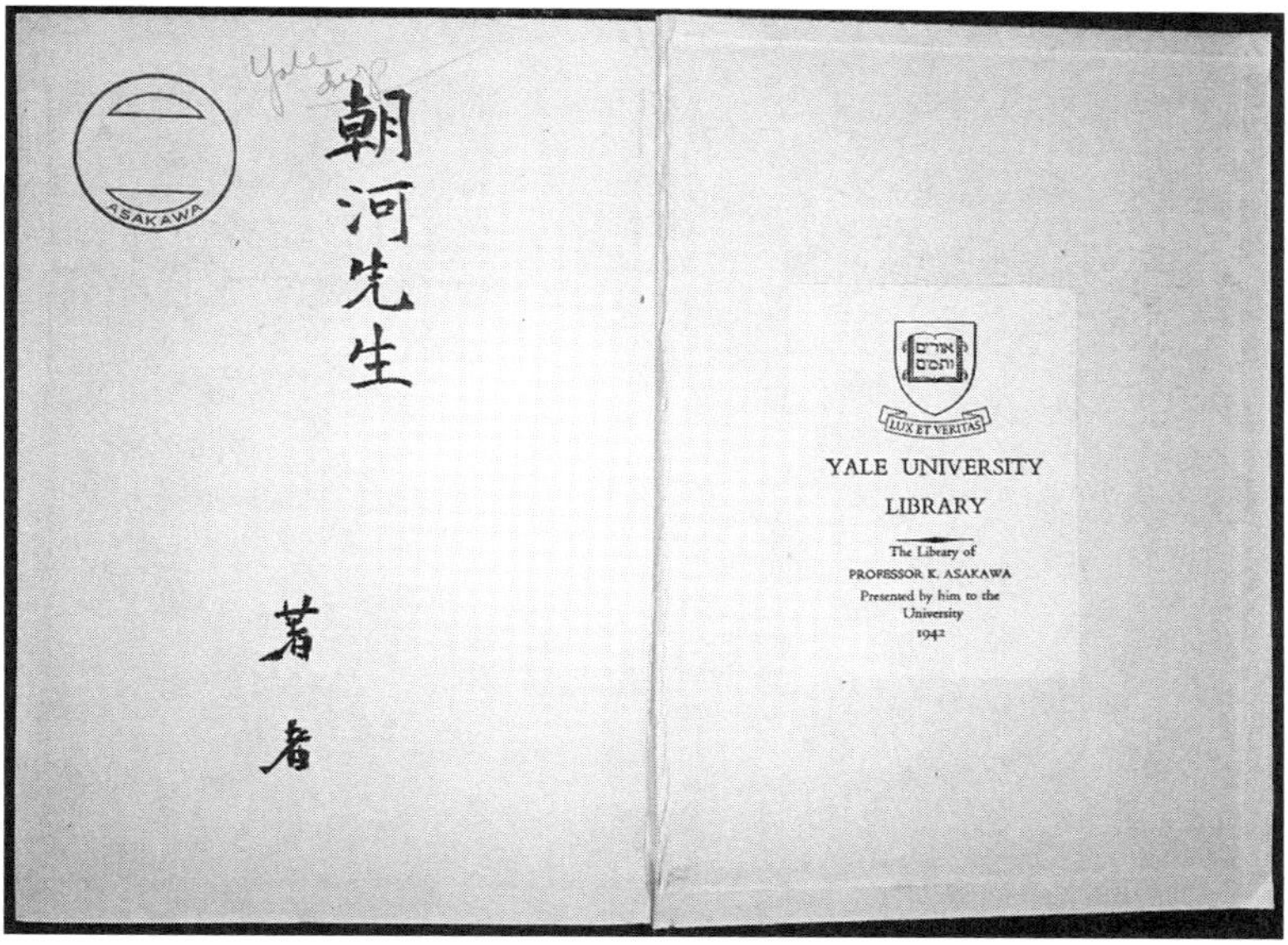

図 1　朝河ブックプレート
Sterling Memorial Library, Yale University.

③の東アジア図書館スペシャルコレクションズは全体が約一七〇〇タイトル、三〇〇〇冊あり、他の寄贈者からの書籍とともに朝河が収集した江戸後期から明治期の版本、地図などが収められている。しかし、煩雑なことに、このコレクションや①の現在一般図書とされている書籍の中にも、朝河が一九〇六、七年に収集した近世の写本が多く含まれており日本文書コレクションの一部になりえる。なぜ朝河のコレクションが著しく分散されたか、その理由は後で詳しく検証する。また、このコレクションは将来バイネキ図書館へ移転される計画があり、コレクションの名称が変更される可能性がある。

④の日本イェール協会コレクションは、東アジアの様々な古典籍から成る。朝河は一九一七年二月から一九一九年七月まで、日本封建制研究のため再度日本を訪問した。この滞在中、日本人のイェール大学卒業生たちと面会し、イェール大学に日本の歴史、文化を代表する古典籍のコレクションを構築する計画を提案し、寄付を呼びかけた。四七人の卒業生から二万一三〇〇円（現在の金額に換算して八〇〇〇万円から一億円）を集めたという[10]。日本イェール協会の初代会長に就任した大久保利武が、東京帝国大学の黒板勝美（一八七四—一九四六）に選書を依頼し、百万塔陀羅尼、奈良絵本、光悦本、仏典、古文書、工芸品など様々な種類の資料が収集された。最終的には一九三四年にイェール大学日本人卒業生の寄贈として二回に分けて約三〇〇点ほどが送られたが、その中には、日本語書籍の一九四タイトル（五九一冊）の他にも韓国書籍が四四タイトル、中国書籍が一五タイトル含まれる[11]。この日本イェール協会コレクションが到着したときは大きなニュースになり、朝河はこのコレクションの由来をイェール大学図書館の広報に寄稿した。この一九三四年は日米関係が悪化した時期であったため、朝河は大学関係者がこのコレクションに対して特別な偏見を持たないよう細心の注意を払っていたことが窺える。

背景をみれば、この寄贈が政治的プロパガンダであるというすべての疑いは晴れるべきだろう。資金を調達していた当時、米国と日本の両国は第一次世界大戦中で味方同士だった。また満洲進出と海軍会議は誰もが予期せぬことだった。初期の寄贈本は全て中国の書物だったし、現在の寄贈資料も完成したら中国、韓国からの写本や書籍が含まれる予定である。この寄贈は卒業生の母校への愛と、以前はあまり知られていなかった祖国の歴史、文化を母校に紹介したいという彼らの純粋な願いによるものである。(12)

最後の⑤の朝河貫一文書は、個人資料として朝河の人物史的研究に欠かせない基本史料である。この文書は朝河自身の日記、書簡、論文草稿、講演ノート、写真などから成り、大学文書館（Manuscripts and Archives）で管理されている。コレクションは、全部で六一箱から構成されるが、一九九〇年以降五回にわたって（一九九一年、二〇〇一年に二回、二〇〇五年、二〇一〇年）、図書館に残っていた七箱の朝河関連資料が追加された。複写になるが一九〇七年から一九四五年までの日本史に関する授業のリストや朝河の東京専門学校学生時代の論文などが収められている。資料の詳細な概要は近年出版された『朝河貫一資料集』に収められており、コレクションを活用するのに大変便利になる。(13)しかし、一九九〇年以降に追加された資料の詳細は『朝河貫一資料集』には含まれないため、付録3に詳細を掲載した。他にもその文書館には、朝河と関係のある人物の個人文書や大学や図書館に関する文書類が残されており朝河の偉大な功績の足跡を辿ることができる。

三　朝河一九〇六、七年時の蔵書構築活動

1　ノートブックと書籍リスト

膨大な日本語資料をイェール大学に構築するにあたり、朝河はどのような構想を抱いていたのであろうか。近年、

アメリカにおける日本語資料構築の歴史に関する研究が盛んになっている。朝河の伝記として著名な阿部善雄著『最後の「日本人」』も朝河の日本での知人との交流を通しての書籍収集活動を詳しく記述しているが、アメリカにおける日本語資料の構築史として本格的な調査は、和田敦彦著『書物の日米関係』に始まる。(14)(15)二〇世紀初頭から第二次世界大戦期までの日本語資料がアメリカ各地の議会図書館や大学図書館に構築される過程について、当時の日本人司書の予算確保、目録作成、人材育成などの活動や関連団体との関わりなど、様々な角度から論じている。むろん、日本語図書構築史の初期において膨大な日本語資料をイェール大学に構築した人物として朝河にも言及されている。和田氏がつづいて刊行した『越境する書物』は角田柳作、福田なおみ、チャールズ・タトルのようにアメリカで日本に関する教育、図書館、出版にかかわった人物、そして太平洋問題調査会、国際交流基金、国際文化会館などの組織の沿革や、戦前から戦後にかけて書物を通して浮かび上がるアメリカの日本研究の権力抗争の歴史をたどる。(16)どちらの著作も、日本の書物がアメリカの読者へ届けられる経路における様々な要素に着目するものであった。英文ではアメリカの主要東アジア図書館の歴史を編集した本が二〇一〇年に発刊され、イェール大学東アジア図書館の歴史については館長のエレン・ハモンド氏が詳しい調査を行った。(17)また、ウィリアム・フレミング氏は朝河以前の日本語図書収集の活動、特に一八七〇年代のヴァンネームと日本の留学生との収集活動、およびその後の留学生の経歴を調査している。(18)

朝河が収集した日本の資料の中には重要な史料の国外流出を避けるため、知人や図書館所蔵の史料から謄写したものも数多くある。例えば、イェール大学が所蔵する「弘安四年日記抄」は、京都大学の初代学長だった狩野亨吉の所蔵する弘安の役に関する日記の写しであり、奥書には朝河のために狩野所蔵の史料が東京帝国大学史料編纂所で書写されたと日本語および英文で書かれているが、英文のほうは朝河の手書きと推測できる（図2）。菊地大樹氏は朝河の史料の謄写活動と朝河に協力した人物を通して日本における写本や謄写の歴史について論じた。[19] さらに一九〇六、七年度の朝河の日本での資料収集活動については、松谷有美子氏が第一次日本帰国のさいにイェール大学とアメリカ議会図書館にどのような資料を選書したのかの比較、分析を試みた。[20] また、前記の『イェール大学所蔵日本関連資料研究と目録』では近藤成一氏が朝河の第一次帰国時に謄写した史料の中に哲学書院から刊行される予定だった未完の

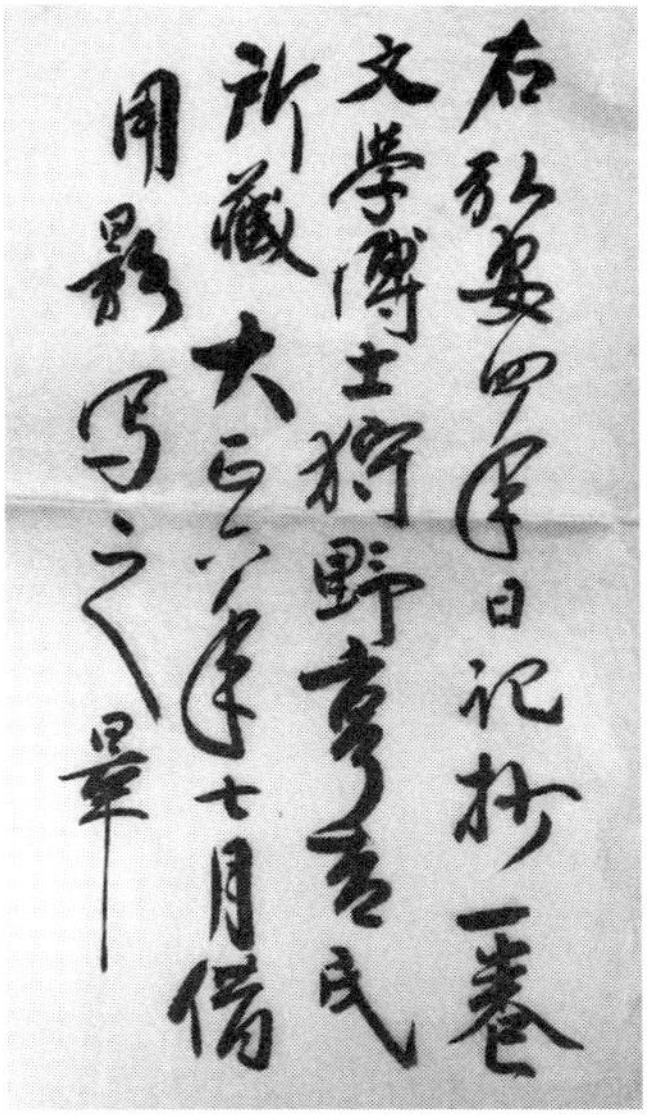

右弘安四年日記抄一巻
文学博士狩野亨吉氏
所蔵大正十一年七月借
用影写之畢

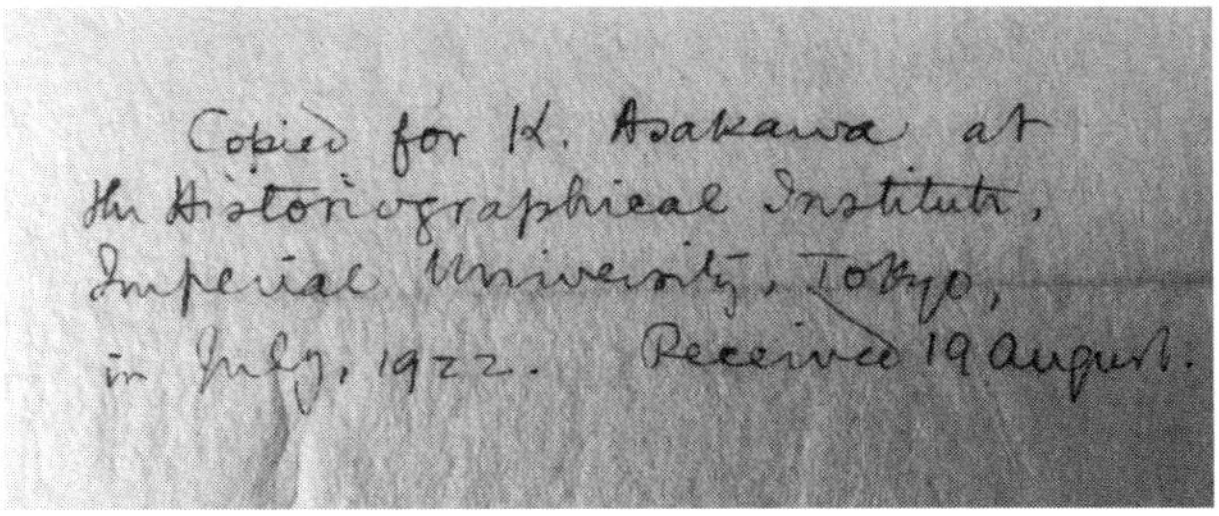

Copied for K. Asakawa at
the Historiographical Institute,
Imperial University, Tokyo
in July 1922. Received 19 August.

図2 「弘安四年日記抄」奥書
East Asia Library Special Collections Japanese Collections, Yale University Library.

ものが含まれていると指摘した。[21]

前記のような研究の発展に有益となりえる資料として、朝河の一九〇六、七年度の詳細な資料収集のリストとノートブックが筆者によって発見された。[22]前掲の日本文書コレクションを含めて朝河が収集した資料は議会図書館へ三一六〇種四万五〇〇〇冊（西洋風に製本後九〇七二冊）、イェール大学には八一二〇種、二万一五二〇冊（西洋風に製本後三五七八巻）と、その他に一七一八枚の地図や、七四二枚の写真を集めたとの記録がある。[23]その収集活動のため朝河は東京専門学校（現在の早稲田大学）に拠点をおき、東京帝国大学、史料編纂所、各地の図書館、書店、学者などを訪問し、資料を収集している。多方面に書簡を書き、訪日の直後から政府機関などを訪問し、各省から政府刊行図書の寄贈も受けている。[24]この訪日時に収集された資料はスターリング図書館の一角の朝河のオフィス兼東アジアコレクションの部屋に収められたが、現在では江戸期版本は東アジア図書館のスペシャルコレクションズ、写本の類は日本文書コレクションとしてバイネキ図書館に収蔵されている。

ノートブックはB5サイズほどの手帳であり、最初の二〇頁ほどに記入された内容は「鎌倉時代史」と題された草稿、その後に日本で一九〇六、七年に行った資料収集のメモ、そして、一九一〇年一月三十日から三月二十六日までイェール大学で開催された日本美術の展示記録である。本稿では一九〇六、七年資料収集メモの箇所を中心に紹介する。このメモには一九〇六年二月から一九〇七年八月までの記録があり、多くの研究者、文化人の人物名、図書館などの公的施設の他、多くの古書店などとあわせて様々な種類の経費が詳細に記入され、朝河の蔵書構築の旅の足跡を知る資料として貴重である。最初の箇所は「写字済」と題され、日付は「九・十七・〇六」すなわち一九〇六年九月十七日から最後に記述されている十月十三日までと推定される。さらに東京大学史料編纂所で写字生だった望月金次郎や多田賢意と思われる七人の人物名と、「後二条師通記」、「満済准后」など九題の史料名と写された巻が漢数字で記入されている。その下に紙の枚数と思われる表記があり、計三九二八枚余りが一九〇六年十月十三日までに謄写されたという計算になる。

次の頁からはノートを横向きにして使用してあり、左には日付と店舗、個人名の記入があり大半は括弧で書籍の「書」や「写本」、「筆」、「紙」などと出費用途が書き足されている。金額の箇所は四項目に分かれ、一番最初のYがイェール大学、次が写本、三番目は「共」の字、そして最後が議会図書館の「Library of Congress」のイニシャル「LC」と判読する。出費用途の項目の横には金額が記入されている。一例を挙げれば一番上に「星野、日光写真12」と記入されており、その金額はイェール大学のところに「2. 20」と記述がある。また、最初の数頁はどこで何冊購入したかの記述のみで書籍名などの記入がなく、頁が進むとイェール大学、議会図書館などの振り分けがなくなり、全てがイェール大学のために購入したと思われる書籍のリストとその経費の集計の記入となる（図3）。

ノートブックは朝河が一九〇六、七年に収集したとされた冊数の三分の一ほどしか記述されておらず、残念ながらその当時の朝河の収集活動全体をみる資料としては不完全である。それを補う資料として、朝河がその時期に日本で入手し郵送した書籍のリストも発見されている。このリストは全部で三通あり、第一通目には日付の記述がない。第二通目のリストには一九〇七年四月十三日に三箱を早稲田大学の朝河から「S.S. Aki」という貨物船（他の書類ではAkimaruと記されている）でイェール大学に郵送したとある。また、リスト作成時点では製本のための料金などは把握しておらず、無記入としてその金額などは随時の会計報告に含まれ大きいシートに記入される、との記述もあるが、そのシート自体はいまだに発見されていない。第一通と第二通には「No.」または「Book No.」と「Document No.」の縦列があり、「No.」および「Book No.」は各書籍の通し番号となる。「Document No.」の列に番号がある書籍は謄写された史料の場合が多いが、出版物も少数含まれ、その数値自体の意味はいまだ判明していない。最後の

図3　朝河ノートブックと運送リスト

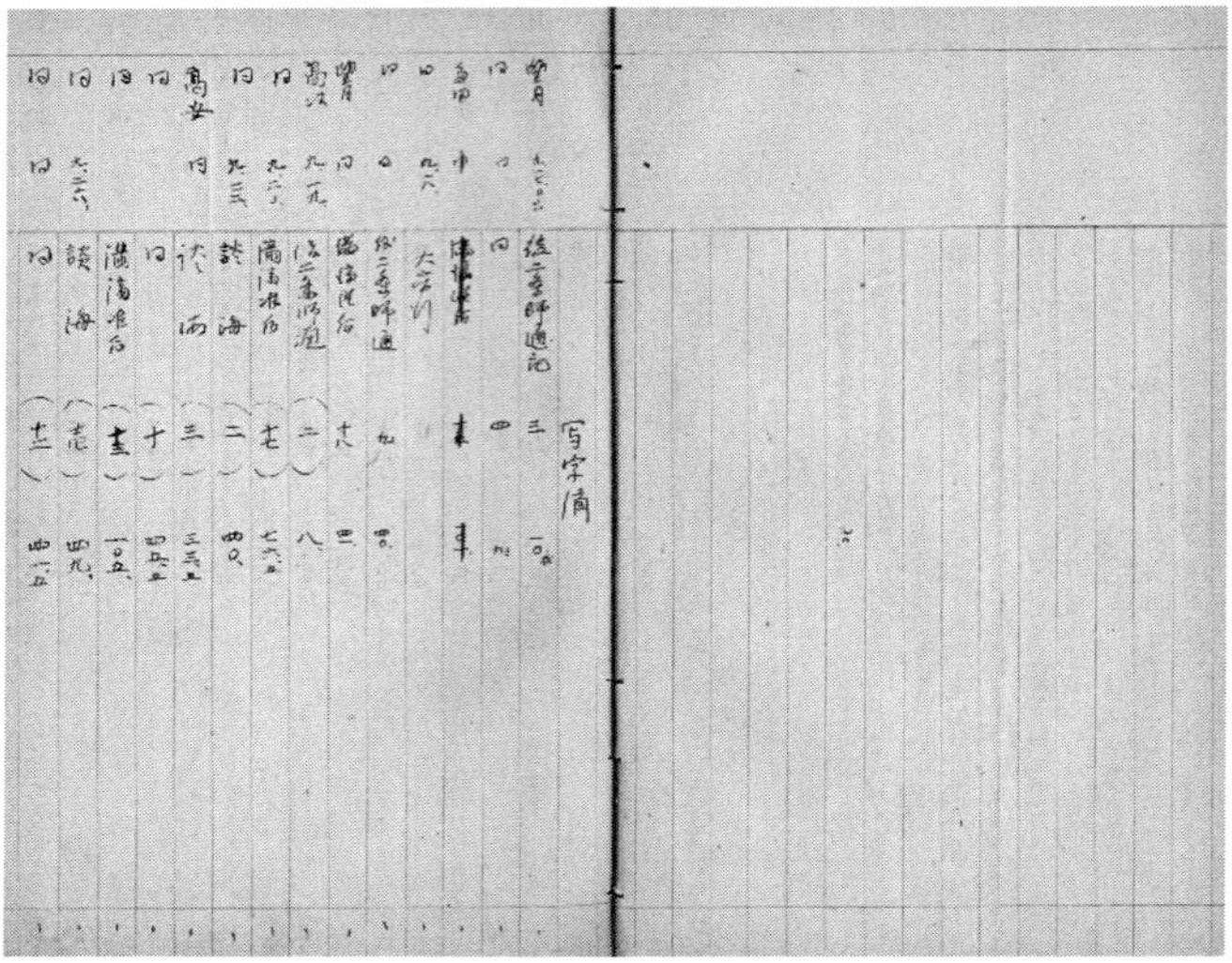

朝河ノートブックの一部

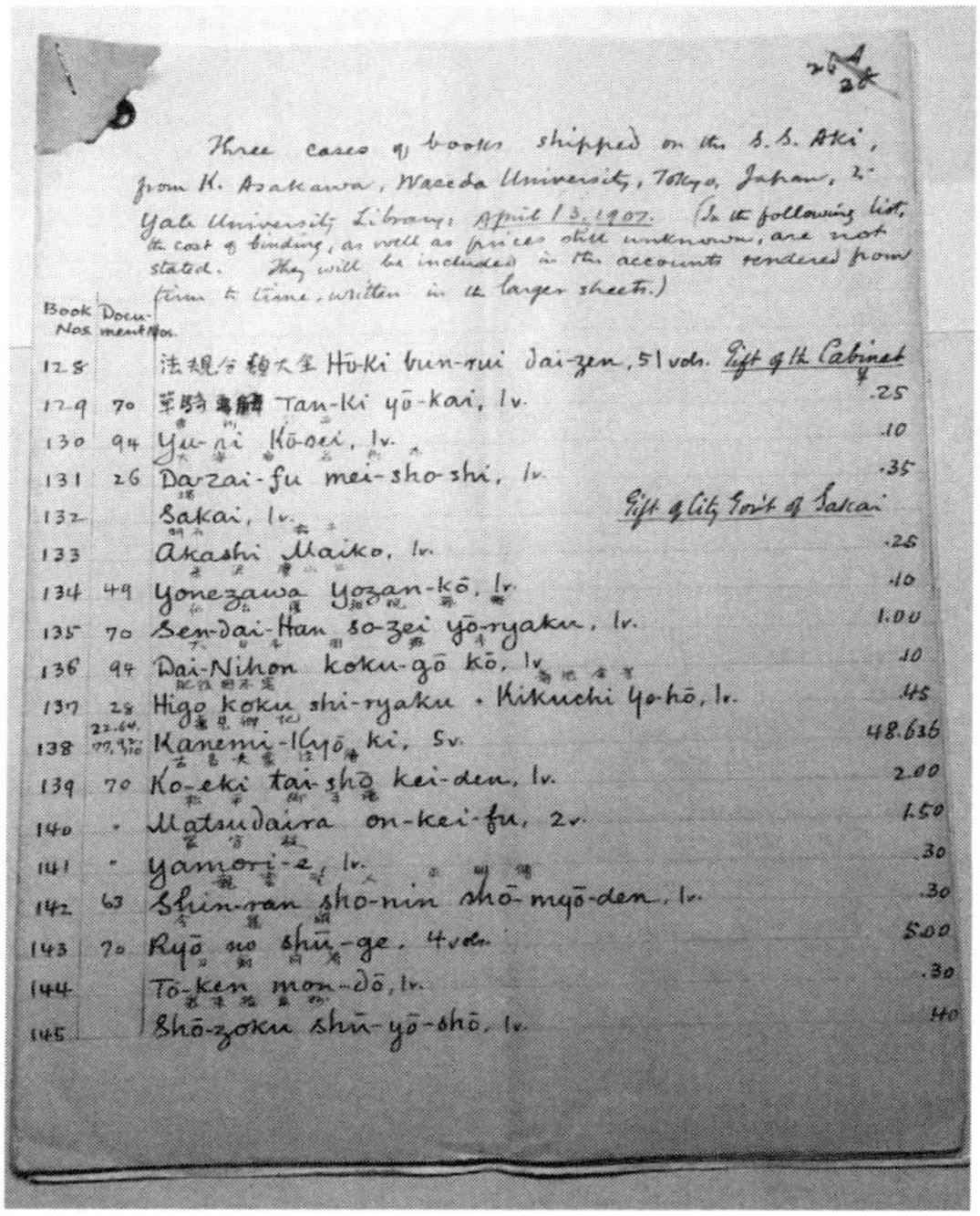

Three cases of books shipped on the S.S. Aki, from K. Asakawa, Waseda University, Tokyo, Japan, to Yale University Library; April 13, 1907. (In the following list, the cost of binding, as well as prices still unknown, are not stated. They will be included in the accounts rendered from time to time, written in the larger sheets.)

Book Nos.	Document Nos.		
128		法規分類大全 Hō-ki bun-rui dai-zen, 51 vols. Gift of the Cabinet	
129	70	譚騎要解 Tan-ki yō-kai, 1v.	.25
130	94	Yu-ri Kō-sei, 1v.	.10
131	26	Dazai-fu mei-sho-shi, 1v.	.35
132		Sakai, 1v. Gift of City Gov't of Sakai	
133		Akashi Maiko, 1v.	.25
134	49	Yonezawa Yozan-kō, 1v.	.10
135	70	Sen-dai-Han so-zei yō-ryaku, 1v.	1.00
136	94	Dai-Nihon koku-gō kō, 1v.	.10
137	28	Higo koku shi-ryaku · Kikuchi yo-hō, 1v.	.45
138	22.64. 77.310	Kanemi-kyō ki, 5v.	48.636
139	70	Ko-eki tai-shō kei-den, 1v.	2.00
140	"	Matsudaira on-kei-fu, 2v.	1.50
141	"	Yamori-e, 1v.	.30
142	63	Shin-ran shō-nin shō-myō-den, 1v.	.30
143	70	Ryō no shū-ge, 4 vols.	5.00
144		Tō-ken mon-dō, 1v.	.30
145		Shō-zoku shū-yō-shō, 1v.	.40

運送リストの一部

Librarian, Yale University, Records (RU 120). Manuscripts and Archives, Yale University Library.

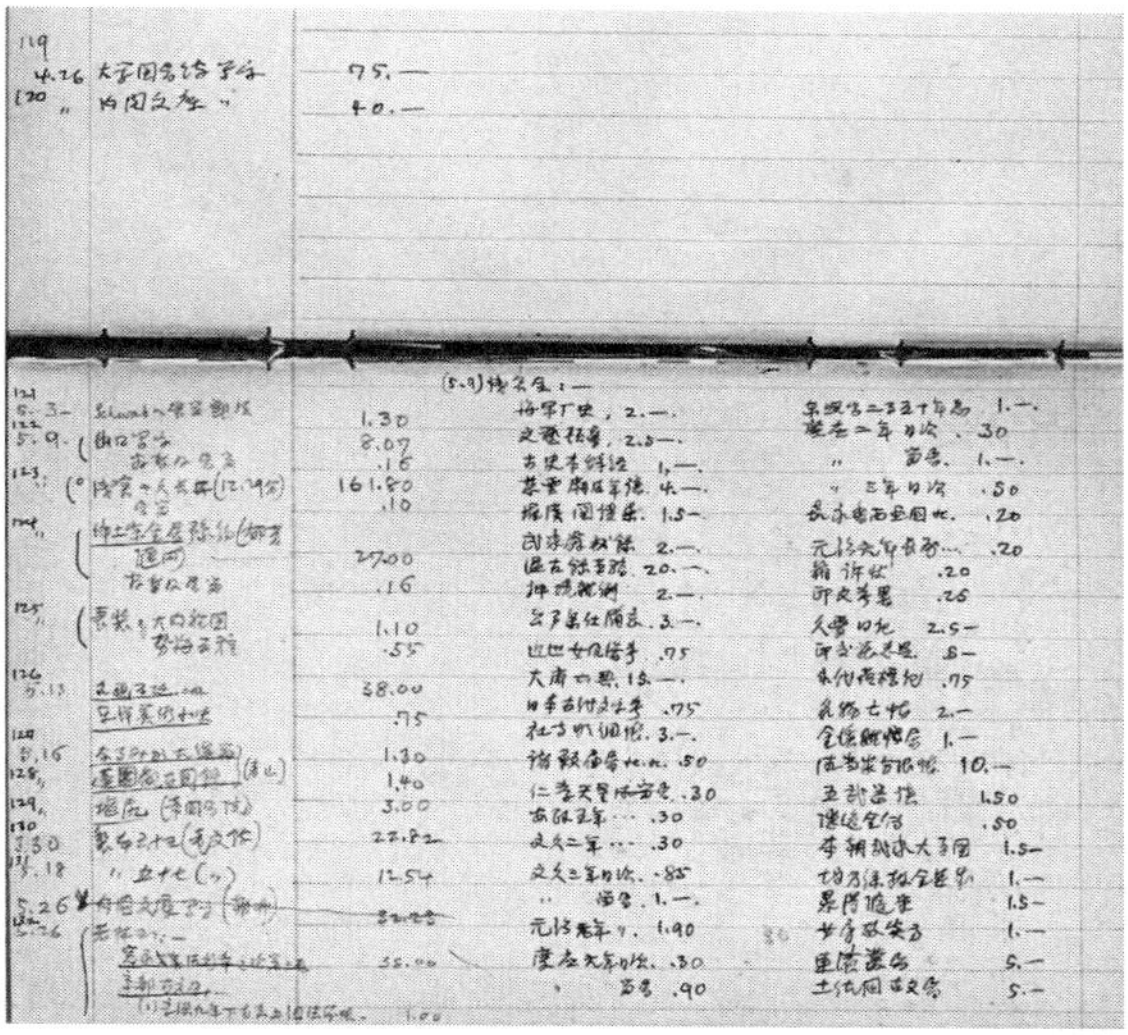

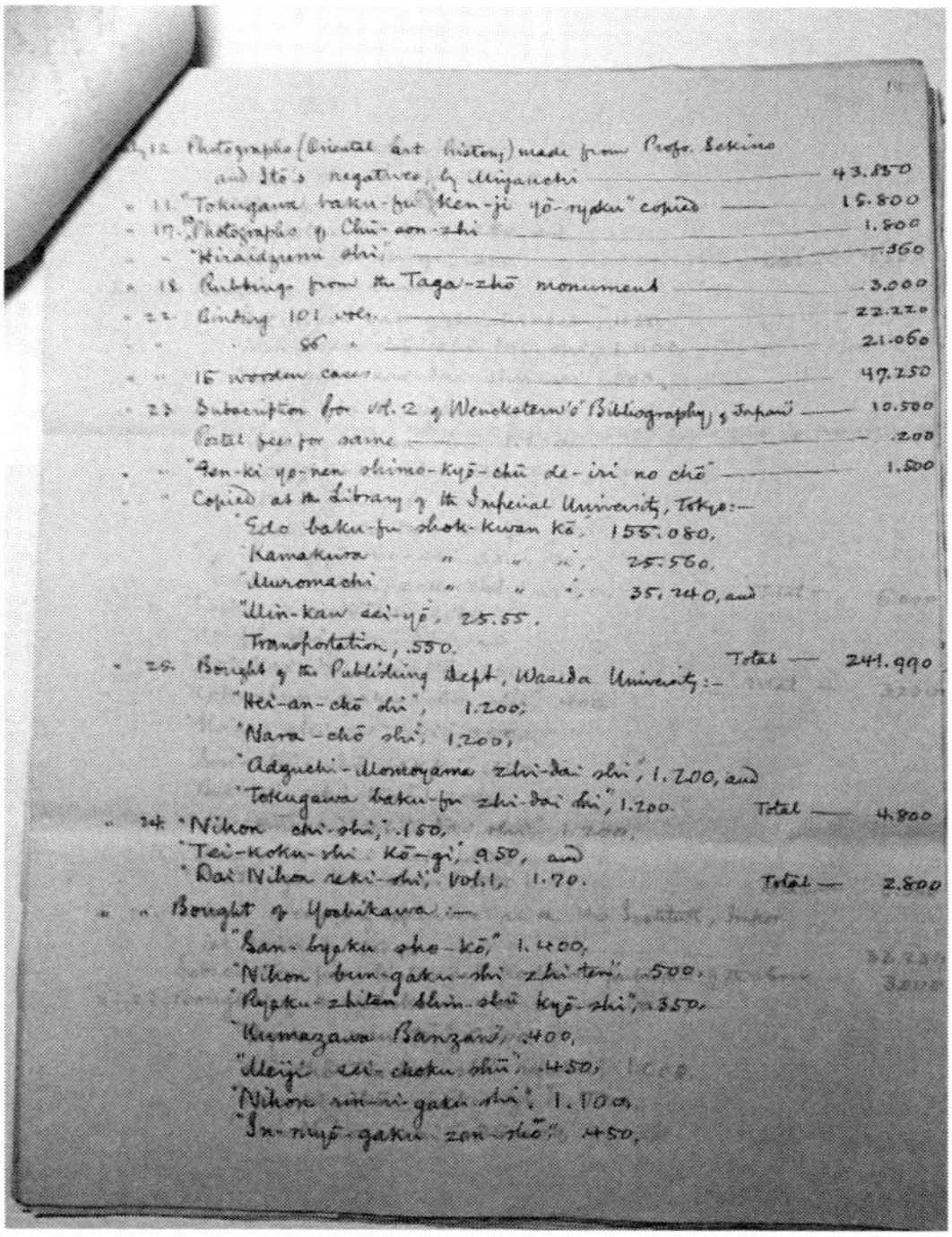

一通は「Yale accounts, May 1 - Aug. 7, 1907.」とだけ記入されていて、朝河が一九〇七年八月に日本を発つ前の最後のリストだと考えられる。この最後のリストは前述した朝河のノートブックと内容が重複し、朝河はノートブックをもとに最後のリストを報告書として作成したと憶測できる。例えばノートブックには製本した店舗などの詳しい記述があるが、書籍名はローマ字表記がなく日本語の書籍名だけである。最後のリストはノートブックより整然としており、日本語が読めない人にも分かるようにローマ字表記があり、また、三通とも図書館の一九〇七年から一九〇

九年のファイルに収められていた資料であるため、朝河が日本から一九〇七年にアメリカへ戻った後に報告書として当時の図書館長に提出されたものと考えられる[25]（図3）。ノートブックと運送リストから、朝河が一九〇六、七年に入手した書籍のリストを作成し、「朝河一九〇六、七年時書籍購入リスト」としてイェール大学東アジア図書館日本特別コレクションのページに掲載した。現在、図書館のオンラインカタログで検索可能な書名は請求番号と目録レコードのリンクを加えている[26]。しかし、運送リストが発見された文書類には朝河が一九〇七年以降に注文した膨大な日本語資料の請求書も数多く含まれている。その請求書は主に丸善株式会社から発行されており、書籍名と金額が記入されているが、それらのファイルには朝河の第一回目の帰国のような書籍リストは見当たらない。その主な理由は購入する日本語図書の冊数が膨大になったためと、購入自体が丸善を通して定期的で事務的に行われるようになったためであると推測される。

2　人物、寄贈機関、経費などの分析

ノートブックには手書きのため書名などが簡略な漢字や略語で記入され、人物、店舗または地域の区別がつかない箇所がある。そのため正確ではないが、ノートブックおよび運送リストには朝河が写本を作成するために雇用した写字生などを含め、東京や京都の書籍商、僧侶、学者ら、合計四八名の人物名が記入されている。著名な学者や僧侶の名前もあり朝河が様々な人脈を駆使して資料を収集したことが窺える。書籍商の若林政吉、商業史研究家の遠慶芳樹、真言宗高野派住職の佐伯宥純らの名前が列なるが、特に東京帝国大学の日本史教授の三上参次は朝河が写本を作成するのに多大な援助をしたといわれている[27]。他にも幸田露伴の弟である幸田成友は商業史などで業績のある歴史学者であり、朝河の一九〇六、七年の訪日は幸田が『大阪市史』の編纂に従事していた時期に当たっている。幸田が協力し

表1　朝河 1906, 7 年時日本語書籍購入リストの人物，本屋，寄贈機関等

種　類	記入事項	備　考
本　屋	浅倉屋久兵ヱ	現存する老舗の本屋
	扶桑堂	明治大正期の出版社（社主は町田宗七）．黒岩涙香の著作を多く刊行した
	其中堂	名古屋の仏書専門の古書肆．中部日本の古書業界の雄
	丸　善	老舗の本屋．明治時代イェール大学へは定期的に書籍を納入している
	哲学書院	井上円了創設の明治期の出版社
	画報社	明治期の出版社．「日本美術畫報」や「美術新報」を出版
	西山堂	西山堂筆記所載江戸鑑，西山堂保次郎．江戸時代後期〜明治の東京の版元
	大光堂	現在東京都葛飾区立石
	大気堂	山内不二門による謄写版／ガリ版販売の大気堂か．前橋大気堂
	藏經書院	京都の書店
	文求堂	出版社．東京本郷書肆，文求堂．店主は田中慶太郎（1880–1951）
	興文館	東北にある興文館東海林書店のことか
	興教書院	京都の出版社
	帝国書院	国文学の注釈書等を刊行した出版社．現在の地図出版の帝国書院とは異なる
	琳瑯閣	本郷．創業明治 8 年（1875）
	文光堂	本富士町．医学および看護・医学関連領域の書籍・雑誌の出版
	吉川書店（春木町二丁目）	
	郁文堂（森川町六）	
	吉川弘文館	老舗の出版社．安政 4 年設立
	早大出版部	大学出版
	裳華房	明治期の出版社．江戸時代，伊達藩の御用板所であった「仙台書林裳華房」
	南陽堂	東京小石川水道橋
	星野（日光）	星野写真館
	計 23	
人　物	望　月	東京大学史料編纂所の望月金次郎か
	多　田	東京大学史料編纂所の多田賢意か
	高　須	
	丸　山（内閣文庫ヨリ）	
	大久保	
	飯　田	
	友　枝	
	高　橋	
	服　部	
	木　村	

種　類	記入事項	備　考
人　物	藤田安蔵（大学写本）	帝国大学文科大学史料編纂掛書記
	北村（写本）	
	大　島	
	山口写本	
	相□　〃	
	出口写本	
	大学写本（岸田）	
	佐々木	
	蒔田（校正）	
	村上勘兵ゑ	江戸時代前期に創業の京都の書肆・平楽寺（書店）の主人の名．現存書店
	郁芳随円	浄土宗の僧．浄土宗総本山知恩院八十一代門主
	工藤新三郎	
	渡辺升次郎（書物）	
	三上参次	東京帝国大学日本史教授
	田中勘兵ゑ（経巻）	田中教忠（1838–1934）．幕末から昭和にかけての商人・考証家
	禿氏祐祥（書物）	浄土真宗本願寺派の僧．仏教大学（現，龍谷大学）の教授，真宗史編纂所の主監．著作や編集に『東洋印刷史序説』，『仏教大辞彙』など
	幸田成友（大坂写本）	明治から昭和時代の日本史学者．明治6年3月9日生まれ．幸田露伴の弟．明治34年から「大阪市史」の編修に従事し，東京商大（現，一橋大）教授をへて昭和15年慶大教授
	岡田儀太郎（写本）	
	中野達慧（蔵経書院）	「日本大蔵経」の編纂
	吉塚濱太郎（岡山書類）	岡山の県史編纂の郷土史家・教育者
	光　村	
	若　林	若林政吉．書籍商．春和堂若林書店
	朝井秀実（内閣文庫）	
	鹿田（書）	
	山田（書）	
	宮内幸太郎	明治―昭和時代前期の写真家．明治33年東洋写真学会を設立．40年東京勧業博覧会にカーボン印画を出品し2等賞．42年東京美術工芸展で1等賞．44年東京勧業博覧会審査員
	井原恒也	
	遠慶芳樹	明治時代の商業史研究家．幕臣．維新後，静岡県属をへて農商務省属となり，前田正名の「興業意見」の編集に参加．のち東京帝大法制史研究室につとめた．著作「日本商業志」「商業習慣調」など
	斉藤英一郎（元富士町）	
	赤神善三郎（四箱及荷造）	
	佐伯宥純	真言宗高野山派住職
	磯　村	

種　類	記入事項	備　考
人　物	中　村	
	小　田	
	浅　井	
	川石（書）	
	菊池晩香	『瀛史百詠』寄贈
	小鷹狩元凱	『藝藩三十三年録』寄贈
	計 48 名	
地名，寺院，機関，団体名	太宰府	
	内閣文庫	前の国立公文図書館
	長崎事務所	
	大学図書館写本	早稲田大学図書館か
	大坂図書館写本	
	熊本（書）	
	厳島（書）	
	吉備史談会	
	Kōys Monastery	高野山寺院
	Hongan-zhi	本願寺
	Yasaka temple	八坂神社
	Cabinet	内閣
	Home Department	内務省
	Foreign Office	外務省
	Agr. Department	農商務大臣
	Civil Governor, Formosa	台湾総督
	Finance Department	大蔵省
	Department of Justice	司法省
	The Foreign Affairs Association of Japan	『Japan year book』1906 版寄贈
	計 19	
そ の 他	清光堂（筆）	本郷四丁目の筆屋
	大学屋（紙）	
	岩本（製本屋）	
	龍文館（製本）	
	扇美堂（表具）	
	教文館（製本）	
	須見（製本）	
	近江屋（筆）	
	津久井や	
	計 9	

参考文献：『東京書籍商伝記集覧』（青裳堂書店，1978 年），反町茂雄『一古書肆の思い出』（平凡社，1986–92 年），『出版文化人名辞典』（日本図書センター，1988 年），反町茂雄編『紙魚の昔がたり』明治・大正篇（八木書店，1990 年），鈴木徹造『出版人物事典—明治—平成物故出版人—』（出版ニュース社，1996 年），『日本人名大辞典』（講談社，2001 年），帆刈芳之助著・金沢文圃閣編集部編『出版書籍商人物事典』（金沢文圃閣，2010 年）

て入手した史料の中には「大坂両替商」、「大坂肥物商組合一斑」、「米商旧記」[28]などが含まれ、それらの奥書にその旨の記述がある。中野達慧は浄土真宗本願寺派の僧侶であり、『大日本続蔵経』などの編纂・刊行に従事し、さらにインド・中国・朝鮮・日本の仏教総合著作目録の作成を目指して中国や日本の古寺を回り、仏書の調査、収集をしていた。朝河とは史料の収集や謄写に関して多くの書簡を交わした。また、朝河はこの収集旅行で多くの写真も購入しており、後年に日本の建築や文化財などの展示で使用した。書籍リストには「Photographs (Oriental art history) made from Profs. Sekino and Itō's negatives, by Miyauchi」という記述がある。この「Miyauchi」はノートブックによると宮内幸太郎（一八七二―一九三九）のことである。宮内は日本の写真技術の向上に貢献した写真家で、東洋写真学会の設立者でもあり、内弟子には土門拳がいる。[29]「Sekino」と「Ito」という人物に関して他に記述がないが、当時活躍した建築史学者の関野貞と建築家の伊藤忠太と考えられる。[30]明治政府機関や寺院からの寄贈も多く、寄贈があった著者の記入もある（表1）。

経費は様々な種類のものが含まれ大まかに分類すると以下の項目になる。

1　購入した書籍、地図、写真
2　写字生や校正に支払った給料（名前の後に写本、校正とある欄は写本の料金、写字生に支払った賃金と解釈）
3　筆、紙、墨、硯、および製本、表具、表装、箱、荷造などの材料費
4　運賃、郵便、郵税、書留
5　為替、小切手印刷代、手数料、保険手数料、両替、送金
6　炭、家具、交通費などの生活費

むろん、この中で一番使われたのは購入した書籍や地図などの資料代だが、その次にかかっているのは、写字生に

支払った給料および、その謄写の経費になる。

3　書籍紹介と現在の所蔵状況

ノートブックおよび運送リストには全部で九四一の書名があり、様々な資料を収集している。主には原本史料、一八七五年当時に販売されていた書籍や雑誌、著者自身の寄贈本、明治政府機関の刊行物、江戸後期の版本、そして早稲田大学や東京大学の各所で写されたとされる謄写本である。何点か特徴のある書籍を挙げると、「具注暦」、「大般若波羅密多経第三十一」は両方とも二五円で、他に比べ高額であった。この「具注暦」は「応永三十二年具注暦、元徳二年後宇多院七回忌曼荼羅供記」として目録にとられており、二〇〇六年頃まで一般書庫に所蔵されていたが、詳しい調査もされている。[31]「大般若波羅密多経第三十一」は運送リストに記述がなく、所蔵も現在では確認できない。

また、ノートブックに「支那塞外民族史」とある本はタイプセットで「SHI-NA SAKU-GWAI MIN-ZOKU SHI, [History of people adjacent to the Chinese, about 2nd century B.C. to A.D. 3d century], note from lectures delivered by Shiratori Kurakichi. Manuscript. Incomplete. 1907.」と記述されており、目録のカードにも「Shiratori, Kurakichi」すなわち著者として白鳥庫吉の名があるため、白鳥の講義を記録したノートと考えられる。[32]朝河が収集した資料にはこのような講義録の手書きの写しや、その手稿をガリ版印刷したとされる冊子が含まれる。例えば時代は下るが、朝河の所蔵本である星野恒著の『鎌倉時代史』はガリ版印刷の講義録でところどころに朝河のメモが発見できる。管見の限りこの『鎌倉時代史』を海外で所蔵している図書館はあるが、日本国内で所蔵がある図書館はいまだに確認されていない。

前記の通り朝河は原本の史料を海外へ持ち出すことを避けるために、日本に関する史料は各大学や寺院で謄写本を作成させた。ノートブックには「余が監督の写本」という項目があり、一八の書名が記されている。その一つには、水戸藩の徳川昭武名義で編纂されたキリシタン破邪のための叢書「息距篇」があり「35. 33」と記されているため、三五円ほどで謄写されたとの推測ができる。実際の書籍には「compiled by order of Tokugawa Nari-Akihira, Lord of Mito. Preface date 1860. Copied from the manuscripts of Waseda University specifically for Yale University Library under my supervision in 1907. K. A.」と朝河のものと見受けられる筆跡がある。早稲田大学図書館にこの書籍の所蔵が確認できる。イェール所蔵本は西洋風に五巻に製本されており、朱書で朝河と思われる手書きがあり謄本の誤記などの訂正が発見できる。

また、一八の書名の中で横線で消されているものがある。「~~名家年表~~」、「~~金石搨本考~~」、「~~伍人組異同弁~~」、「~~藩制歴史~~」、「~~□禅金~~」とあり、「~~□禅金~~」を除いて、運送リストの中の一九〇七年四月に送付した資料と重複し、イェールの図書館に所蔵されている。「大学図書館写本」という記録もあり「江戸幕府職官考」、「鎌倉職官考」、「室町職官考」、「民間省要」の四点の写本の書名が記録されている。その四点すべてに明治期にはじめて図書館学を導入した人物といわれている和田万吉の蔵書から謄写したという奥書がある。ここで注目したいのは、「江戸幕府職官考」、「鎌倉職官考」、「室町職官考」は日本文書コレクションとしてバイネキ図書館に所蔵されているが、「民間省要」だけはノートが発見されるまで図書館の一般コレクションとして所蔵されていたことである。この「民間省要」や先ほど紹介した「息距篇」などは朝河が作成を手がけた謄写本で入手先とともに勘案すると、本来は日本文書コレクションとして取り扱われるべき資料となる。しかし今回のリストの発見まで、イェール大学総合図書館一般図書として配架されてきた。[33] このように朝河の収集した資料はあるべきところに収められていない場合が多くあり、リストにある資料が散逸また紛失してしまっている可能性があることは否めない。

なぜ、朝河が収集した多くの資料はこのように分散されコレクションの区分けが著しく複雑になってしまったのであろうか。要因は多数あるが、一つはコレクションの移転である。一九六三年にバイネキ図書館が開館したさいに、まず日本イェール協会コレクションが移転され、一九七四年には文書や写本の大半が日本文書コレクションとしてバイネキ図書館へ移動されている。(34) また、『イェール大学所蔵日本関連資料　研究と目録』の近藤成一氏の章によると、朝河が一九〇六、七年の収集活動で入手した「京都古文書」や「平氏文書」のように、巻子などの特別な形状のものや、または文化遺産としての価値が高いため、意図的に日本イェール協会コレクションへ付け加えられた、というケースもあるという。「長谷寺縁起文」や「伝法許可作法次第」も同様だと推測する。しかし、朝河自身が四〇年にわたって収集した膨大な数の書籍が分散されてしまった最大の理由は、朝河が長年格闘してきた日本語書籍の目録作成や取り扱いの方針の移り変わりであり、その変遷の歴史は、朝河、およびそれに続くイェール大学日本語資料の図書館関係者の長年にわたる葛藤の歴史を浮き彫りにし、他の主要大学東アジア図書館とは違う経路をたどった特殊なコレクションを形づくってきた。

四　日本語書籍目録の葛藤――分類とローマ字表記――

アメリカに限らず、母国語でない言語の書籍を図書館で取り扱うさいには、特殊な課題が多少なりとも発生する。とりわけ日本語書籍は、英語圏ないしラテン文字（いわゆる日本でいわれているローマ字、以降ローマ字）を母国語とする地域の図書館で整理される場合、極めて特殊で様々な問題が生じ、目録の統一化が困難になる。外国語書籍、特にローマ字以外の文字で書かれた図書を目録化するさいに生じる問題は、主に分類とローマ字表記の二つに大きく分けられる。書物および資料を分類するということは、簡易な主題の分類だけでなく、その国の学問の成り立ちや思想、文化、学問の体系が関わってくる。それに加え、他言語の資料との融合性や目録をする上での便宜性も考慮されなければならない。さらに、外国の文化や歴史が主題の図書となると、分類を割り当てる範囲が狭くなる。例えば、現在多くの大学図書館で使用されているアメリカ議会図書館の分類法においても、自国アメリカの歴史などは大分類がEとFの大きな割り当てになるが、日本の歴史だとDS801からDS897までと割り当てが狭く、主題の分類も詳細になりにくくなる。そして分類の割り当ては件名標目に直接反映することが多く、大まかな分類であればあるほど件名も具体性が失われる。結果として日本語資料の検索はより困難になる。

日本語で書籍を検索する場合は読み方が不明でも、とりあえず漢字検索ができる。もちろんそのさいに「畫」や「画」、「壹」や「一」、「國」や「国」といった旧字・新字の別や異体字などには注意を払うべきではある(35)。ただ、ローマ字表記による書籍の検索は、それに加え英語にない発音の表記法をめぐる意見の相違から始まり、書名、人名、組織の複数の読み方、分かち書き、和数字、片仮名をどのように表記するかなども問題になる。さらに、固有名詞など、どの単語の頭文字を大文字または小文字で表記するのか、どの単語と単語をハイフンで繋ぐのかなど、かなり細かく技術的な議論が生じる。例えば、「角崎」という名前は、「つのざき」、「つざき」、「つさき」、「かくさき」、「かくざき」、「かどさき」、「かどざき」、「すみさき」、「すみざき」と読み方は多数ある。それに加えて「つのざき」をローマ字表記にするだけで、各種のローマ字変換方式によって「Tsunozaki」、「Tunozaki」、「Tsunodzaki」、「Tunodzaki」と四通りにも増えてしまう。『日本史文献解題事典』という題をとっても、「文献」の「ん」の英語発音が「Bunken」、「Bumken」とローマ字の表記方法で違いができてしまう。また、規則によっては「Nihon shi」「Nihonshi」と二通りのローマ字表記の分かち書きが複雑で、固有名詞の一部の場合「Nihonshi Gakkai」というように表記するのに対し、一般的な意味の場合「Nihon shi」となり、検索する側にとっても極めて複雑な規則の知識が必要となる。

分類やローマ字表記以外にも書名の翻訳を加えるか、件名を他の言語の書籍といかに融合するか、他の言語の書籍と配置を別にするか一緒にするかなど、問題は山積みになる。現在に至るまで、このローマ字表記の標準化には細かな議論が残されており、日本語書籍の目録担当の司書のグループがローマ字表記の基準の拡充・改訂に取り組んでいる。(36) 言い換えれば、アメリカの図書館で日本語書籍を整理してきた歴代の司書にとって、目録の標準化は資料を読者に届けるため常に重要な課題であり、たゆみない努力と情熱で改訂を繰り返してきた歴史がある。しかし改訂が重なれば重なるほど初期の目録方法と改訂の間に矛盾が生じ検索結果に影響を及ぼすことも否めない。まして、イェール大学のような日本語書籍構築の歴史の古い大学ほど、その矛盾から不規則な箇所が増え、混乱が生じる可能性が高くなる。次にイェール大学において日本語書籍がどのように整理されてきたか、その中で何がイェール独自のものなのかを考証する。

五　イェール大学図書館目録の歴史

1　イェール分類法

イェール大学図書館は大学創立の一七〇一年（当初はCollegiate Schoolという名称）に、この新しい学校へ数十冊の寄贈が送られたことに始まる。現在、日本文書コレクションや日本イェール協会コレクションが所蔵されているバイネキ図書館の一階の書庫には大学初の分類印刷目録が陳列されている。この目録は一七四二年イェール大学牧師、学長だったトーマス・クラップ（Thomas Clap, 1703–1767）によって作成され、二六〇〇冊の書籍が記述されている。(37)この目録は書架の書物の位置を分類法として整理している。例えば、ある書籍の分類番号が「9. 5. 6」の場合、それは九番目の書棚の上から五段目の六番目に配置されている本をさす。そして、目録が作成された約一世紀半後の一八九〇年に大学独自のイェール分類法が成立した。この分類法は当時のアディソン・ヴァンネーム大学図書館長が自身の母校だったドイツのハレ・ヴィッテンベルク大学の分類法を参考に作成したとされている。(38)当時はデューイ一〇進分類法が全国に広まってきたところだったが、ヴァンネームは一八七六年のアメリカ図書館協会の会合においてデューイ分類法を批判していた。(39)だが、実際のところヴァンネームは書籍の分類・整理より、収集に長けていたとされ、イェール分類法はかなり複雑で論理的な部分が欠けている。デューイ分類法が一〇〇分類を割り当てたのに対し、イェール大学の学問に対する保守的な態度を反映してイェール分類法は二二の大分類の中でも三分類は西洋古典作品のためだけに割かれていた。(40)その大分類はアルファベットで作成されて、それに書籍の版の年代が加えられる。一つの分野の分類を拡大するためには他の文字を追加していくシステムであり、ヴァンネーム以降の図書館長によって幾度もの改訂に改訂を重ねて成り立ち、時々に新しい学問分野の書籍を整理するさいに、分野によっては議会図書館分類（以降、ＬＣ分類）を導入している。それゆえにイェール分類法は分類法の歴史からみても論理的というより進化的に作成された分類法であると評価されている。その後、各分野の分類が徐々にＬＣ分類に入れ替わり、一九七〇年代にはほとんどの分野の書籍をＬＣ分類で整理するようになった。(41)一般的に多くの大学図書館がＬＣ分類に変更した理由は議会図書館に図書カードを作成することを依頼できるという便宜さからだといわれている。イェール大学は他の大学図書館がデューイ分類法やＬＣ分類に転換する時期に比べて、ＬＣ分類を導入する時期が遅い。これは他の分類法と比べて、大学独自のイェール分類法はより学術的な分類だという自負がイェール大学図書館関係者にあったからだと考えられる。現在も図書館の書庫にはLC分類法に変換されずイェール分類法で整理された書籍が数多く書架に配置されており、バイネキ図書館に蔵書されている一部のコレクションもイェール分類法で分類されているものがある。現在、このイェール分類法はLC分類法に対してオールド・イェールと呼ばれている。

2 日本語書籍とイェール分類

東アジア言語の書籍整理のためのイェール分類法がいつ成立したのかは定かではない。現在、発見された最も古い資料は朝河が作成した日本語、中国語の言語と文学の分野の分類表で、一九一七年三月六日にイェール大学に適用されたとある[42]（図4）。ただ、朝河が一八九〇年代にヴァンネームによって収集された日本語書籍を整理した時にも目録に関してすでに独自の意見を述べている。また、ヴァンネームの後任となったジョン・C・シュワブ図書館長（John C. Schwab, 1865–1916）は一九〇五年に、日本語書籍の分類整理や買い入れに役に立ってくれる人物だとして、朝河を講師として大学に迎え入れることを当時の大学関係者に推薦している[43]。一九〇九年九月に朝河は日本から持ち帰った資料をその当時の目録構成と分類法に従って整理をして配架した後に、その目録方法は改訂する必要があると図書館長に報告している。朝河の主張は、集めた資料はいまだ完成されたものではないが、イェール大学と特に議会図書館やボストン美術館など他の機関に所蔵されている資料を欧州とアメリカで広く活用するために、各図書館が自由な交換を通して知的な連携で書籍を整理するべきであると提唱している。そして、その連携の実現に向けて互いの図書館が目録を充実させ、図書館間の総合目録を作成する提案があるというものであった[44]。また、その目標に貢献するためイェール大学の書籍の処理を急がなければならず、一時的にスタッフを増加する必要があると懇願している[45]。朝河が一九四八年四月に図書館に提出した書類の中でも、一九一〇年代に自ら大学図書館長からの依頼を受け、三ヵ

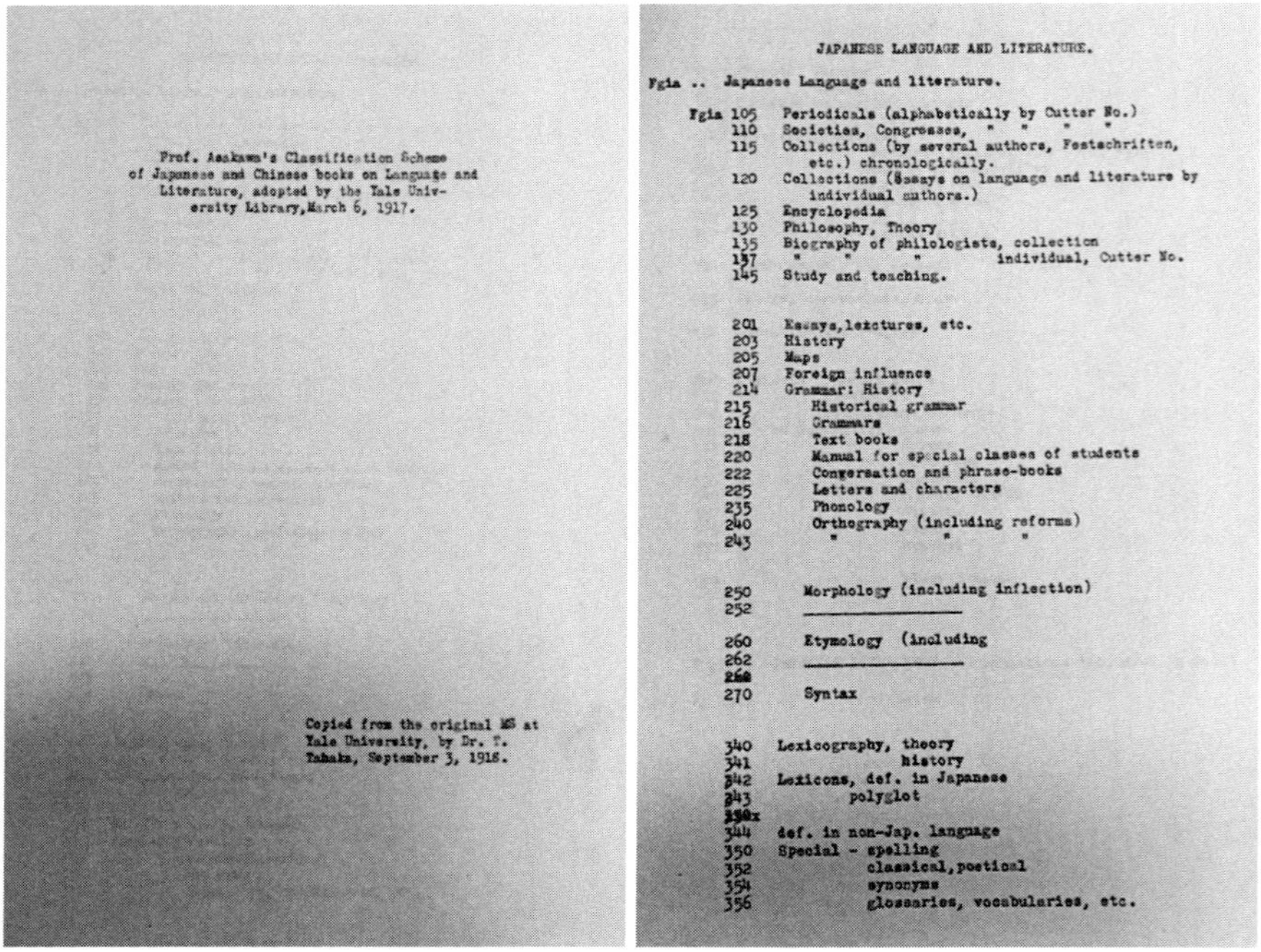
Prof. Asakawa's Classification Scheme
of Japanese and Chinese books on Language and
Literature, adopted by the Yale Univ-
ersity Library, March 6, 1917.

Copied from the original MS at
Yale University, by Dr. T.
Tahaka, September 3, 1918.

JAPANESE LANGUAGE AND LITERATURE.

Fgia .. Japanese Language and literature.

Fgia 105 Periodicals (alphabetically by Cutter No.)
110 Societies, Congresses, " " " "
115 Collections (by several authors, Festschriften, etc.) chronologically.
120 Collections (Essays on language and literature by individual authors.)
125 Encyclopedia
130 Philosophy, Theory
135 Biography of philologists, collection
137 " " " individual, Cutter No.
145 Study and teaching.

201 Essays, lexctures, etc.
203 History
205 Maps
207 Foreign influence
214 Grammar: History
215 Historical grammar
216 Grammars
218 Text books
220 Manual for special classes of students
222 Conversation and phrase-books
225 Letters and characters
235 Phonology
240 Orthography (including reforms)
243 " " "

250 Morphology (including inflection)
252 ____________

260 Etymology (including
262 ____________
268
270 Syntax

340 Lexicography, theory
341 history
342 Lexicons, def. in Japanese
343 polyglot
340x
344 def. in non-Jap. language
350 Special - spelling
352 classical, poetical
354 synonyms
356 glossaries, vocabularies, etc.

図4　朝河 Yale Classification の一部
Beikoku Gikai Toshokan Sakanishi Shiryō. Bunrui Oyobi Mokurokuhō, Narabini Toshokangaku Kankei. Asian Division, Library of Congress.

国語（中国語、日本語、韓国語）の書籍のためにイェール分類法に沿った独自の分類法を考案し、以後三〇年以上にわたりその分類法に従ってきたという回想をしている。[46] これらを考慮すると日本語のイェール分類法は一九一〇年代初頭に作成され、年月をかけて徐々に改訂されていったものと推定される。実際に朝河の作成した分類法は非常に複雑ですぐには理解しがたい。実際の朝河分類法や目録への哲学を詳細に考証することは、朝河の日本学に対する思想や学術的な背景など様々な要素を考慮し、さらにアメリカで適用された他の日本語および中国語書籍の分類法の比較も必要となり、長期における研究を要すると考えられる。しかし、朝河の分類法および目録への一連の行動、そしてそれに携わる国際的な事情や流れを概観することで、イェールまたはアメリカ全体における日本関連書籍の歴史を垣間見ることができる。

六　朝河貫一と日本語書籍目録の世界

1　一九三五年東アジア目録会議

前述したように朝河は自身が収集した日本語資料の整理・目録作成に熱心に取り組んでいた。自身が収集した東アジア図書だけでなく、一九三〇年には新設されたばかりのスターリング図書館への移転時に、前記のアメリカン・オリエンタル・ソサエティー（AOS）で目録担当のエリザベス・ストラウト（Elizabeth Strout）も朝河の援助を受けてAOSにある東アジア言語資料を含めた大々的な蔵書目録を編集している。(47) 朝河は他の図書館とも連携を取り、東アジア図書の目録の協同作成や標準化に向けて活発に運動している。一九三〇年代はアメリカの中国、日本への関心が高まると同時に各大学の東アジア関連の蔵書も著しい増加の傾向をたどった。日本語を扱う司書たちとの間のコミュニケーションも盛んになり一九三五年にはニューヨークで東アジア書籍に関する目録の会議が開かれた。この会議はロックフェラー財団の後援のもとで現実となり、議会図書館の坂西志保や主要図書館の東アジア図書専門の司書が参加したと推測できるが、会議自体の詳しい記録が発見されていない。朝河が会議自体に参加したかは定かではないが、会議後にロックフェラー財団人文部ディレクターのデイビッド・H・スティーブンズ（David H. Stevens）に中国語と日本語の書籍の目録に関する詳細な提案書を提出している。(48) 提案書はまず四庫全書を含めた中国語、日本語書籍の分類に対する考察から始まる。朝河の分類法に対する考え方は後述するが、他の提案のポイントを要略すると以下のようになる。

- 書名のアルファベット表記（ローマ字表記）は呉音、漢音、唐音、そして名前の発音などあまりに読み方が多様すぎる。その上に例外が多すぎるため、優秀な生徒でも検索している特定の著者や書名に詳しくなければ、読み方を間違えることがあるだろう。
- ローマ字表記は訓令式とヘボン式の両方ともにShとchの扱い方がよくなく、zhとjの発音の違いも曖昧なので、多少の改正が必要となるものの、訓令式よりヘボン式のローマ字表記方法の方が好ましい。いずれにせよアメリカの東アジア図書館は訓令式とヘボン式のどちらかに導入の選択を統一して相互参照が可能なようにするべきである。
- 書名の英訳は手間の都合から、書名自体から内容が憶測できないもの以外は除いてもよいと思う。日本語は特に曖昧な書籍名が多く、例えば江戸の学者でない限り「賤の伏屋」と題されたパンフレットに江戸時代の正規の行政規定が含まれていると推測することはできないだろう。
- 図書館間で単語の大文字、小文字の選択やハイフォンの挿入に関する規則の統一の合意が不可能な場合でも、それぞれの図書館で明確で一貫性のある規則を確立するべきである。いくつかの目録はとても荒削りで、思い付きから突然変更されているが、それは大変嘆かわしいことである。
- 図書カードの整理方法はチュウ氏が提唱している通り、東アジア言語を別に整理することに賛同する。(49)
- 四角号碼の漢字検索方法は中国語には便利かもしれないが、日本語には漢字だけではなく片仮名や平仮名もあることから不適格である。平仮名を片仮名に変換して、その片仮名を四角号碼の検索方法に沿うように使うことは不可能ではないが、平仮名の題名を片仮名に変更して表記することはその書物の印象を変えてしまうかもしれず、著者の怒りを買うことにもなりかねない。

・表記形式の選択は中国語は発音にもとづいて表記することが合理的だが、日本語については本来は発音と漢字の両方で検索できる方がよい。だが、その両方のやり方を選択すると目録に手間がかかり過ぎるので、発音を優先するべきである。だが、図書カードの書名、人名、件名のすべての事を考慮すると自分の考えがまとまらない。

これは朝河が日常の目録経験から得た知識をもとに考慮した提案の数々で、このような課題を話し合い、目録に関する意見交換や共同目録の作成を大学間で行うことを構想した意見書ととれる。後日、スティーブンズから朝河に提案書の受領とコピーを関係者全員へ送った、という通知が届けられた。この提案が他の司書たちの間でどれほど議論されたかという記録は発見されていないが、この意見書から朝河がこのように目録に関して多くの明確な提案をし、図書館間の統一が朝河にとって大きな課題の一つだったということがよく窺える。実際に朝河が集めた日本語の書籍を目録にとり、使用できるようにするのには常に人手不足で、朝河は歴代の図書館長に常時不満を述べている。例えば朝河はシュワブ図書館長に、自身の研究と司書としての図書の買い入れや整理の両立は不可能であり、図書館での朝河の待遇は好ましくなく、電話もなければタイピストもいなく、アシスタントを付けるよう懇願しており、せっかく集めた書籍が利用されないと愚痴を長々と書いている[50]。それに加え朝河が開発した分類法は非常に複雑であり、朝河にしか扱うことができなかったため、多くの東アジア言語の図書、中でも中国語の書籍が未処理のままにたまり問題になった[51]。特に中国語の書籍の増加は著しく、イェール大学においてもハーバード・イェンチン分類法を取り入れる動きが盛んになった。

2　ハーバード・イェンチン分類法

朝河が教授として学部を引退する一九四二年頃から、イェール大学が所蔵する中国語と日本語の書籍をハーバード大学イェンチン図書館分類法（以降、イェンチン分類法）にもとづいての整理に変更する案があがっていた。この分類法はハーバード大学イェンチン図書館が設立された一九二七年に初代の館長の裘開明（Alfred Kaiming Chiu, 1898-1977）が独自に考案した分類とされている。以前は議会図書館をはじめコロンビア大学やカリフォルニア大学図書館では中国語資料の整理に中国本土の四部分類を適応していたが、このイェンチン分類法が考案されたことで一気に多くの主要な東アジア図書館がこれを導入し始めた。一九四〇年代にはコロンビア大学、プリンストン大学、シカゴ大学、バークレー大学などの大学が数多く導入し、アメリカ国内だけではなくヨーロッパや中国、日本にも広まっていく(52)（現在は大多数の大学がイェール大学と同じくLC分類を採用している）。

イェールのイェンチン分類法の導入案が出始めるようになってから、朝河は導入に反対する異議を幾度か提出している(53)。この議論は何年も続き、教員としては一九四二年に大学を引退していたが、司書として東アジア図書の整理を続けていた朝河は亡くなる四ヵ月前の一九四八年四月十六日に、大学図書館長と歴史学部長などの大学管理職宛に日本語書籍の目録に関して激甚な意見書を提出している(54)。

この意見書は序説、Classification（分類）、Transliteration（日本語から英語への音訳と表記方法）の三章で構成されている。序説において朝河は、三〇年以上も前に大学図書館長と目録作成部門からイェール分類法に特別な三言語を対象としたセクションを作るさいの構想を依頼されたと述べ、長年にわたって改訂に改訂を重ねてきたことを強調する。そして、ハーバード大学の関係者がこのイェンチン分類を世界中に広めようとアメリカ学術団体評議会（American Council of Learned Society: ACLS）と極東委員会（Far Eastern Comission）の関係者に根回しして、AOSの会議では全米で遠東学会（Far Eastern Association）を創立させて極東研究関連の出版を牛耳ろうと陰で会議を操っていると指摘する(55)。さらに、その陰謀の主犯の一人である元ハーバード大学関係者が最近イェール大学の教授になったことにより、イェール大学にもこのイェンチン分類法を導入するよう働きかけている、とアメリカにおける東アジア研究の一連の権力闘争にも言及する。

分類の章では特に激しく感情的に、イェンチン分類法をイェール大学で導入することは利点より欠点が多いとの見解から批判を展開し、書籍は一冊、一冊イェール大学図書館の友愛の精神にもとづき対等の地位で配置されなければいけないと主張する。そして、東アジア言語の書籍も大学のコレクション全体と融合させるような取り扱いが望ましく、有機的な個々の要素に相互関連性があるイェール分類法を廃棄することは非常に問題だと断言する。さらに長年のあいだ大学の他のコレクションと融合して産出されたシステムとその取り組みをいじくりまわすのは賢明ではないと警告し、なおかつアメリカ全体の日本語書籍に関わるコミュニティーは日本の歴史について無知なうえに、イェンチン分類法はいまだに周知されていないため、利用に混乱を招く可能性が高いと力説する。朝河自身が構成した整理の方法を残すことを主張しているのではないと強調した上で、この新しいハーバードの分類を導入することは著しく不名誉なことだとして、イェンチン分類の説明に入る。

イェンチン分類法はまず大きく九分類で構成されている。

100–999　中国経学類 Chinese classics（King）
1000–1999 哲学宗教類 Philosophy and Religion（tzi）
2000–3999 歴史科学類 Historical Science（shi）
4000–4999 社会科学類 Social Science（modern）
5000–5999 語言文学類 Language and Literature（tsu）
6000–6999 美術遊芸類 Fine and Recreative Arts（modern）

7000–7999 自然科学類 Natural Science (modern)
8000–8999 農林工芸類 Agriculture and Technology (modern)
9000–9999 総録書志類 Generalia and Bibliography (tsu)(56)

イェンチン分類法自体に関して朝河は主に二つの要点で批判を展開する。一点目はこの分類法の構成は北京大学が開発した分類法をもとにした中国資料のための分類法であり、すべての文献を四つに分類する中世の中国四庫にもとづいた分類であることを説明する。中国の経・史・子・集の四部分類法において、儒教の経典や注釈の経部は「King-君主」であり、第一に重要と位置付けられて、歴史・地理などの史部「shi-史」は二番目に重要とされて歴史をもって儒教を肯定する傾向があり、それ以外は重要でないとされる点を朝河は批判する。子部「tzi-子」は諸子百家などや天文学・暦学・医学・薬学なども含む三番目のランクに位置付けられ、最後の集部は種々雑多と称したほうがよいカテゴリーであり「tsu-集」に文学作品、文芸評論とそして芸術や薬学までをも含めていると非難する。新しいイェンチン分類法はその経・史・子部は経学類、史地類、哲学宗教類に残され、集部は語言文学類と叢書、目録類に分かれている。それ以外の社会科学類、美術類、自然科学類、農林工芸類が新しく加えられた分野と説明する。

朝河はイェンチン分類法のそれぞれの大分類に分野が重複して配置されており、区分が大変複雑で、さらに小分類に配置される分野が不合理であると例をあげて批判する。

1 仏教やキリスト教の美術関連は美術類ではなく、哲学宗教類に分類されており、不自然で人工的。
2 史地類には歴史学のほかにも、考古学、民族学、民族誌学、系図学、伝記、地理学が含まれてしまっている。
3 叢書、目録類には文献目録、全集、参考図書だけでなく、雑誌や新聞、会議録、展示録、美術館誌などがある。
4 そして心理学が自然科学に含まれるのに、考古学、民族学、民族誌学は史地学、そして人類学は自然科学類に含まれ、これらのすべての分野は社会科学の要素を否定されている。

5　農学、林学、畜産学、そして他の技術関連の分野はやや農林工芸類の分野でみかけるが、それらの分野のさらに細かい区分は自然科学類にしかみられない。

朝河は他の分類法にも不規則な点はみつかるとした上で、イェンチン分類法はその新しい分野でさえも、古代中国の思想に人為的かつ強制的にはめ込もうとして、不自然な箇所が多すぎるとした。日本や他の東アジアの国々の文献には到底適用できるわけもなく、新しく出版された文献を分類することは不可能だとしている。

さらに朝河はイェンチン分類法は古代中国哲学から約二〇〇〇年続く「至上主義」（中華思想）にもとづいているとして、「The Philosophy of China's supremacy over the world」の章において長く強烈な批判をする。朝河は長文で詳細な例をあげて主張するが、一部を意訳すると朝河の主張はこのようになる。

中国人たちは自分たちの国家を「中国」、つまり世界の中心国家と考え、他の全ての国を中国の従属、または文明も秩序もない劣等な野蛮人の集まりとみなしている。（中略）そしてその思考は今もひそかに様々な形で現れている。ハーバード大学イェンチン図書館分類法がそのいい例だ。ハーバード大学がその古い傲慢な思考を意図的に拡散しているとは考え難い。おそらく北京大学の分類法を真似ることが都合が良かったためだろうが、同時にその哲学も継承してしまっている。（中略）しかし、無意識の習慣であろうと真似であろうと、この分類の立案者らは自ら招いた結果の責任を免れることはできない。この分類法の個々の分類はまるで住む領主や主人が広大な豪邸を与えられるように中国が独占し、他の極東諸国は中国の捕虜、またはもらい子のように隅の方に追いやられ、時にはその主人の大きな袖下で見えなくなってしまうだろう。[57]

さらに、朝河は中国が哲学、文学、芸術の形成に尽力をしてきた歴史を認識した上で、それまで築きあげられたその文明が王朝交代によって抹殺されることを指摘している。そして、書籍を目録するという学術的な探究であったとしても、この「中央国家」（中華国家）という思想は自国の願望達成のために他国の存在を認めない傾向が強く、それは世界の歴史の中でも類をみない現象であるとする。最後に朝河は、イェール大学はその従来の公明正大から逸脱して、大学の持つ正義感を代償にしてまで、その猛烈な虚栄心を煽ることを急ぐのか、と威迫している。

表記方法の章は東アジア諸国の発音とそのローマ字表記についてである。朝河は丁寧に西洋と東洋の言語の根本的な違いや、各国の歴史的な変動、名前や地方方言の多様な読み方を説明したあと、日本語と中国語の違いや日本語の長音と短音を単語の空気（kuki）や茎（kuki）の例などで説明し、ヘボン式と訓令式の歴史とその問題点を詳しく説明している。そしてイェール大学ではヘボン式を利用することを強いられていると嘆き、朝河が独自に開発したローマ字化方式はヘボン式とそれほどの違いはないと表を提示しながら説明して、朝河の考えた方式を採用するよう懇願する。図書館の上層部は朝河の中国国家に対しての偏見的な意見に辟易したが目録に関しての意見は正しいのではないかと慎重に検討している。朝河はその年の五月にも一九四三年から一九六五年まで図書館長だったジェームス・T・バブ（James T. Babb, 1899–1968）を東アジア図書の閲覧室だった部屋に招待して、なぜイェンチン分類法を日本語の書籍に適用することは問題があるかを説明している。そして、亡くなる直前の七月四日の朝河の日記にバブ図書館長からおそらくイェール大学でのイェンチン分類の導入はないとの連絡がきたという記述がある(58)。ただ実際はその後も東アジア図書の分類に関しての会合が行われ、イェンチン分類法を導入するかどうかの議論が続いた。一九四九年になると分類と合わせて図書館の東アジア図書の分配と混配の問題に移っていく。

七　朝河後の東アジア図書混配・分配論争

イェンチン分類法に熾烈に反対する朝河の意見書の中には、すべての書籍は図書館の中で対等の地位で配置されるべきである、という意見がところどころにみられる。このように図書館における東アジア図書の存在を強調する背景には、目録に関する朝河の書簡群から窺える限り、朝河がイェール分類法をもととして他の主要言語書籍との調和を考慮して、東アジア言語図書の目録と配置を考案してきたことがある。また、欧米の学問と書籍を中心とする大学の風潮の中で、東アジア研究やそれを象徴する書籍も西洋と同じ位置付けにしたいという思いが、大学で日本人として長年冷遇を受けてきたと、少なからず感じ続けてきた朝河の心境の投影と考えることも可能ではないだろうか。

この朝河の考えは、その後の大学の東アジア資料の扱いに影響を与えることになる。そして朝河の死去後、一九四九年には東アジア言語の書籍と他の言語の書籍との関係性はさらに注目され、一ヵ所にまとめられて配置されていた日本語、中国語、韓国語を再分類して、英語やドイツ語などの西洋圏の言語と混配するという提案が出始めた。この混配は東アジア図書にとって「言語ごとに所蔵しなければいけないという伝統的な考え方から、急進的でまったく新しい出発」と考えられ、推し進められた[59]。分配とは同じ言語で書かれた書籍を書架の一ヵ所に集めて配置する方法であり、これに対し混配は書籍の言語を問わず主題によって配置される方法となる。例を挙げると夏目漱石に関する日本語の書籍を分配から混配に変えると、それらの書籍は夏目漱石に関する英語、ドイツ語、スペイン語の書籍と一緒に配置されることになる。

この提案は日本政治学者のチトシ・ヤナガ（Chitoshi Yanaga, 1903–1985）と中国政治学者のデイビッド・ロウ（David N. Rowe, 1905–1985）が中心となって進められた。ロウは一九四六年に獲得したロックフェラーの奨学金をもとにイェール大学における極東およびロシア研究科（Far Eastern and Russian Studies）設立に参加した。[60] 彼は東南アジア研究科の創立者で研究者の一人でもあり図書館資料に関しても熱心に活動しており、一九四三年にはヤナガやAOSのストラウトにハーバード・イェンチン図書館の目録作成過程と中国に委託して目録カードを作成する方法を偵察に行くように提案している。[61] また、ヤナガは善本で価値があるが、非常に高額な古典籍の収集よりも、文章は同じで価格が安い新刊などで蔵書数を増やすべきであると唱え、図書館の蔵書の増加にも取り組んだ。[62]

この東アジア図書混配の提案は他の図書館に前例がなく、イェール大学の東アジア研究教授や図書館関係者を大きくまきこみ二分化するほどの物議を醸した。東アジア図書館の美しい図書はすべて一つ場所に一緒に所蔵されるべきである、というような強硬な意見や、再分類にかかる資金や労力、その間は資料が使えないなどといった理由から関係者の間で激しい対立になった。まさに書籍は学問の象徴というべき存在で、東アジア図書・研究の特殊性を主張し、他の分野に「侵略」されないよう、一ヵ所に所蔵しなければならない、という考えに対し、分配されることによって東アジア言語の図書は書庫の「隅に追いやられ」、現代の知的発展から外されてしまうという意見が対立した。最終的に一八四〇年以前に出版された書籍にはイェンチン分類を適用して再分類するが分配を続け、それ以降に出版された書籍にはイェール分類法を使用して混配をするという決断がなされた。[63] 長期間に及んでこの東アジア図書の分配と混配をめぐる議論は終結せず、その後幾度となく混配をもとに戻し分配に、つまり東アジアの図書を一ヵ所に集め戻すという試みもあったが、実行されずに終った。[64]

この新しく出版された書籍をイェール分類法にもとづいて他の言語の書籍と一緒に混配をする、という決断はイェール大学に所蔵されている東アジア言語の資料の運命に大きく影響し、他の大半のアメリカの大学にある日本語書籍コレクションの整理、目録の流れから外れてしまう。当時、東アジア図書を所蔵する大学図書館の多くはイェンチン分類法を導入している。いくら朝河にイェール大学の分類法が学術的に優れているという自負があったとしても、アメリカ全体の東アジア図書館が同じ目録方法を適用することによって書籍の協同目録化を進める動きは加速していた。(65)もしイェールがすぐさまイェンチン分類法を導入していたならば、イェールに所蔵されている書籍はより多く目録がなされたとは考えられないだろうか。

加えて、朝河の時代にイェンチン分類法を導入していたのならば、戦後になっても混配という決断はなく東アジアの資料の分散や未整理は最低限に防げたのではないだろうか。この混配は研究者にとっては比較的便利な方法だとの意見も多いが、図書館関係者にとっては資料が扱いにくい配置の仕方ともいえる。分配と混配の議論が続く中、東アジア言語の書籍は混配のために再分類され始めていたが、増加し続ける新しい書籍の目録もとりきれない状態で、すでに整理されている書籍のすべてを再度目録にとり分類し直すのは不可能に近かった。混配にしてからは、利用者が本を探すために検索する図書カードは中国語書籍のカードが邪魔をして英語の中国関連の文献が探せないという苦情も出た。そして一九七〇年頃になると東アジア言語の資料も議会図書館分類法での整理が導入され、その調整にも時間が取られた。結局、朝河が収集した多くの書籍は再分類されないまま、日本語、中国語書籍に付けられた分類または請求番号は一貫性をなくした。(66)当然、日本語、中国語書籍を戻す場所が複数に分かれ、言語の理解できないスタッフが図書を書庫に戻すのに混乱を招き、紛失が増加した。最後に図書館が本格的に書籍を混配から分配に戻そうとしたのは一九七〇年三月から一九七四年頃で、当時の東アジア図書館部長の金子英生が何件もの提案書を書き、東アジア図書の混配、言語での分配、または東アジアという主題による分配と主題別で一つに集めようとしたが、結局、他の関係者の反対や再分類するための膨大な労力、そしてそれに見合う人件費などのために断念することになった。(67)

おわりに

近年、朝河研究が進むなか、朝河が図書館にどのような資料を収集してきたのかが注目され始めている。その点では、今回紹介したイェール大学図書館で発見されたノートブックや報告書は、朝河が研究者としてどのような資料に接してきたかを知るうえで重要な資料となることだろう。しかし朝河は半世紀近くにわたって図書館のために膨大な資料の収集をし続けてきた。また、一九二〇年以降は日米間の書籍の流通もアメリカにある東アジア図書館間の交流も盛んになってきた。今後は朝河がどのような資料を収集してきたのかだけではなく、朝河がどのように資料と接してきたのかの研究がより重要となってくるだろう。その点から朝河の書き入れがある書籍などを調査することや、朝河の日本語資料の目録、整理方法や分類の考え方を研究する価値はある。

本が読者に行き着くまでの経路をみるためにも分類の問題は重要である。特にオンラインカタログなどがない朝河の時代は、なおさらといえるだろう。数え方にもよるが現在イェール大学図書館が所蔵する図書は一五〇〇万冊といわれ、その中で日本語の書籍は三〇万冊にしか満たない。一期一会という言葉通り、この膨大な蔵書の中、その中では少数派の日本語の資料群と研究者の巡り会いを改善させるため、分類、ローマ字表記、図書カード作成、配置など、朝河の多岐にわたる努力の歴史がある。近年は図書館のコレクションの蔵書数より、いかに適切な情報へとアクセスができるかの時代といわれている。そのような視点から大学の所蔵するコレクションだけではなく、オンライン上で提供される情報にどのように効率的にたどり着けるかが課題になる。そして、その課題は現在の日本語資料を扱う司書にとっても変わることはない。

たゆみない目録改善だけでなく、イェール大学で開催された崩し字読解のワークショップや日本の様々な古典籍、史料に触れる勉強会、朝河が収集した史料の展示や、それに伴うシンポジウムの企画、開催もその課題に含まれるだろう。今後も朝河関連の資料をはじめ、多くの貴重な日本語資料がどのように世界中の研究者に効率的に発見され、利用される環境を作ることができるかが図書館の課題となってくる。一番の課題としては、朝河が収集した貴重な資料をアメリカだけでなく、日本、また世界中の研究者が閲覧できるよう、資料自体のデジタル化、公開を進めている。また、画像提供だけではなく、研究された資料の情報を付加できるようなプロジェクトも考案している。その取り組みの一環として、アサカワ・エピストラリー・ネットワーク・プロジェクトと題して、朝河の書簡をデジタル化するだけでなく、往来の日付・場所・受取人などを合わせてデータ化することにより、朝河の交友関係・人脈といった彼のネットワークを視覚化するという試みも促進している。[68] それに加え新しく発見された書簡の情報や筆記が読みにくい書簡の翻刻、翻訳をクラウドソーシングによって提供できるプラットフォームの構築を試みている。所蔵された資料の付加価値をどのように提供できるか、それが資料を整理提供するという現代の司書の新しい課題となることだろう。

注

（1） Ellen H. Hammond. "A History of the East Asia Library at Yale University." Peter X. Zhou, ed. *Collecting Asia: East Asian Libraries in North America, 1868–2002*, Ann Arbor, Mich.: Association for Asian Studies, 2010, pp. 3–20.

（2） 夜久正雄「エール大学図書館・ウィリアムズ家文書の吉田松陰渡海密書二通について」（『アジア大学教養部紀要』一五、一九七七年、五三―七三頁）。

（3） 華族女学校は現在は学習院女子中・高等科、東京女子師範学校はお茶の水女子大学、そして女子英学塾は津田塾大学となる。

(4) 当館に所蔵する大半の江戸期の版本は国文学研究資料館の鈴木淳氏の調査による。*Japanese Special Collections at Yale: East Asia Library*. Yale University East Asia Library. http://guides.library.yale.edu/c.php?g=295922. Accessed 15 Sept. 2016.

(5) 正確にはヴァンネームの妻、Julia 夫人の兄の Josia Willard Gibbs 教授の邸宅。住所は 125 College Street であり、その建物は現在もイェール大学スターリング図書館の近くに現存する。

(6) 前掲注(1)Hammond 論文。

(7) このコレクションの歴史はウィリアム・フレミング「須原屋茂兵衛の『御書籍目録』とイェール大学日本書籍コレクション成立の秘話」(東京大学史料編纂所編『イェール大学所蔵日本関連資料　研究と目録』勉成出版、二〇一六年)で詳しく紹介されている。英語版は William D. Fleming," Japanese Students Abroad and the Building of America's First Japanese Library Collection, 1869–1878." (*Journal of American Oriental Society* で近刊予定)。

(8) Kan'ichi Asakawa, Letter to Addison Van Name, Spring 1903. Librarian, Yale University, Records (RU120), Manuscripts and Archives, Yale University.

(9) 東京大学史料編纂所編『イェール大学所蔵日本関連資料　研究と目録』勉成出版、二〇一六年。

(10) 金子英生「朝河貫一と図書館の絆」(朝河貫一研究会編『朝河貫一の世界』早稲田大学出版部、一九九三年、二三五—二三五頁)。

(11) 金子英生「イェール大学図書館と朝河貫一」(国文学資料編纂所編『調査報告』一一、一九九〇年、三五—四〇頁)。

(12) 原文は「the circumstances of these gifts should lift them above all suspicion of being political propaganda. At the time of the raising of the fund, both the United States and Japan were involved in the World War on the same side; and the Manchurian venture and the naval conferences were in the laps of the gods. The earliest gift was entirely Chinese in contents; and the present one, when completed, will also probably include manuscripts and books of both China and Korea. The gifts were inspired purely by the devotion of the alumni to their Alma Mater, and by their desire to introduce her to hitherto little know phases of the history of the national culture."」とある。Kan'ichi Asakawa. "Association of Japan" New Haven: Yale University Library Gazette, Oct. 1934, pp. 29–37.

(13)『朝河貫一資料　早稲田大学・福島県立図書館・イェール大学他所蔵』研究資料シリーズ五、早稲田大学アジア太平洋研究センター、二〇一五年。

(14) 阿部善雄『最後の「日本人」—朝河貫一の生涯—』岩波書店、一九八三年。

(15) 和田敦彦『書物の日米関係』新曜社、二〇〇七年。

(16) 和田敦彦『越境する書物—変容する読書環境のなかで—』新曜社、二〇一一年。

(17) 前掲注(1)Hammond 論文。

(18) 前掲注(7)Fleming 論文。

(19) Hiroki Kikuchi. "Letting the Copy Out of the Window: A History of Copying Texts in Japan." The East Asian Library Journal, Vol. 14, No. 1, Spring 2010, pp 121-157.

(20) 松谷有美子「朝河貫一によるイェール大学図書館および米国議会図書館のための日本資料の収集」(『Library and Information Science』七二、二〇一四年、一—三五頁)。

(21) 近藤成一「イェール大学の所蔵する日本関連資料について」(東京大学史料編纂所編『イェール大学所蔵日本関連資料研究と目録』勉成出版、二〇一六年)。

(22) ノートブックは朝河貫一文書に所蔵されるべく目録が行われており、資料収集リストは Yale University, Records (RU120), Manuscripts and Archives, Yale University の文書コレクションから発見される。

(23) 資料によっては様々な冊数が記録されており、諸説が多い。前掲注(1)Hammond 論文、注(11)金子論文、注(20)松谷論文。

(24) Kan'ichi Asakawa, Letter to Arthur Twining Hadley, May 14, 1906. President of Yale University, records. (RU 2), Manuscripts and Archives, Yale University.

(25) Librarian, Yale University, Records (RU120), Manuscripts and Archives, Yale University.

(26) 朝河一九〇六、七年時日本語書籍購入リスト。Yale University East Asia Library. http://guides.library.yale.edu/japanspecial/asakawa Accessed 2 December. 2016.

(27) 前掲注(14)阿部文献、注(11)金子論文、注(19)Kikuchi(菊地)論文。

（28）「米商旧記」には朝河宛幸田からの書簡の一部も残る。前掲注（9）。
（29）下中邦彦『日本人名大事典6』平凡社、一九七九年。
（30）前掲注（14）阿部文献。
（31）西田友広「イェール大学所蔵「元徳二年後宇多院七回忌曼荼羅供記」とその周辺」（東京大学史料編纂所編『イェール大学所蔵日本関連資料　研究と目録』勉成出版、二〇一六年）。
（32）白鳥庫吉「支那塞外民族史」Yale East Asia Library Special Collections、一九〇七年。
（33）今回の調査で東アジア図書館のスペシャルコレクションズに加えられた冊数も多い。
（34）前掲注（11）金子論文、三六頁。
（35）技術の向上によってそれぞれの漢字の異形をマッピング処理して、共通検索できるデータベースも多くなっている。
（36）小委員会の正式名は Council on East Asian Libraries（CEAL）Committee on Technical Processing（TP）/ Committee on Japanese Materials（CJM）Joint Working Group on ALA-LC Japanese Romanization Table.
（37）*A Catalogue of Books in the Library of Yale-College in New-Haven*. New Haven: Printed by James Parker, 1755.
（38）Jennette E. Hitchcock. “The Yale Library Classification.” *The Yale University Library Gazette*, Vol. 27, No. 3, Jan. 1953, pp. 95–109.
（39）Judith Ann Schiff.” Van Name, Addison” *American National Biography Online*. American Council of Learned Societies, Oxford University Press. http://www.anb.org/articles/20/20-01045.html. Accessed 15 Sept. 2016.
American National Biography Online Feb. 2000.
（40）Thomas Frederick O’Connor. “Collection Development in the Yale University Library, 1865–1931.” The Journal of Library History（1974–1987）, Vol. 22, No. 2, 1987, pp. 164–189.
（41）”The Gazette.” *The Yale University Library Gazette* 58. 1/2（1983）: 2–8. http://www.jstor.org/stable/40858821 Accessed 15 Sept. 2016.
（42）Sakanishi Papers, Library of Congress, Asian Reading Room. この資料は一九一八年九月に Dr. T. Tanaka という人物がイェールのアーカイブにあった資料を複写したとあるが、原本は発見されていない。

（43） フレドリック・W・ウィリアムズ（Frederick Wells Williams, 1857–1928）はイェール大学で東洋史の教授で、父親は本文で紹介したサミュエル・W・ウィリアムズ。

（44） 朝河は図書館長宛の書簡などでボストン美術館の岡倉天心を引き合いに出すことが数回あり、資料のことを相談していたと推測できる。

（45） Kan'ichi Asakawa, Letter to John C. Schwab, 1909. Librarian, Yale University, Records（RU120), Manuscripts and Archives, Yale University.

（46） Kan'ichi Asakawa, *Petition to the Library and the Administration of Yale University to reconsider the recent decision to adapt new system of transliterating Japanese sounds and of classifying Japanese Books*. Office of the President Charles Seymour records（RU 23), Manuscripts and Archives, Yale University.

（47） Elizabeth Strout, ed. *Catalogue of the Library of the American Oriental Society*. New Haven, Conn.: Yale University Library, 1930.

（48） Kan'ichi Asakawa, Letter to David N. Stevens, November 12, 1935. Librarian, Yale University, Records（RU120), Manuscripts and Archives, Yale University.

（49） この「Mr. Chu」はおそらくハーバード大学イェンチン図書館初代館長の裘開明を指している。

（50） Kan'ichi Asakawa, Letter to Andrew Keogh, 1935. Librarian, Yale University, Records（RU120), Manuscripts and Archives, Yale University.

（51） 一九三八年頃八〇％以上の中国語書籍が未処理とある。Kenneth Scott Latourette "Far Eastern Studies at Yale." *Amerasia*: A Review of America and the Far East. Vol. 2, No. 6. Aug. 1938. pp. 288–292.

（52） Kaiming Qiu and Huanwen Cheng. 裘开明图书馆学论文选集＝*Selected Works of Alfred K'aiming Ch'iu in Library Science*. Guilin Shi: Guangxi shi fan da xue chu ban she, 2003.

（53） 一番古いのは一九四三年の七月、八月付けの朝河の書簡になるが、この議案に関する議事録、書簡、報告書などの記録が残る。また、戦後は分類だけではなく日本人の名前の表記の仕方に問題があるとして検閲行為だとの抗議もしている。Librarian, Yale University, Records（RU120), Manuscripts and Archives, Yale University.

（54） 前掲注(46)Asakawa 論文。

（55） アメリカ学術団体評議会は一九一九年に設立された人文社会専門の学術団体。極東委員会は一九四五年に連合国が日本を管理するために一一ヵ国で構成した組織。遠東学会は一九四一年発足、アジア研究協会（Association for Asian Studies: AAS）のもととなる組織といわれている。

（56） Kaiming Qiu, et. al. “A Classification Scheme for Chinese and Japanese Books.” Washington: Committees on Far Eastern Studies, American Council of Learned Studies, 1943. 括弧の内容は朝河が懇願書で付け足したもの。

（57） 原文は「In their attitude toward foreign nation, the Chinese have habitually derived their comfort from asserting that their own State was the Chungkuo, the Central State, of the universe; that all other States and Nations were either dependent tributaries of China or else barbarian outcasts beyond the pale of beneficent civilization and rule. … And the lingering influence of the age-long habit of thought still crops out now and then in more or less surreptitious forms: the Harvard-Yenching classification is an example. I do not think that its framers at Harvard have intentionally resuscitated the ancient arrogance; very likely they thought it convenient the copy much of the classification of the Peking university and followed the same pattern in elaborating the reminder of the plan … But, whether led by a largely unconscious habit or by imitation, the framers of the finished plan cannot altogether escape the responsibility for the actual results of their work; they have erected in each individual classes a mansion of which China shall be lord and master, and in which other countries of the Far East shall be gathered as captives or adopted children; they are sometimes to be set down in little corners and at other times concealed under the master’s ample sleeves.」とある。

（58） Kan’ichi Asakawa, Diary on July 4th, 1948. Kan’ichi Asakawa Papers (MS 40). Manuscripts and Archives, Yale University.

（59） Addendum to Library Committee minutes, January 27, 1949, Librarian, Yale University, Records. (RU 120), Manuscripts and Archives, Yale University Library.

（60） Woodbridge Bingham. ”Notes and News.” *The Far Eastern Quarterly*, Vol. 6, No. 2, 1947, pp. 210–217. http://www.

jstor.org/stable/2049177. Accessed 10 Sept. 2016.

（61） Dorothy F. Livingston. Letter to James T. Babb. February 2, 1948. Librarian, Yale University, Records (RU120), Manuscripts and Archives, Yale University.

（62） Yanaga, Chitoshi. *Memorandum on Visits to Harvard, Columbia, and Library of Congress*. February 26, 1948. Librarian, Yale University, Records (RU120), Manuscripts and Archives, Yale University.

（63） 一八四〇年出版以前の書籍はまずイェンチン分類で宛われた後、「FV」の頭文字をつけて書庫に配置されたとされる。*Appendix to Librarian's Bulletin Catalogue Department Memorandum*, No. 1., June 3rd, 1949. Librarian, Yale University, Records (RU120), Manuscripts and Archives, Yale University.

（64） 分配、混配問題はHammond著の"A History of the East Asia Library at Yale University."に詳しい研究がある。

（65） Eugene W. Wu, *CEAL At the Dawn of the 21st Century*. *Journal of East Asian Libraries*, no. 20 (June 2000). P. 1-12.

（66） 東アジア図書コレクション一九七三―七四年度年次報告書に新刊書をLC分類による目録を保留して、朝河収集本の再分類の優先を希望するとある。East Asia Library Annual Reports 1973-74, Catalogue Department (RU 303), Manuscripts and Archives, Yale University Library.

（67） Librarian, Yale University, Records (RU120), Manuscripts and Archives, Yale University.

（68） Digital Humanities Lab: The Kan'ichi Asakawa Epistolary Network Project. http://web.library.yale.edu/dhlab/asakawaproject. Accessed 15 Sept. 2016.

朝河貫一の生涯
——家族・知人・教え子——

山内晴子

はじめに

朝河貫一（一八七三—一九四八）は、世界史＝欧米史の時代に、日欧中世比較法制史研究の *The Documents of Iriki*（『入来文書』）[1]を一九二九年に出版し、欧州以外に日本にも封建制度があったことを立証して、世界史の中に日本史を確立したイェール大学歴史学教授である。同時に、彼は今でいう国際政治学者でもあった。本稿では、拙書『朝河貫一論—その学問形成と実践—』[2]とそれ以後の研究を基に、まず朝河が歴史学者であると同時に国際政治学者でもあった事実を確認した上で、なぜそのような人生を送ったかを、朝河の家族・知人・教え子に光を当てて描いてみたいと思う。今まで指摘されたことはないが、朝河が歴史学者として認められた時期と、国際政治学者としてその名が知られるようになった時期は、ほぼ同時である。

朝河がイェール大学講師に就任してから一〇〇年を記念して、二〇〇七年にイェール大学セイブルック・カレッジ

（カレッジはここでは寮の意味）中庭に、朝河貫一記念ガーデンが造られた。その石庭の銘板には、Professor of History, Curator, Peace Advocate と刻まれている。Peace Advocate は、国際政治学者として日露戦争以降日本のアジア膨張外交を諫め、日米開戦を阻止しようと外交提言を続け、敗戦後日本の民主主義国への円滑な移行に貢献したことへの賛辞である。Curator として朝河がイェール大学とアメリカ議会図書館のために膨大な日本古典籍を収集したことは、歴史学者としての Peace Advocate の働きともいえる。歴史学者としての実績があったからこそ、朝河は国際政治学者としても発言力をもちえたのである。

一　歴史学者・国際政治学者　朝河貫一

1　「日本の対外方針」から「島津忠久の生ひ立ち」まで

朝河の国際政治学者としての第一歩は、ダートマス大学時代に、「日本の対外方針」を『国民之友』一八九八年（明治三十一）六月号に発表した時である。その冒頭で、日本の前途には憂慮すべきロシアとの衝突が待ちうけていると予言し、「日本の方針を文明最高の思想と一致せしむるに至りて、初めて東洋における義務を悟り、世界に対する位地を得」ると提言し(3)、外交提言の一貫した主張となる。翌一八九九年二月、歴史学者としての処女論文"A Preliminary Study of Japanese Feudalism"（「日本封建制の予備研究」）(4)を書き上げ、志望する大学院に提出した。その序の最後に、前年元二本松藩士の父から戊辰戦争従軍記（「正澄手記」）が送られたとある。東京専門学校時代には東京で父の主君に会うことを注意深く避けていたほど、封建制度は日本の進歩の敵と思っていたと打ち明け、父の手記が封建制度研究のきっかけとなったことが分かる。(5)

朝河が歴史学者として認められたのは、博士論文を基にした *The Early Institutional Life of Japan: A Study in the Reform of 645 A.D*（『日本初期の社会制度—大化改新の研究—』）[6]が、ハドレー・スカラーとして五〇〇〇ドルの補助を受けて一九〇三年に出版された時である。朝河はここで、日本では氏族制度に唐の律令制度を導入したことによる齟齬から封建制度が生まれたこと、日欧の封建制度の驚くほどの類似性は「精神的な側面が、程度の差はあれ、特にキリスト教と仏教によって、容認され、合理化され、又理想化された」（三頁）ことにあると分析した。大化改新と、立憲主義国家への移行である明治維新の、大規模な異文化融合の改革時に重要な役割を果たしたのが天皇制度であるとの学説を欧米に初めて提示した。また朝河の『大化改新』には、『古事記』や『日本書紀』にさえ「天皇の生活が初めは極端に質素で素朴で、……自由に人々と交わり、……自然で人間的な関係が明らかにされている」（四一頁）、「朝鮮人と中国人が帰化し、北方や南方の未開人が同化され、……単一民族の理論は、せいぜい体裁の良いフィクションであることはいうまでもない」（二七頁）との明快で客観的な記述があり、現代の日本人にも新鮮である。立花希一秋田大学教授は、朝河の『大化改新』二一四頁の注一二五に注目して、「一般的に、民主制は多数者の支配とみなされ、多数決原理によって、民主制を規定されるが、ポパー（Sir Karl Raimund Popper, 1902–1994）は、民主制を専制と対比して、流血なしに支配者を交代させることのできる制度とみなした。これと同様の見方をポパー以前に朝河がしていた」[7]と指摘した。注一二五は立花訳によると「このような言い回しが可能であるならば、近代の議会制度によって、国家が突然で断続的な革命を、定期的で平和的な革命〔権力交代〕に代替できるようになったことは言うまでもない」である。

朝河の名が一躍知られるようになったのは、国際政治学者としてであった。ダートマス講師時代の一九〇四年に、日露戦争が勃発する。朝河は、清国貿易における機会均等と同国の領土保全の二大原則実現を、植民地主義から一歩脱する「新外交」と位置づけ、日本は英米と共有する新外交実現のためにロシアと戦っていると四〇ヵ所以上で講演し、イェール・レヴューに二論文を発表した。その論文は、すぐにドイツ語とイタリア語に翻訳された。それらを基に、経済学者かと見まがうほど官民の統計を駆使し、*The Russo-Japanese Conflict: its Causes and Issues*（『日露衝突』）を、一九〇四年アメリカで、一九〇五年イギリスで出版した。客観的で公正な研究書として称賛され「数百の論評世に現れ」た。(8) これはダートマス大学講師時代の「東洋文化」と「東西交渉史及び東洋現勢」の講義内容を基にした学問の実践であった。講義が中世比較法政史ではなかったのは、一八九六年一月入学のダートマス大学の授業料と寮費を免除してくれたウィリアム・J・タッカー（William Jewett Tucker, 1839–1926）学長から、東西関係の科を新設するので、最良の大学院で研究するよう学費の援助を受けて、イェール大学大学院に進学したからである。(9)

日露戦争後、日本は二大原則を反故にしてロシアの利権を受け継いだ。朝河は一九〇九年六月に『日本の禍機』(10)を出版して、このままいけば日米戦争は免れず、日本は必ず負けると強い警告を発しなければならなかった。朝河の警告は届かず、一九一〇年に韓国併合、一九一四年（大正三）七月に第一次世界大戦に参戦し、ドイツのアジアの拠点である山東省膠州湾と南洋諸島を占領、一九一五年に対中国二一ヵ条要求をし、アジア膨張外交を展開していった。一九三九年一月二十二日付アンソン・ストークス（Anson P. Stokes）宛朝河書簡(11)に、「自分はもうこの〔日露戦争〕時代の研究者だとみなされたくない」と告げ、当時の日記も残されていない。

一九三一年（昭和六）の満州事変後、朝河は日米開戦阻止のため、日露戦争時と同じく、再び歴史学者よりも国際政治学者として外交提言に多くの時間を費やすことになる。それゆえ、一九三九年に「島津忠久の生ひ立ち—低等批評の一例—」を、立教大学史学会の『史苑』に発表したあと、『入来文書』後に構想していた「南九州の封建体制」の刊行は実現せず、Asakawa Papers に膨大な草稿やメモが残った。朝河は日露戦争中の華やかな個人広報外交の反省から、当時知識人の間に流行っていた複数のあて先に送る回覧書簡 Open Letter を用い、自身の外交提言が公にならないように細心の注意をはらった。朝河の二回目の帰国時にイェール大学図書館のための日本古典籍蒐集を取り纏めた日本イェール同窓会会長大久保利武子爵（一八六五―一九四三）宛一九三二年二月十四日付長文書簡[12]は、天皇にとって最も信頼の厚い兄の牧野伸顕伯爵（一八六一―一九四九）への回覧を依頼した。この書簡[13]で、日支の難局を兵力で一気に解決できると思っていることが根本的に間違いで、軍事は財産の破壊、自他の流血殺傷、敵国人民の被害により深刻な憎悪が生まれ、軍国となれば、農民は窮地に陥り、危険思想がはびこり、支那と列国を敵として日本は孤立すると強い警告を発し、正論を吐く知識人がいないと危機感を募らせた。二十一日付大久保宛書簡に、日本は「連盟成立以来無前の世界大罪悪と見られ候」と知らせた。

2　「民主主義」と天皇制度に関する学説

朝河にとって「文明最高の思想」とは、彼が外交理念とした理想とする「民主主義」である。このことは、一九四六年のラングドン・ウォーナー（Langdon Warner, 1881–1955）宛長文書簡[14]の次の一節から分かる。[15]「民主主義の重要性に気づいて以来、アメリカにおける私の長い生涯の間、個人的行動で決して妥協しませんでしたし、私の周りの人々が譲歩しても、時にはたった一人になった時も民主主義に踏みとどまってきました。そうしなければ、私は自分と同じ国の人々の弱点を公然と非難する権利を持たないと感じました。もし日本が真に民主主義国になりたいのなら、民主主義は他の政治形態にまして、市民にふさわしい良心を持とうと、一人ひとりが個人的責任感を持って始めて成り立つと固く信じております」。

朝河は理想とする「民主主義」を、ダートマス大学学長タッカー牧師から体得した。国家至上主義の対極にあって、集団ではなく個人一人ひとりを大切に考える個人相互の敬愛と信頼に重きを置き、寛容な精神と、神の前には何人も平等であるという大前提を抜きにしては成り立たない「民主主義」である。平等は差異と多様性を奨励し、反対の論も「平気に淡白に面と向って説くことができる」(16)批判精神を奨励し、他人の成功を喜ぶ度量の広さと常にユーモアを忘れない「民主主義」であった。しかもタッカー学長のような信仰の厚い人格的な教育者が、「衆人の動揺を叱咤し、困難の中心を指定し、……常に国家の歩武を整へ」るために政治行動を取ることは(17)、道徳的に誉あることで、知識人の責任と考える「民主主義」である。タッカーの教えは、教育を受けた人の責任、いわゆる noblésse oblége と、キリストに倣った自己犠牲に徹した人類への奉仕という教えであった。タッカーはキリスト教に合理的考えを取り入れ、神の内在性、進歩の教理、聖書批判の権利、人間教育の可能性などを主張したアンドーヴァー神学論争（一八八二―九二）の一〇年にわたる裁判に勝訴したアンドーヴァー神学校の五人の教授の一人である(18)。

朝河の日欧中世比較法制史研究は、ラングドン・ウォーナー、ジョージ・サンソム（Sir George B. Sansom, 1883–1965）、マルク・ブロック（Marc Block, 1886–1944）、ヒュー・ボートン（Hugh Borton, 1903–1995）、シャーマン・ケント（Sherman Kent, 1903–1986）、エドウィン・ライシャワー（Edwin O. Reischaure, 1910–1990）にとって日本の封建制度に関する理解の出発点であった。拙書『朝河貫一論』第八―九章で論じたが、彼らを通して、朝河の天皇制度に関する学説が、天皇制民主主義の学問的起源となったのである。ウォーナーが一九四一年十一月十八日付朝河宛書簡で、日米戦争阻止のため昭和天皇へのローズヴェルト大統領親書を提案したのは(19)、朝河の天皇制度に関する学説を熟知していたからである。その学説は、『大化改新』、一九〇七年のロッジ編 *The History of Nations* シリーズの *Japan* 第一六章「明治憲法の理論と実際一八九三―一九〇六」(20)、一九一二年の「新旧の日本―近代日本が封建制の日本に負うもの」(21)、一九二三年のウォーナーの『推古期の日本彫刻』への序文(22)、『入来文書』、一九三一年のセリグマン編『社会科学百科事典』に封建制度の項をマルク・ブロックと共同執筆した「日本の封建制度」[23]に至るまで一貫している。重要なことは、①日本の歴史において圧倒的に優れた異文化を受け入れそれを修得して適応するという制度的大変革を成功させるカギは天皇個人ではなく、天皇制度であったこと。②日本の封建制度を特異なものとしたのは、天皇制度が連綿と存続したこと。③日本の皇室は長い世紀にわたって存在したが、専制的であったことは少なかったこと。④建国以来、天皇は顧問官たちの進言を待って行動して、天皇の非人格化が大化改新後に確立し、明治憲法によって増大したこと。⑤主権者である天皇の個人的特異性は、天皇制度にとって重要な要素ではないことである。

Open Letter の一九四一年十月十日付金子堅太郎枢密院顧問宛英文朝河書簡[24]を読んだウォーナーは天皇への大統領親書を朝河に提案し、朝河の草案を持ってワシントンに向かった。この金子宛書簡で朝河は、ドイツの民族浄化の歴史的習性を厳しく批判し、その東洋政策の失敗は確実であるから「日本ガ致命ノ戦禍ニ巻キ込マレ」る前に、日米戦争阻止のため天皇の聖旨によって、中国からの撤退・独伊への三国同盟破棄の断言・法律改正による政務と軍務の分離などの抜本的改革を遂行するよう強く提言した。金子宛英文朝河書簡と朝河の大統領親書草案を受け取った人物は、①イェール大学シーモア学長やアンティオーク大学モーガン総長ら大学関係者たち、②ホワイト・ハウスに影響力を持った長老研究者たち、③ローズヴェルト大統領、④スティムソン陸軍長官、⑤ハル国務長官、⑥サムナー・ウェルズ国務次官、⑦ハミルトン国務省極東部長、⑧バランタイン部長補佐、⑨教育労働委員会エルバート・トーマス上院議員、⑩上院外交問題委員会、⑪アメリカ議会図書館マクライシュ館長やシャーマン・ケントを介してのCOIのR&Aの人々、⑫アーヴィング・フィッシャー（Irving Fisher, 1867–1947）らを介してのイェール大学の秘密結社スカル&ボーンズ（Skull & Bones）[25]のメンバーのイェール大学出身の有力者たち、⑬英国検査官が金子宛書簡を開封後に鄭重に返してきたPWE（英国政府戦争本部、Political Warfare Executive）である。[26]朝河貫一研究会の故齋藤襄治立正大学教授は、ダートマス大学客員教授時代に、マクライシュアメリカ議会図書館館長（一八九二—一九八二）本人から、「ウォーナーに依頼されて朝河の大統領親書草案を大統領に確かに渡した」と確認している。[27] 実際の大統領親書には、朝河の草案が一部入っているものの、内容は在仏印日本軍の撤退要求に集中しており「提言したものとは明かに全然違う性質のもの」だと落胆し、日米戦争を阻止することはできなかった。

十二月十日付ウォーナー宛朝河書簡に、「外交とは、相手の精神の理解を通して自分の目的を達成するにあります」と、危機回避の外交のあるべき姿を示した。朝河の歴史学は、お互いの精神文明理解を究極の目的としており、それが人類の平和共存の鍵であることを信じていたからである。『ニューヨーク・タイムズ』へも、匿名の投書（『書簡集』）を十二月二十八日に出し、「枢軸国政府が自国民の意識を昂揚せんと敵への不自然な憎悪を駆り立て、国民の無知と無理解をあらゆる点で利用し、また、作り上げられた虚偽の理念や事実を国民に押し付けている」と非難した。同時にアメリカに対して、「国民大衆の間にある盲目的憎悪を扇動することは卑しいことであります。……なぜなら非理性的な憎悪を吹き込む以上に国民の意識を荒廃させるものはないからです。……敵対国の歴史的遺産への深い洞察を所有し、その良い面と悪い面を注意深く区別すること、或は、その国の現下の政府の傾向と民族全体とを区別する能力」が、今求められていますと説いた。

朝河にとって日本の敗北は明白なため、敗戦後に軍部を追い出し、民主主義国へスムーズに移行するためには、制度変化の歴史的経路依存性を重視して、天皇制度との共存が欠かせないという一見矛盾する異文化融合の戦後構想を、英米の指導者層や知識人へ説得していた。この朝河の戦後構想が占領軍に影響を及ぼしたのは、Open Letter に加えて、一九三七年六月まで全米学術協議会（ACLS, American Council of Learned Societies）のウォーナーが委員長の日本研究委員会のメンバーであったからである。朝河は、委員会の提唱者であるアメリカＩＰＲ（Institute of Pacific Relations, 太平洋問題調査会）会長ジェローム・グリーン（Jerome D. Greene, 1874–1959）に説得されて、一九三〇年十二月に七人の創立メンバーの一人となった。ACLS日本研究委員会が、日本研究の専門家にするために海外に送った最初の四人は、ライシャワー、ボートン、チャールズ・ファーズ（Charles B. Fahs）、そして朝河からキュレーターを受け継ぐことになる後のイェール大学政治学教授の弥永千利（一九〇三―八五）である。[28] このうちの三人のアメリカの若者は、朝河が日本研究委員会をやめてからメンバーとなり、敗戦後日本に天皇制民主主義を実現したことは注目に値する。加藤哲郎によると、「COI（情報調整局）が発足する一九四一年七月、米国議会図書館（LC）アーチバルト・マクライシュ館長のよびかけで、全米学術協議会（ACLS）、全米社会科学研究協議会（SSRC）、国立公文書館（NARA）の要人が集められた」[29]。心理戦の責任者ボナー・フェラーズ（Bonner Fellers, 1896–1973）と同じく平和主義のクェーカー教徒のボートンは、一九四二年十月中旬に国務省に入り、特別調査部の調査アナリストとなり、一九四八年まで日本専門家として、天皇制民主主義の戦後日本の設計者となった。[30]「『シンボルとしての天皇の利用』という発想の起源は、陸軍情報部ではなく、情報調整局（COI）の調査分析部（R&A）極東課と思われ、そこで重要な役割を果たしたのは、日本政治専門家チャールズ・B・ファーズと推定できる」[31]。

朝河の戦後構想の影響は、加藤哲郎が紹介した対日心理戦担当者の共通の基礎的指針となった機密文書、一九四二年六月のCOIの「日本計画（最終草稿）」[32]の中の“to use the Japanese Emperor（with caution and not by name）as a peace symbol”「天皇を（慎重に名前を挙げずに）平和のシンボルとして利用すること」に見られる。朝河の天皇制度の学説を知っていなければ設定できない文言である。この機密文書は、朝河による天皇への大統領親書草案の印象が強く残る開戦後まもなく作成開始された文書である。マッカーサー（Douglas MacArthur, 1880–1964）も、一九四二年八月には、「日本計画」を承知している。[33] 一九四二年九月十四日付ライシャワーの“Memorandum on Policy towards Japan"では「ヒロヒトを中心とした傀儡政権〔Puppet regime〕」としているが、①天皇が受けた教育や側近たちから、天皇が自由主義的で平和愛好者であること、②天皇に戦争責任がないと国民が信じていること、③天皇以外に、軍部を追い出し、国民を説得することはできないとする理解は、朝河と同じである。

一九四四年十月二日付アーヴィング・フィッシャー宛長文書簡も重要なOpen Letterで、「金子宛英文書簡」についての質問に答えたものである。そこには、①日本国民の妥協の習性の分析、②日本人の政治的思考能力が未発達なこと、③大化改新と明治維新と同じく戦後の徹底した改革は、天皇の是認と支持が不可欠であること、④天皇は主権者であっても専制君主ではなく、顧問官たちの進言を待ち、国会の機関を通じてのみ行動すること、⑤国家の基本法・国会・地方行政・国民の教育方法を啓明的な精神で作り直す必要があることへの詳細な解説がなされている。

一九四六年ウォーナー宛長文朝河書簡は、出版も考えたOpen Letterで、なぜ日本は敗戦に至ったのかの分析である。その内容のうち、①封建主義の遺産である官僚主義による日本人の政治思考訓練の欠如、②民主主義を阻む妥協・追従・黙認の日本人の習性は、驚くべきことに、かつ嘆くべきことに現代にも十分通用する。次に③明治維新と敗戦の類似点、④専制支配ではない天皇制度の特徴、⑤天皇制度廃止の場合の大混乱と危険思想拡大の可能性、⑥帝国憲法の不備による軍部の政府機関掌握の原因と過程を分析している。天皇の伝統的受動的態度と国民の受身的従順さとが、寛大な天皇への尊敬を心にもたず天皇主権を政府強奪という極悪の行為の正当化の道具とした者が、何百万人の国民を戦争に追いやった。天皇制度の廃止を今要求しているのは、一九二〇年代の左翼の後継者のマルクス主義者たちと、その重要性を十分理解していない外国人である。(34) 最悪の苦難の原因は、「軍隊を天皇直轄下に置き、文民政府の行政管轄から独立させ〔統帥権の独立〕、……陸軍は制度上の地位〔軍部大臣現役武官制〕を利用して……政府の中枢の会議に侵入し、……政府機関を掌握」したからであると、文民統制がなかったことが最大の原因であると詳細

に分析した。(35)

朝河の天皇制度の学説が天皇制民主主義として実行され、朝河が危惧した敗戦時の軍部の反乱と全体主義である共産主義化の危機を回避して、日本が民主主義国への制度的大変革を成し遂げることを可能にした。天皇制民主主義は、占領軍から与えられたものではない。朝河が、天皇制民主主義の学問的起源である。

次節では、なぜ朝河が歴史学者であると同時に国際政治学者として生涯を送ったのかを、家族・知人・教え子に光を当てて考えてみよう。

二　家　族

1　父正澄、母うた、義母エイ

父正澄(36)は、「正澄手記」によると、(37)師である武衛流の二本松藩砲術師の朝河八太夫、源照清が、一八六八年（明治元）七月に大手門前で戦死すると、翌年その家を継いで朝河功と名乗った。一八七一年民部局御用掛を命ぜられ、八月に上京し、十一月に帰国したが、その後定職はなかった。一八七二年八月三日文部省が布達第一四号で新学制を頒布すると、功は正澄と名を改めて志願し、一八七四年福島県から三等授業生を命ぜられ、伊達郡立子山《たつごやま》尋常小学校に校長として赴任した。「正澄手記」に詳記はないが、正澄は朝河家の入り婿として、すでに水戸天狗党の乱で戦死した朝河安十郎照成の未亡人のうたと結婚したのである。一八七三年十二月二十二日、長男の貫一が誕生した。『論語』の「吾道一以貫之」（吾が道、一を以って之を貫く）から取った名である。場所は、福島県二本松町下の町新長屋八四九で、「家禄も没収されて」路頭に迷う罹災者のために藩主が建てた長屋であった。(38)今でいう、仮設住宅である。立子山尋常小学校赴任は、貫一が生後二〇〇余日の時である。曹洞宗太平山天正寺の客殿二間を教室とし、本殿二階の二間を住いとした。生母のうたは村の娘たちに裁縫を教え慕われていたが、労苦から病に倒れ、貫一が二歳になったばかりの一八七六年一月十九日に亡くなってしまう。貫一の義姉のイクとキミもいたため、二本松から朝河家の姑のヤソがきて養育した。翌年、「伊達郡梁川町なる総鎮守天神社の神官関根備の妹、エイ子（当時二十八歳）を後妻に」迎えた。エイは裁縫手芸に堪能であり、小学校の裁縫科でも教鞭を執った。幼い貫一は朝の勤行が始まると起き出してきて、子供のいない栗林圓海「老僧の膝に跨って向き合い、読誦する口唇の動きを凝視して之を真似するうちに、……一人で読誦するように」なった。(39)天正寺本殿の二階の軒下の突き当たりの白壁には、四歳の貫一の走馬の落書きが残されていた。二〇一一年（平成二十三）の東日本大震災で被災したため、二〇一五年に新築された本堂玄関近くに、壁ごと切り取りガラスケースに飾られた。この墨絵は四歳とは思えない筆致だが、エイの父・関根政行第五二代宮司の実姉・登野の夫が、梁川に転封されていた松前藩の御用絵師・熊坂適山で、エイの兄は松前藩の養子となった絵描きであった。(40)貫一は満五歳で一八七九年に立子山尋常小学校に入学する。江戸でも漢学や国学を学んだ父から小学校を卒業する頃までには、父の夜学で青年とともに、四書五経、文章規範、唐宋八家文、近古史談、日本外史、皇朝史書、輿地誌略、西洋事情などを伝授された。一九一〇年二月二十六日、立子山村は内務省第一回選奨の模範公共団体として表彰され、「一村風紀の刷新に任じ其の啓蒙の局に当り自治精神の発揚に多大の功績を寄与したる者は実に朝河正澄其人なり」(41)との賛辞が残されている。

2　安積艮斎

父は貫一が幼い頃より、二本松少年隊や安積艮斎《あさかごんさい》（一七九一—一八六〇）の話を繰り返し語り聞かせた。(42)正澄のすぐ上の姉の八重が嫁したのは、艮斎の甥の安積国造神社第五八代宮司安藤業重とみかの長男で、二本松神社宮司の安藤重宣である。貫一は、福島県立尋常中学校（現・福島県立安積高校）時代、八重の姻戚の安積国造神社安藤家（第五九代宮司安藤脩重）の世話で、開成山大神宮（宮司は安藤脩重が兼務）社務所兼居宅に下宿した。安積艮斎は郡山の安積国造神社第五五代宮司安藤親重の三男で通称祐助、ペリーが携えてきたフィルモア大統領の将軍徳川家慶宛国書の漢文和解に携わった昌平黌の儒学者である。(43) 石井研堂の『安積艮斎詳伝』にも、国書翻訳の記述がある。(44) この国書について、一九四一年（昭和十六）十一月朝河は昭和天皇へのフランクリン・D・ローズヴェルト（Franklin D. Roosevelt, 1882–1945）大統領親書草案に書き、(45) その箇所は実際の大統領親書にも使われた。

安積国造神社の境内に安積艮斎像が一九五三年に建立され、徳富蘇峰が碑文を書いている。蘇峰は一八八六年にベストセラー『将来之日本』を出版して「日本も特権階級が支配し平民が苦しんだ武備の社会から脱して、平民の社会になり、将来商業国となるべきで、日本はそれに適している」(46) と説いた。一八八九年十月十二日付朝倉鉄蔵宛朝河書簡(47)によると、父は貫一が医者になることを望んだが、貫一は「我邦商業家ノ国ニ大忠ヲ尽ス秋ナリ」と、貿易立国日本の世界で活躍する商社マンになる夢を描いていた。

安積艮斎は、十七歳で江戸に学者として身を立てようと出奔し、たまたま出会った本所向島番場町の日蓮宗妙源寺の住職日明に見込まれて佐藤一斎の塾へ学僕として入門した。一斎は、刻苦勉励して学力抜群の艮斎を、正式な門人に取り立てた。次いで大学頭の林述斎に学んだ。(48) 艮斎は師の佐藤一斎と同じく朱子学と陽明学との融合をはかった思想家で、私塾の『門人帳』には、二二八〇余名の名が記載されている。(49) 吉田松陰、高杉晋作、岩崎弥太郎、前島密、中村正直（貫一の恩師蒲生義一の師）、重野安繹、三島中洲、谷干城、木戸孝允、楫取素彦、栗本鋤雲、箕作麟祥、神田孝平（貫一の友人高木八尺の父神田乃武の養父）ら、多くの維新前後の指導者を輩出した。一八四八年には『洋外紀略』を書きあげたが、幕府批判とみなされる危険があったため、「写本の形で読まれ、……鹿児島大学には、……島津久光が嘉永七年に書き写した本が伝わる(50)」。

刊行予定の草稿・安積国造神社宮司の安藤智重訳、監修村山吉廣、安積艮斎『洋外紀略』は、原典翻刻、読み下し文、現代語訳を併記し、解説も載せた長年の一大労作である。この翻訳によると、艮斎は、洋書の漢訳本と中国の歴史書を参考に執筆したと序に書いており、巻上は「四大州・万国」で、オロス〔ロシア〕・トルコ・ゼルマニア〔ドイツ〕・イスパニア〔スペイン〕・ポストガル・フランス・アンゲリア〔イギリス〕・オランダ・シャム〔タイ〕・ニューヨーク〔アメリカ〕・コロンビア〔ベネズエラ総督ボリバルによるイスパニアからの南米独立〕の歴史。巻中は、イタリア人でイスパニア王妃の援助でアメリカ大陸を発見したコロンブスの伝記、民に崇敬された司令官ワシントンとファン・キンスベルゲン〔オランダ人〕の伝記、続いて「互市」〔貿易〕についてで、貿易とキリスト教の布教は領土拡張を意味し、「争いの発端を開きやすい」と警告する。最後は「妖教」の項で、儒教と仏教以外の天主教〔キリスト教〕と回教を妖教とし、キリスト教宣教師の危険性や中国への景教の伝来にも言及している。巻下は「海防」で、「西洋祖国の人々の性格は、悪知恵が良く働いて忍耐強い」と始まり、イギリスのアヘン戦争など残忍な侵略の歴史を述べ、文化の盛んな中国にとって中華思想が外交の弊害だと分析する。トルコがイギリスを撃退して一大強国になり、イギリスが「教えに従わない人々（清教徒）数万人を移住させた」アメリカが独立国家になり、マラッカがイギリスにしばしば勝ったのは、「君子が士民を誠にいつくしみ、資力を尽くして防備を固めた」からだと指摘する。「決して軽はずみに戦争を起こさず、そのおろそかなことを恐れるのである。……領土や貨財をむさぼらずその貪欲さを恐れるのである。これこそ戒懼というものなのだ」と説く。海防には大艦と大砲が重要であるが、まずは沿岸諸侯による平時商船月の堅固な船舶の軍艦建造と、平時の沿岸漁民の守備兵養成を進言する。この書の最後に、天保弘化の頃の艮斎の

『禦戎策』に触れる。安藤智重の解説によると、尚歯会の人士の著作、渡辺崋山『慎機論』、高野長英『戊戌夢物語』、齋藤拙堂『海防策』および安積艮斎『禦戎策』などは「一八四九年の海防論の選集『海防彙議』（塩田順庵編）に載せられた」。

艮斎の門人にとって、『洋外紀略』は世界史の教科書であると同時に、清国が一九四二年にアヘン戦争でイギリスに敗北したことを受けて、日本が戦争に巻き込まれないための海防指南書であったといえる。艮斎が、清とオランダを除いた二三〇余年間の鎖国を、有効な外交政策と評価したことは注目に値する。艮斎は一八六〇年に昌平黌の官舎で逝去し、江戸の千住で出会った日明の妙源寺に葬られた。父正澄は貫一に、艮斎が神職の家に生れ、儒者となって一生を終り、仏式を以て菩提所に入り、神儒仏三教を兼ねたことは一奇であると話して聞かせた(51)。父の指摘は、日本における異なる宗教の共存を教えられていたことになる。この事実は、『艮斎間話』にある「善なるは皆取るべし(52)」という姿勢とともに、朝河の天皇制度と「民主主義」という異文化融合の素地として重要である。

艮斎はペリーの携えた国書の和解に携わった。サムエル・W・ウィリアムズ（Samuel W. Williams）宣教師は、「中国で二〇余年も働いていた優れた言語学者で、……日本語にも通じているので、ペリーがわざわざ……主席通訳官として連れて来た人物であった(53)」。イェール大学ダニエル・ボッツマン（Daniel V. Botsman）教授によると「一八五四年四月、日米和親条約が締結された直後のこと、彼は真夜中にたたき起こされ、ペリー旗艦に乗船を求める二人の日本人に対応することを命じられた。二人のうちの一人が吉田松陰である。……市木公太（金子重之助）と瓜中万二（松陰）という偽名で」、世界見物希望と記した書状は、イェール大学スターリング記念図書館に、ウィリアムズによって保存された(54)。ウィリアムズの息子こそ、朝河のイェール大学博士論文指導教官フレデリック・ウェルズ・ウィリアムズ（Frederick Wells Williams, 1857–1928）である。彼は、朝河の『日露衝突』の序文も書き、金子堅太郎（一八五三一九四二）の随行員阪井徳太郎（一八六八—一九五九）の依頼により作成され、ポーツマス条約の土台となった「イェール・シンポジューム」の提言者の一人でもあった。

3　妻ミリアム

朝河は、ニューヘイヴン市ベック街の牧場主の娘のミリアム・J・キャメロン・ディングウォール（Miriam J. Cameron Dingwall）と、イェール大学大学院時代に知り合った。一九〇五年十月十三日、ダートマス大学講師であった三十一歳の朝河は、二十六歳のミリアムとニューヨークのクラウン・ポイント教会で結婚式を挙げた。第一回帰国後イェール大学の講師に就任した朝河は、一九〇七年九月十四日に改めてワシントンの日本大使館で、青木周蔵駐米大使の仲人で神式の結婚式をあげた。ミリアムが朝河家に入籍されたのも、知人への発表もそれ以後である。一九〇七年十月二十二日付W・S・ブース宛朝河書簡にあるように、第一回帰国中に亡くなった父正澄が、「日本から再出国するまで発表してくれるなといったので、発表は差し控えていた」のである。

朝河は、一〇〇通もの往復書簡が残る坪内逍遥（一八五九—一九三五）に、養子の士行（一八八七—一九八六、早稲田大学教授）の留学中の監督を頼まれた。士行は、朝河への追悼文で[55]「たまたま博士をエールに訪問し、その家庭に迎えられますと夫婦二人きりの、さゝやかな其の住居は、簡素そのものゝようでありながら、そして決して表面的にちやほやはされませんでしたが、いかにも内面からにじみ出す慈愛に溢れ出て、所謂嚙みしめれば嚙みしめる程味の出るという風の人徳を感じました。あり余る暮らしをされていたのでない事は、その小ぢんまりとした部屋や、饗応を受けた食膳にも知られますが、それらすべてが、いかにもプロフェッサーらしい落ち着きを見せ、特に言葉に出していろいろと云われる以上に私の心に優しい鞭を加えられました。夏は一度、やはり御夫妻と共に海水浴場に行きました」と回顧している。また、「一時は博士の家庭の一員ともなり、余にとりて終生忘れがたき印象をうけた」関戸信次は、「博士の夫人は米人で、先祖は質朴剛健を以て名あるスコットランド人である。夫人は、普通一般の米国婦人と全く異なり、日本人かと疑はるゝ程温順閑雅なる性質を有して居らるゝ故、博士の如き篤学者の配偶者として格好である。……静粛寡言の婦人と、日夜寸暇を惜で労役せらるゝ良人とは、学者の家庭の典型ともいふ可きである」と書いている。[56] 朝河は膨大な日記を残しているが、一九一二年九月一日（日）に夫妻は、友人のアレンの車でパーティーに出かけ、帰宅後に学術書を読み、夕食後であろうか、ミリアムとホーソンの『七破風の家』とアントニオ・フォガザロの『聖者』を読んで、美しい一節をノートに書き写している。[57] 静かで心満たされた時をミリアムと過ごしている朝河の姿が眼に浮かぶ。しかし、彼女との幸せな結婚生活は八年間しか続かなかった。ミリアムはバセドー病の手術後、一九一三年二月四日、三十四歳でこの世を去ってしまう。二人の間に子供はなく、再婚はしなかった。朝河が亡くなった後の一九四八年八月十七日付シンプソン宛G・G・クラーク書簡[58]に、*New York Times* の朝河の訃報記事どおり、ミリアムは dressmaker であり、兄は grocer であるが、彼女は、有名な小説家のフランシス・マリオン・クロフォード（Francis Marion Crawford, 1854–1909）の姪と記憶しているとあり、ミリアムがウィットに富む大変可愛らしい女性であったエピソードが書かれている。クロフォードの写真は、ミリアムの若い時の写真とよく似ている。[59]

一九一七年から一九一九年の第二回目の帰国時に、四十三歳となっていた朝河は、幼稚園（現アルウィン学園）を創立したキリスト教徒のソフィア・アラベラ・アーウィン（Sophia Arabella Irwin, 1883–1957）と心を通わせたが、結婚にいたらなかった。近江兄弟社のウィリアム・M・ヴォーリス（William M. Vories, 1880–1964）の両親のいる邸宅に滞在していた時、イェール大学で世話した日本人留学生の田中文男たちから、ヴォーリスと子爵の娘一柳《ひとつやなぎ》満喜子

（一八八四—一九六九）との婚約は、朝河と「お似合い」だったからがっかりと、打ち明けられ驚いている。[60] 満喜子は、一九〇九年から一九一七年まで、イェール大学教授レオナルド・ベーコンの末娘アリス・ベーコン（Alice Mabel Bacon, 1858–1918）の家で可愛がられ、仕事を手伝い指導を受けていた。[61]

三　知　人

1　福島県時代に知り合った人々

常に成績抜群の貫一は、一八八六年（明治十九）五月、立子山小学校高等科から川俣小学校高等科四年に編入し、翌年十月から蒲生儀一（一八五九—一九二五）校長宅に下宿して英語を学んだ。蒲生は、中村正直（敬宇、一八三二—一八九一）創立の同人社に入り、中村正直訳サミュエル・スマイルズ著『西国立志編』（Samuel Smiles, *Self Help*「天は自ら助くる者を助く」）を、「座右の箴となし毎月一回必ず」目を通すほど傾倒していた。中村正直は、熱心なキリスト教信者であり、安積艮斎の弟子である。

福島県立尋常中学校[62]で朝河の英語力に磨きをかけたのが、和田豊校長（一八六四—一九四〇）が一八九〇年に招聘したトマス・E・ハリファックス（Tomas Edward New Hallifax, 1842–1908）と岡田五兎（一八六七—一九四七）である。ハリファックスは朝河が四年生の四月から二年間、講読・会話・作文・聞き取りを週二三時間、献身的に教授して、生徒から絶大な信頼を寄せられたイギリス人のお雇い英語教師である。[63] 朝河には、英々辞書[64]を毎日二枚ずつ暗記して食べ、残った表紙を校庭の桜の木の根元に植えた「朝河桜」と、卒業式の答辞を英語で述べ、ハリファックスが「やがて世界はこの人を知るであろう」と語ったエピソードが残る。朝河は卒業後、金城尋常小学校で数ヵ月嘱託英語教師を勤めた後に上京し、一八九二年十一月、福島県議宛にハリファックスの留任を求める建白書を提出した。日本人と洋人の英語教師の勝る点と劣る点を比較した上で、他の洋人より高給でも指導力のある授業をし、西洋の「コモンセンス」を教え、高潔な人格者「現在の洋人を継続するの利」を九点あげて、留任させるべきと建白した。岡田五兎はいつも「数人の学生を置いて起居を共にし、日夜これらの学生に教えた」。その中に、朝河や「京都大学総長になった小西重直〔代吉〕博士、九州大学医学部教授久保猪之吉博士がいた」[65]。一八九一年会津中学校が県立に移管される祝賀会があり、和田校長に続き、招待された五年生を代表して朝河は英語で演説をしハリファックスを驚かせた[66]。第二回帰国中の一九一八年（大正七）十月二日に京都で小西と会い、十三日には和田校長と岡田五兎に十二年ぶりに再会した。岡田は十二月三十日に朝河の客として宝塚の長谷場純敬宅に一泊した[67]。長谷場家は薩摩の「鎌倉期以来の武士の家で、近世には島津家家臣」となった。朝河は一九一九年一月四日まで長谷場家に滞在し、『長谷場文書』に出会う。この文書により、平安期から近世までの武士の家の様子を伝える南九州の武家文書が豊富であることに気づいたのであろう」[68]。その着想が、*The Document of Iriki* を誕生させることになる。南九州の取材に鹿児島へ行く途中、歌人白蓮が心を寄せる久保猪之吉と、博多で三〇年ぶりに再会した。〝21. see 久保猪之吉 after nearly 30 years, & meet the poetess 伊東白蓮〟と「日記目録」にある[69]。朝河は一九四八年（昭和二十三）八月十一日に亡くなるが、最後の書簡は中学校二年まで同級だった竹内松治宛一九四八年七月十八日付書簡で、審判中の東郷茂徳（一八八二―一九六八）を日本人が称美しているようでは、「将来の危険未だ除去されず」と憂いた。

2　東京専門学校時代に知り合った人々

東京専門学校[70]（現・早稲田大学）は、大隈重信（一八三八―一九二二）によって、一八八二年に近代的な立憲主義国家を建設するため、英国流の政党政治の実現と、その担い手にふさわしい立憲国民の育成を目指して開設された。東京専門学校は「設立すると同時に、東京大学はドイツ学への旋回を始める為に、……初期東京大学のイギリス学を正統に受け継ぐ存在となった感がある」[71]ことは重要である。教員の大半は、官員養成の東京帝国大学を卒業したばかりの高田早苗、天野為之、坪内逍遥、市島謙吉で二十三歳の若さであった。文学科は坪内逍遥が一八九〇年に設置し、翌年大西祝（一八六四—一九〇〇）[72]が哲学の講師（当時、教師は講師と呼ばれた）に着任すると、「戯作者気質の色彩が濃い逍遥の学問に、形而上的理論を植え、そこから早稲田の学風ともなった批判的精神が誕生した」[73]。自由な精神が溢れ朝河の一年先輩の島村抱月（一八七一—一九一八）によると「夢のようなロマンチックな時代であった」[74]。

朝河は一八九二年、父の月俸一〇円を手に上京し、マンク・ルイスの *The Brave of Venice*（『ヴェニスの刺客』[75]）の翻訳で稼ぎ、すでに東京専門学校生の竹内松治の紹介で本郷教会（現・弓町本郷教会）横井時雄牧師（一八五七—一九二七）[76]が編集長の『六合雑誌』で編集のアルバイトをした。文学科三回生として入学したのは、十二月である。神田猿楽町のYMCA青年会館付属の寄宿舎に住み、YMCA「青年夜学校」の英語教師もした。

横井牧師は東西の思想を語り、天下の形勢を論じては満座を魅了する第一線の思想家であった[77]。朝河は、入学後四ヵ月で「基督教に関する一卑見」を書き上げ[78]、大西に見せた。大西が横井に見せると、横井は一八九三年六月二日に朝河に洗礼を授けた。一九世紀後半から二〇世紀初頭の欧米は、「最後のいわばキリスト教徒的知識人以外に知識人がいなかった時代」であり[79]、その影響下に日本の高等教育はあって東京専門学校も例外ではなかった。一八九一年に坪内逍遥により発刊された『早稲田文学』にも、キリスト教関連記事が多いことに驚かされる[80]。横井は一八八九年、会堂建築募金のためアメリカに渡り多くの神学者に会い、夏は一ヵ月半アンドーヴァー神学校に滞在し[81]、朝河の学費などを免除してくれる後のダートマス大学学長タッカーと知り合う。一八九四年の三度目の外遊中に横井はユニテリアンとなり、キリスト教を人間中心的、合理主義的に把握し、帰国後に『我邦之基督教問題』[82]を発表した。論文の序を書いたのは大西祝である。朝河の「基督教に関する一卑見」にも、神のみを絶対者とし、キリストを「其徳に於てのみ驚くべく愛すべく敬すべく泣くべき人」であると、ユニテリアン的な見解がみられる。

横井牧師は、陽明学者横井小楠（一八〇九―六九）の長男である。朝河が徳富蘇峰（一八六三―一九五七）と出会ったのも本郷教会である。当時、本郷教会は横井の司会で学術講演会を頻繁に開催し、東京帝国大学や東京専門学校の教授が講演し学生が溢れていた。蘇峰の一八九三年三月の演題は、『国民之友』に掲載予定の「吉田松蔭」であった。[83]蘇峰の父一敬は小楠の私塾の弟子第一号で、時雄の母は蘇峰の伯母にあたる。横井は十六歳の時、熊本洋学校でL・L・ジェーンズ（Loroy Lansing Janes）と出会って、一八七六年に花岡山で奉教趣旨書に署名した一人で、「熊本バンド」[84]と呼ばれた。花岡山の奉教により熊本洋学校が廃校になると、ジェーンズは生徒たちを会衆派の宣教師団体アメリカン・ボードの新島襄（一八四三―九〇）が設立した同志社英学校のジェローム・ディーン・デーヴィス（Jerome Dean Davis, 1838–1910）に託した。新島襄から、蘇峰は一八七六年に、大西祝は一八七八年に、横井は一八七九年に受洗した。明治初期の宣教師は、今でいう信頼醸成の予防外交使節の役割も果たした。[85]一八八一年に新島襄とデーヴィスを助けて同志社の神学部の校長となったダニエル・C・グリーン（Rev. Daniel Crosby Greene, 1843–1913）は、一八六九年に来日したアメリカン・ボードの最初の宣教師で、神戸の摂津教会を設立し、一八七四年から横浜で聖書翻訳に従事していた。デーヴィスの息子のマール・デーヴィス（Merle Davis）とともに京都で育ったのが、グリーンの息子のアメリカIPR会長になり、ACLS日本研究委員会を提案するジェローム・グリーンである。[86]朝河は東京にアメリカ・センターを設立したいという計画を、一九一六年六月、当時ロックフェラー財団のジェローム・グリーンに会って相談し、兄のコロンビア大学教授エバーツ・グリーンにも計画の詳細を送っている。それは東京の国際文化会館となって、戦後実現した。[87] エバーツは、一九三七年から終戦までＡＣＬＳ日本研究委員会委員長である。

朝河の一学年下で晩年まで交流が続く角田柳作（一八七七―一九六四）は、坪内の評判のオセロの一、二年合同講義で、紺ガスリの筒袖を着た朝河を見ており、東北出身の苦学生で夜は神田で英語を教えていることを知った。その後朝河の「バイロン卿を論ず」[88]が一八九四年の『早稲田文学』にペンネームＫ・Ａで掲載され、前年の島村抱月の美意識の卒業論文につづき、朝河の宗教意識に関する卒業論文が噂になったと角田は記している。[89]

大西祝と三上参次（一八六五―一九三九）は、東京帝国大学の同級生である。ドイツ哲学と儒教との結合を図る道徳論者の井上哲次郎がドイツ留学から帰国すると、「大西には、キリスト教の信仰を棄てるのを条件に学内に残ることを認めると言ったので、潔くこれを拒否し大学を去った」[90]。二十七歳の大西は、坪内に東京専門学校に招聘され、論理学・倫理学・心理学・美学・西洋哲学を教えた。[91] この年、井上哲次郎は『勅語衍義』を著わし、キリスト教を目の敵にして『教育と宗教との衝突』を書いた。『六合雑誌』で大西、横井、原田助、東京帝国大学教授でもあった元良勇次郎と中島力蔵らが、井上に対して論陣を張った。大西は、井上の「固陋な倫理観」を批判して、一八九三年に『忠孝と道徳の基本』と『教育勅語と倫理説』を書き、忠孝が倫理学説上道徳の基本であるというのは間違っていると厳しく批判した。[92]「時の政治的権力が思想の在り方を指示し、方向づけることこそ、国をあやまることの大なるものはない」[93]と大西は見たのである。一八九三年は朝河が受洗した年であり、朝河は「基督教に関する一卑見」で、神道と儒教と仏教とキリスト教を比較分析し、キリストは儒教のように独断的に忠孝を唱えず、人は神に出会うことによって、最も善く、最も愛のある忠孝を行うことができると教えていると書いた。大西は、朝河の卒業論文「宗教的生命を論じて究竟の疑に及ぶ」の指導教官であり、卒業の六月頃から、朝河は、金子馬治、中島半次郎、島村抱月、中桐確太郎、五十嵐力（以上はのち早稲田大学教授）、後藤寅之助、紀淑雄、綱島梁川たちと哲学会を組織して大西の指導をうけた。当時、大西は精養軒支配人の娘で東洋英和女学校を卒業した幾子と新婚であったが、朝河のアメリカ留学にさいして自分がドイツ留学のために貯めていた一〇〇円を渡航費として惜しみなく貸し与えた。大西は「批判的精神」をカントのいわゆる真の意味での「啓蒙的精神」として、「哲学的教化」を広く社会民衆に行い、「啓蒙」という訳語そのものも、大西の創作によるものである。[94]大西は、同志社の神学科時代に新島襄が「密かに彼を自らの後継者として属目した」ほどの人物であったが、[95]ドイツ留学から帰国して一九〇〇年に亡くなってしまう。朝河は幾子に一〇〇円に利子を付け、蘇峰を通して返している。

朝河が東京帝国大学の三上参次と初めて会ったのは、東京専門学校一年の時である。同級の綱島梁川の日記によると、一八九三年六月十日に大講堂で重野安繹と三上参次の歴史講義を聞いたとあり、[96]三上は当時助教授で、翌年には東京専門学校に一年間出講した。[97]朝河は、大隈、勝海舟、蘇峰、大西や福島の友人から渡航費の援助を受け、一八九五年十二月横浜港を後にする。彼は、一八九六年三月十八日から一年半にわたり徳富蘇峰の『国民新聞』に形影生のペンネームで三一回、留学記を寄稿し、『国民之友』一八九八年六月号に「日本の対外方針」を発表する。アメリカから教授たちが訪日するさいには、朝河は必ず蘇峰宛の紹介状を書いて渡した。横井は一八九七年から一八九九年まで第三代同志社社長（総長）を務め、一九〇三年から一九〇九年までは政友会の衆議院議員である。朝河の第一回帰国時の日本古典籍収集のために、一九〇六年四月二十九日付朝河宛横井書簡から、横井は朝河が林田亀太郎衆議院書記官長、牧野伸顕文部大臣、清浦奎吾男爵に面会できるよう計らったことが分かる。[98]一八九三年にシカゴの世界博覧会に出品頒布した三上参次らの日本歴史の英訳本 *History of the Empire of Japan*, edited by Dept. of Education, Japan, 1893 は、一九〇七年のロッジ編 *The History of Nations* シリーズの *Japan*（『日本―朝河貫一編追加章付き日本政府の歴史より―』）の原型の一つで、朝河は、ポーツマス条約で賠償金なしを決定したのは枢密院の熟考に基づく天皇の指示であると書いた。[99]

大隈は一九〇七年に憲政本党総理を辞任し早稲田大学総長となり、『開国五十年史』を刊行した。*Fifty Years of New Japan* (Kaikoku Gojunen Shi) が英米で[100]一九〇九年一月に出版されると、朝河は書評を書き『開国五十年史』の全五六章は、過去五十年の国民生活の特徴を成功裏に描いており、「日本には、東西文明の調和を発展させて世界をより高いレベルに導いていく使命が委ねられている」と、大隈の結論を紹介した。[101] 朝河は一九〇九年大隈重信宛に五月二十一日付書簡を出し、『開国五十年史』の好評を伝えると同時に、「当国における日本に対する人気の一変したるは一大奇観に候。……嘗て支那保全、門戸のために戦ひし日本が、今正に最も此等の公平の主義に反するものと見做され、又日本こそは東洋平和を乱すべき張本人と信ぜられ候……恐るゝところは此のままにて日本を危地に陥るゝにありと存候」と外交方針転換を強く迫った。

一九〇九年一月一日付朝河宛逍遥書簡には、「日本の危機」を入手とある。坪内は実業乃日本社の増田義一社長と相談して『日本の禍機』と改題し、坪内が三校まで校正して一九〇九年六月に刊行した。十月二十五日付朝河宛逍遥書簡に、「金子男爵非常ニ敬服、特に数十部取寄せ、伊藤侯桂侯等へ配付の由……」とある。[102] 同年十月伊藤博文(一八四一―一九〇九)が安重根に暗殺された時『日本の禍機』を持っていたと後になって、朝河は知る。[103]

一九一一年十一月三十日朝河宛三上書簡で、桂内閣が従来正統としていた北朝にかわり、南朝を正統とし、北朝の祭祀は従来通りと決定した正閏問題を嘆くと、翌年一月二十日付三上宛書簡に「此の事に限らず日本にては未だ事物の真を語るを憚る趣相見へ」と嘆息した。一九一三年六月十五日付大隈宛朝河書簡では、加州問題のアメリカ輿論について知らせ、一時しのぎの日本の言動はアメリカへ軽蔑の念を増加させるだけだと警告し、大隈にアメリカを訪問し肌で輿論の国アメリカを理解してほしいと訴えたが、大隈は外国に結局行かなかった。日本人としてただ一人招待された朝河の「モホンク湖畔国際仲裁主義会議第十九年会の記」[104]を、大隈創刊の『新日本』に掲載し、朝河は世界の潮流は国際紛争処理の国際的努力の方向にあり、アメリカは輿論の力の強い民主主義国であると発信した。

一九一四年四月第二次大隈内閣を組閣し七十七歳で首相兼外相となった大隈がドイツに宣戦布告すると、朝河はすかさず同日一九一四年八月二十二日〔アメリカ時間〕付大隈宛書簡で、「膠洲を独逸から取りさらば之を支那に還すべしとの日本ノ声ハ（欧にても米にても）一般ニ深く疑はれ、只日本は敵の弱きに乗じて復仇及び土地略奪の為に兵を動かすものと解釈せられ候……南洋まで日本が手を出し候はゞ、自然ニ米国も戦争の渦中ニ引き入れられん」と膠州還付を強く迫った。九月六日付大隈宛書簡でも新外交を薦め、支那の中立を侵せば後日に必ず難がある。白人種の戦いである欧州戦争への日本の参戦は不愉快と感じていると、世界の輿論に目を向けるよう促した。一九一五年五月二十五日に中国が対中国二一ヵ条要求に調印すると、五月二十四日〔アメリカ時間〕付大隈宛書簡で日本外交を深く憂慮し、今後日本の東洋外交方針は「日支共進、東洋自由、東西協同」とすべきと提言した。大隈は結局膠洲を還付せず、一九一六年六月四日付逍遥宛朝河書簡で「大隈伯ハ局ニ当たって見れバ、左程の政治家とも見へず……日本人ハ国際的思想ハ、全然『力』を頼むオッポチュニストたる様子と存候……日本ハ思想感情教育上の世の大勢に眼を閉じ、国民文化の趨勢を危くしつゝある」と落胆した。

一九一五年八月二十六日付逍遥宛朝河書簡は、第一次大戦下の国民を観察したいと赴いた欧州紀行記（六月四日―九月三十日）である。親友であったダイアナ・ワッツ（Diana Watts）[105]のナポリの別荘を訪れイタリアで二ヵ月を過ごした後パリに移動して三週間、石井菊次郎にも大使館で会い日中関係についても話し、その後ロンドンに滞在したが、アメリカが法律も社会も個人を基盤とした民主国家と再発見した旅となった。[106]

朝河の第二回帰国の調査は、東京帝国大学史料編纂掛事務主任（現在の所長）の三上参次の全面的な支援の下で行われた。一九二三年十月二十九日付三上書簡は、関東大震災の支援を申し出た朝河に、惨状は大学の臨終に立会いし感あり、被災学生への奨学金をと頼んでいる。一九三〇年一月三十一日付三上書簡によると、宮内庁入りを命じられ『明治天皇紀』の編纂に多忙な日々を送り、一九三四年十月八日付も編纂に繁忙とある。(107)朝河貫一研究会会員の梶田明宏宮内庁書陵部編修調査官は『昭和天皇実録』編修の戦前期担当主任を務め、三上を継いでいる。

東京専門学校出身で唯一の駐米大使埴原正直（一八七六―一九三四）は、朝河が三年生のとき一年生であった。一九〇二年からアメリカ公使館勤務の埴原はポーツマス講和会議時に三等書記官で、朝河は埴原や代表団と同じホテルにおり日本人でただ一人賠償金なしを主張している。一九二二年に埴原は四十六歳で日本外交史上最も若い駐米大使となった。一九二三年の関東大震災のおりには、朝河は直ちに埴原に連絡し、東京帝国大学図書館復興に尽力した。しかし一九二四年五月排日移民法案が成立し、その責を負って埴原は帰国した。帰国後も、『外交時報』などに外交提言の論文を寄稿し、一九二九年のＩＰＲ京都会議の報告書も執筆している。(108)

満州事変後、朝河は Open Letter で頻繁な外交提言を再開するが、一九三三年九月十六日付蘇峰宛書簡では、輿論を動かす力を持つジャーナリスト蘇峰が反動勢力に貢献すれば、将来の日本に災いを招くと、強く翻意をうながした。「新島先生がご在生ならば、如何に申されるべく候や」、「根本の禍を今日軍部は蒔き居候」と威勢のよい掛け声に引きずられ日本を滅びの道に誘導している危険を最大限に警告した。蘇峰は聞く耳をもたず、以後「返答も止まり候」とある。朝河は一九四一年十一月末に日米開戦阻止のため天皇への大統領親書草案を書くが、蘇峰は十二月に天皇の開戦詔書を東条英機首相に依頼され添削している。

3　ダートマス大学時代に知り合った人々

ダートマス大学[109]タッカー学長に加えて、朝河にアメリカがキリスト教に基く民主主義の国であると実感させたのは、『国民新聞』に三一回寄稿したうちの一二回を占めるドワイト・L・ムーディー（Dwight Moody, 1837–1899）のキリスト教の夏期学校である。この夏期学校は、各国の代表者、宣教師、全米の各大学から「立派なる代表的青年」が集まって一〇年前から開かれていた。日本からは青山学院第二代校長の本多庸一《よういつ》（一八九〇—一九〇七年在任）はじめ一一名が参加した。一年目の結論として、東洋の仏教国と西洋のキリスト教国の中央に位置する日本人が、「両教をも互いに相助け、青年皆世界的の心を開きて他国と寛大に相補ひ」東西文明の精神の調和を図るべきという。二年目には、日本の青年は「個人尊敬の思想」を一番学ばなければならないと結論づけた。加えてムーディー邸の円頂丘《ラウンド・トップ》を「精神的世界戦争の一大本営」と表現し、朝河はアメリカの文明論的国家戦略の実体を早くも把握した。

毎年夏を朝河は、同級生のジョージ・G・クラーク（George G. Clark）のニューハンプシャー州の農場内の別邸で過ごした。別邸の料理人が亡くなると、ニューハンプシャーの山のホテルに滞在し、朝河はそこで亡くなった。二人の書簡が多く残るが、一九四五年五月六日付クラーク宛書簡では国際連合でやがて繰り返される紛争の主な根源は、ロシアの身勝手な単独行動とアメリカの無頓着に好意的な伝道的な態度であると予測している。

4　イェール大学大学院時代の恩師

朝河はイェール大学大学院[110]でフレデリック・ウィリアムズ博士論文指導教官の他に、ウィリアム・グラハム・サムナー（William Graham Sumner, 1840–1910）教授からは社会学的研究方法を学んだ。一九〇三年「海外における東洋史教授の困難」に、ダートマス大学講師時代（一九〇二―〇六年）の教授方法は「今最も進歩している社会学的方法」であると書いている。[111] 一九一二年四月二十二日付蘇峰宛書簡には、「過日サムナー氏著書贈呈候」とあり、一九一五年十一月二十八日付五十嵐力宛書簡にも、「日本の宗教と社会事情及要求との相関係せる点ニ関する発見」をしたと、社会学的方法による新研究に没頭している。朝河は、第二回帰国時の一九一七年十月二十日、丁酉倫理会で柳田國男（一八七五―一九六二）の報告を井上哲次郎が批判したのに対して、「柳田國男氏ノ有意ナル神道ノ談話」と評価し、[112] 宗教を社会学的に追究する朝河と柳田の姿勢は共通していた。

エドワード・G・ボーン（Edward Gaylord Bourne）教授からは、「全て原典にあたって歴史を検証する」ことと、「書類が真正であること」を証明すること、つまり真正な原史料による検証と歴史批評の双方の重要性を、朝河は教えられた。[113]

5　イェール大学教師時代

一九〇七年にイェール大学講師に就任した朝河は、[114] 黒板勝美、阪谷芳郎前蔵相などの訪問を受けるが、一九〇九年渋沢栄一（一八四〇―一九三一）は日露戦争後の日米関係改善のため、実業団の団長として渡米したさい、朝河の研究室も訪れた。東京帝国大学のヘボン講座も渋沢の仲介によって創設され、高木八尺が「米国憲法・歴史及び外交」として一九二四年に開始する。朝河はヘボン講座にイェール大学のアレン・ジョンソン（Allen Johnson）歴史学教授とチャールズ・アンドリューズ（Charles. M. Andrews）史学部主任教授を送り、高木の洋書購入の便宜も図り講座を支援した。学生にベイケンとよばれ、出陣する学徒を前に戦時中も高木がアメリカ建国の精神や民主主義を発展させ続けたアメリカ国民の努力を説いたことは特筆に値する。ヘボン講座は第二次世界大戦後、「アメリカ政治外交史」に

引き継がれ現在にいたっている。(115)

ペイソン・トリート（Payson Jackson Treat, 1879–1972）は、一九〇七年以降三五年間日本研究に貢献したスタンフォード大学教授で、訪日のさいに、朝河は高田早苗や蘇峰らへの紹介状を送っている。トリートは『入来文書』が出版されると賛辞を送り、夏休みに読んだミネソタ大学クレイ教授とスタンフォード大学ヒューム教授の感銘を伝えた。

朝河は一九二九年出版の『入来文書』をマルク・ブロックに送った。(116)ブロックは、同年創刊した『社会経済史年報』（アナール誌）に、ブロックによる①朝河の二論文と(117)②『入来文書』の書評、③一九三一年セリグマン編『社会科学百科事典』に封建制の項を共同執筆した朝河の「日本封建制」の書評、④竹越与三郎・瀧川政次郎・三浦周行論文の朝河の書評論文、⑤一九三三年の朝河の「日本の社会経済史上における宗教の役割」を掲載した。佐藤雄基によると、ブロックが「社会史」を重視したことから、「制度史」を重視した朝河の頼朝の幕府創建の論文(118)の掲載は見送られた。(119)『入来文書』の海外における書評には、プロイセン王立学士院会員の比較法制史家オットー・ヒンツェ（Otto Hintze, 1861–1940）の書評もある。(120)

駐日英国大使館勤務の外交官ジョージ・B・サンソム卿の一九三一年の *A Short Cultural History of Japan* は、一九四二年六月の「日本計画（最終草稿）」の参考書の一つである。一九三五年十一月にサンソム夫妻は朝河の研究室を訪問し、月末にロックフェラー財団の会合で朝河に会うのを楽しみにしていると書簡にある。サンソムが朝河に論文の誤りを指摘してくれるようたのんだり、歴史的事実の質問をしたり、コンダコフ研究所掲載の朝河の頼朝の論文送付のお礼を述べたりした書簡が残されている。一九三六年のイギリス国王薨去にさいし、サンソムは朝河に日英だけが天皇と国王に国民が敬愛の念をいだいているとの書簡を送っている。

中国知識人との交流では、一九四四年十一月二十八日付レン其氏宛書簡が、ＩＰＲの一九二九年京都会議と一九三二年杭州・上海会議に出席した中国事務局長の南海大学の可廉（Franklin L. Ho）[121]であると知られている。武藤秀太郎の最近の研究から、朝河が新文化運動の胡適と一九一七年以来親しく交流していたが、日米開戦をめぐり駐米大使となった胡適と対立するようになったこと、[122]経済学者の馬寅初（Ma Yinchu, 1882–1982）や明清史の大家である房兆楹（Fang Chaoying, 1908–1985）とも書簡交流をしていたことが明らかになった。[123]

民主主義について、尊敬するアンドリューズ宛一九四一年二月十六日付書簡で朝河は、ナチの台頭は民主主義の道徳的弛緩の帰結と書いた。三月十日付同教授宛書簡には「民主主義は個々の市民の市民的道徳性と知性のみに依拠して樹立される、非常に先進的かつ困難な政体で」、もし市民が用心深さを欠き積極性を欠くならば、右翼であれ左翼であれ自暴自棄な者が現れて、「新秩序」を樹立しようとするであろう。「とどのつまり民主主義とはモラルなのです。……民主主義にはよき教育方法が必須なのです」とのメッセージを残している。

福島県立図書館所蔵の朝河の村田勤（一八六六—一九四七）宛 Open Letter が、朝河の外交批判と提言を日本の知識層に浸透させていたことを、今回発見した。村田は同志社事件のさいに浮田和民・安部磯雄・横井時雄とともに同志社を去った教授で、[124]イェール大学に朝河と同時期に留学した。帰国後村田は一九〇三年七月十三日付逍遥宛書簡に、朝河の『大化改新』の印刷用の早稲田大学宛、秀英社第一工場＝印刷組合の見積書四枚を同封した。[125]書簡に関して、一九三五年二月十一日の柏木義円の日記に「前橋教会ニオケル信徒懇談会ニ臨ム。余ハ朝河貫一氏ノ書簡ヲ朗読ス」[126]とある。村田は朝河書簡を同志社出身の柏木義円・安部磯雄・深井英五・徳富蘇峰に回覧した。大久保利武、緒方竹虎、東京専門学校で朝河の一年上でイェール大学大学院留学の斎藤隆夫、[127]本郷教会に出入りしていた鳩山一郎、キリスト教徒の永井柳太郎と田川大吉郎、近衛文麿首相に伝わるよう枢密院の竹越与三郎にも届けた。一九三九年七月二十九日付村田宛書簡には、七月二十六日のアメリカの日米通商条約破棄は驚かれただろうが、議会でも皆賛成である。

事変以来、日本は主観的浅見の奴隷の状態にある。常に反省、謙虚に改竄の余地を持つ必要があり「政治家が活眼ある史家的素養を要すると信ずる」とあり、村田は岩波茂雄にも届けた。一九三九年十月八日付村田宛書簡ではヒットラーの対外政策を強く批判し、ヒットラーの自殺を予言する。十月二十二日付村田宛書簡には、グルー駐日大使の演説記事を同封し、東亜新秩序は「武力と莫大の殺傷と破壊とに生まれたもの」であり、「前線の戦士があはれにも毎瞬生命を賭して居るに比べれば、直論による危険の如きは云ふに足らざるごとく思われます。……新聞が掲載を憚るならば、自分で刊行することも出来ませう」と真実を知らせるべき知識人の責任を厳しく問うた。一九三九年の三通の村田宛朝河書簡は英訳されており、[128]アメリカの指導者や知識層にも回覧されたと推測できる。一九四〇年一月二十八日付鳩山一郎宛朝河長文書簡（『書簡集』）は、東亜新秩序の理屈は、ドイツの「新秩序」建設とそっくりで、「新秩序」は危機を日本にもたらすと忠告した。鳩山は二月十九日付書簡で、「色々の御意見肺腑を衝くもの有之候　御友人と存ずる斎藤〔隆夫〕氏舌禍日飲すら起る現状により将来何時頃、各人が常道の心に戻るやら見透し付き兼ぬる次第に御座候　御筆面は村田君に本日回送可仕候」と返信した。[129]一九四〇年六月二十三日付朝河宛村田書簡で、閣議では独伊に加担する態度を決し、「皇室の方が親英である」。軍部の独走が国民生活を苦しくしていると現状を知らせた。一九四〇年九月二十九日付村田宛書簡には、「民主ガ根本的ニ道義的ナルコトガ正ク……自由憲法ヲ造レバソレニテ能事ガ畢《おわ》ルニハアラズ、自由ハ毎日個人ノ責任犠牲ヲ以テノミ買ヒ得ベキ最高値ノ貨物也ト存ジ候」。日本が「独伊ト軍事同盟ヲ一〇年間締結致候事ハ、有史以来ノ大誤失ト存候。……今日日本ノ心ノ惰性的盲動的ニシテ臆病ナルガ為ニ、両眼ヲ閉ジテ禍難ノ深淵ニ馳セ向ヒツヽアルニ戦慄致折候」と憂いた。十月五日付村田宛書簡では、ナチ独逸にとって自分のみが君主族で、他一切が奉仕族であり、「新秩序」は君主族が奉仕族を統制することを意味するとドイツの歴史から紐解いた。戦後一九四七年十一月三十日付村田宛朝河書簡では、「基〔督〕教の個霊尊重を採り、その忍辱の弊を去り、以て儒道の誠義と調和することゝなりませう」と日本の進むべき道を説いたが、村田は年末に亡くなっており、書簡は娘幽香子が受け取った。

四　教え子

日米が開戦すると、朝河が博士論文指導をしたウィリアム・ウィルコックス（William B. Willcox）ミシガン大学助教授から「たった今あのニュースがラジオから流れてきました」と恩師の朝河を案ずる七日付書簡が届いた。(130) 一九四二年二月二十二日付ウィルコックス宛書簡は、多くの知人に回覧された Open Letter で、完全に支配している軍人を追い払うことのできるのは、天皇による追放の可能性であり、枢密院を通して実現可能であったと記し、「宣戦は、……軍部簒奪者の不忠な裏切り」であると書いている。同年四月五日付ウィルコックス宛書簡には、新しい国際連盟では、強国は枢軸国にかつて侵略された弱国の感情を斟酌し、その実際上の平等が守られるよう監視すべきで、「そうすることによってのみ、アングロ・サクソン国家、すなわち自然にとくに米国の優れた勢力が発揮されるのです」と書いている。そのために、「第一にアメリカは謙虚に関する新しい学課を学ばなければならないでしょう。……アメリカ人は外国や旧敵国の歴史や精神文化の同情的理解を培う必要があります。……第二にアメリカにおける民主主義の独学を急がせる必要があります。……民主主義とは、それ自体の損益、そこに潜伏した危険性、その隠された可能性やそれの能力と機会の発展に関する絶え間ない研究でなければ、何物でもないのです。……そこで重要なのは青年の教育問題です」と指摘した。

朝河の戦後構想の影響は、表に出ることはなかった。シャーマン・ケントが、一九四二年一月に「私の新しい仕事の多くの同僚が、この謄写版印刷された手紙〔十月十日付金子宛英文書簡〕を読むことは有益なことでありましょうが、この手紙に関する先生のご要望を十分尊重いたします」と書いたように、[131]名前を伏せて回覧された。ケントは当時イェール大学歴史学助教授からCOI（OSSの前身）に転職したばかりで、調査分析部欧州アフリカ部門の責任者となり、戦後イェール大学に戻った後CIAの大御所となる人物である。

朝河の弟子で一九三七年に学位を取得したエルドン・グリフィン（Eldon Griffin）宛一九四二年十二月二十九日付書簡には、グリフィンが『勝利を取り付けること』の原稿を書き終えたと報告したことを受けて、朝河はドイツと日本の講和がいかに公平であるかが大切であり、国民の「歴史的な心的習性」の「自覚と相互理解が不完全であるかぎり、世界は危険にさらされ」ると予測し、諸国民の歴史的心的習性の研究の重要さと困難さを説いた。手書きの一九四四年二月十五日付朝河宛グリフィン書簡[132]には、依頼通り名前を伏せて信頼できる友人に見せているが、極東の歴史と制度が専門のシカゴ大学Harley F. MaNair教授が朝河のOpen Letterを、①CATS（民政訓練学校、Civil Affairs Training School）のエガン大尉に見せたい、②自分もCATSで謄写版印刷して授業に使いたい、③自分の本に時々引用したいと言ってきたが、「世論の潮流についてますます憂慮する日々、先生のご意見がその反省に効果があると思います」と打診してきた。占領の周到な準備であるCATSは、一九四三年三月には地域研究の実績のある大学に設置され、各地域に関する事項や語学教育が行われた。朝河は申し出を二月二十二日付書簡でグリフィンに断るが、CATSで占領下の国民の心情を思いやり公平に扱う必要を教えたことは推測できる。

日本人で初めて一九八八年にアメリカ歴史学会会長となった入江昭ハーヴァード大学教授は「主にアメリカで専門家としてのキャリアを追究した朝河の人生に、自分は触発された」と書いている。それは最初の留学先のハヴァーフォード大学で、アメリカ史のトマス・E・デュレイク（Thomas E. Drake）教授から、「イェール大学では、日本人にもかかわらず、朝河貫一から中世ヨーロッパ史を学んだ」と聞かされたからであった。

おわりに

歴史学者としての朝河の目標はお互いの精神文明の理解であり、ストークス宛一九四八年五月十六日書簡にあるように「国際的な喜劇や悲劇の根本原因」となる諸国民の「無意識の習性」である「社会意識の形成過程とその歴史的な表われの特異な方法」を解明することにあった。それゆえに一九〇〇年年頭の自戒（『書簡集』）で決意したとおり、「全人類の生存と運命の真相に対して組織的貢献」をしようと捧げられた国際政治学者としての生涯ともなった。朝河の天皇制民主主義の戦後構想は、制度変化の歴史的経路依存性を重視した結果であった。朝河は、理想的な「民主主義」も、自由主義憲法も個人の責任と犠牲で守るものであると説いている。入江昭がいうように、朝河は「日本が人類に共通する文明の発展のために貢献できるようになることを願っていた。……朝河の先見の明とその勇気を尊敬している人々は、……朝河が全生涯を懸けた信念をもって、その任務を受け継いでいかなければならない」[133]。今回「朝河の生涯」を纏めることによって、改めてこの言葉が胸に響いてくる。

注

（1）K. Asakawa, *The Documents of Iriki: Illustrative of the Development of the Feudal Institutions of Japan*/ translated and edited by K. Asakawa, New Haven: Yale University Press, 1929. 朝河貫一著、矢吹晋訳『入来文書』柏書房、二〇〇五年。

（2）山内晴子『朝河貫一論—その学問形成と実践—』早稲田大学学術叢書七、早稲田大学出版部、二〇一〇年。

（3）朝河貫一「日本の対外方針」（『国民之友』一八九八年六月号、五四頁）。

（4）Microfilmed By Yale University Microfilming Unit 1986, Yale University Sterling Memorial Library, Manuscripts and Archives, Manuscript Group Number 40, Kan'ichi Asakawa Papers by William E. Brown, Jr., New Haven, Connecticut, June, 1984. (here after, Asakawa Papers) Series No. 3, Box No. 8, Folder No. 92. (here after, S1, B8, F92)『エール大学所蔵朝河貫一文書』早稲田大学大学院アジア太平洋研究科資料室所蔵、七〇五四六―六四四頁（以後『朝河貫一文書』と略記）。

（5）『朝河貫一文書』七〇五四九頁。

（6）K. Asakawa, *The Early Institutional Life of Japan: A Study in the Reform of 645 A.D* First Printed at Tokyo Shueisha, 1903. 朝河貫一著、矢吹晋訳『大化改新』柏書房、二〇〇六年。本稿引用は筆者訳。

（7）Kiichi Tachibana, "Is Taisho Demokurashi the same as Taisho Democracy?" *Japan's Multilayered Democracy*, Lexington Books, 2014, pp. 37–51.

（8）K. Asakawa, *The Russo-Japanese Conflict: Its Causes and Issues*, Boston, Houghton Mifflin, 1904. London, Archibald Constable & CO., Ltd. 1905.

（9）日露戦争については、山内『朝河貫一論』第五章参照。

（10）朝河貫一『日本の禍機』講談社学術文庫、一九八七年。

（11）金子英生「イェール・シンポジュームと朝河貫一―ストークスパンフレットを中心にして―」（朝河貫一研究会編『朝河貫一研究会ニュース　No.1–No.60』国際文献印刷社、二〇〇七年、二七八頁）。

（12）Asakawa Papers, S1, B 3, F 33.『朝河貫一文書』三〇一〇三―五頁。

（13）朝河貫一書簡集編集委員会編『朝河貫一書簡集』早稲田大学出版部、一九九一年、四四六―五三頁（以後、注記がない朝河書簡は『書簡集』掲載書簡である）。

（14）Asakawa Papers, S1, B3, F34.『朝河貫一文書』三〇四五〇―五四五頁、山内『朝河貫一論』第九章参照。山岡道男・増井由紀美・五十嵐卓・山内晴子・佐藤雄基『朝河貫一資料』（早稲田大学アジア太平洋研究センター、二〇一五年）に収録の筆者の翻刻・翻訳・解説、三〇四―五六頁。

（15）Asakawa Papers, S1, B3, F34.『朝河貫一文書』三〇四六二―三頁。

(16) 朝河貫一「クラーク大学講演大会に発せられたる米国人の清国及び日本に対する態度を注視せよ」(『実業之日本』一二―二五、一九〇九年十二月一日号、三三―四〇頁)。

(17) 朝河貫一「校内の政治倶楽部」(『国民新聞』一八九七年一月九日付)。

(18) 影山礼子「朝河貫一の恩人―ウィリアム・J・タッカー―」(朝河貫一研究会編『甦る朝河貫一』国際文献印刷社、一九九八年、一一頁)。

(19) Asakawa Papers, S1, B3, F31『朝河貫一文書』二一〇五六―七頁。

(20) *Japan: The Japanese Government History edited with supplementary chapters by Kan'ichi Asakawa*, Rev. ed. by Henry Cabot Lodge, Ph. D., LL. D. editor-in Chief, *The History of Nations*, Vol. 7, P. F. Collier & Son Publishers, New York, 1907/1913.

(21) K. Asakawa, "Japan Old and New: An Essay in What New Japan Owes to the Feudal Japan," 1912, Asakawa Papers, S2, B8, F90.『朝河貫一文書』七〇四五六―五七九頁。朝河貫一著、矢吹晋訳『朝河貫一比較封建制論集』柏書房、二〇〇七年、二八―六八頁(以後『比較封建制論集』と略記)。

(22) K. Asakawa, Introduction, *Japanese Sculpture of the Suiko Period*, by Langdon and Lorraine Warner, New Heaven, 1923.『朝河貫一書簡集』七五五―六五頁。

(23) K. Asakawa, "Feudalism: Japanese," *Encyclopedia of the Social Science*, Vol. 7, New York, 1931.『比較封建制論集』三四三―五〇頁。

(24) Asakawa Papers, S1, B3, F31. B4, F42.『朝河貫一書簡集』五七九―八六頁に収録の日本文は十二日付。日本に届いていない。英文にのみある文言は山内『朝河貫一論』第九章、四九九頁。

(25) Skull & Bones http://www.freedomdomain.com/skullbones.html (二〇一六年八月六日最終確認)。

(26) 山内『朝河貫一論』第九章の表二七、五二四頁。

(27) 齋藤襄治「幻の大統領親書」(朝河貫一書簡集編集委員会編『幻の米国大統領親書―歴史家朝河貫一の人物と思想―』北樹出版、一九八九年、三二―三頁)。

(28) Rudolph Janssens, Andrew Gordon, "A Short History of the Joint Committee on Japanese Studies," p. 1. 〈www.

ssrc.org〉

(29) 加藤哲郎『象徴天皇制の起源―アメリカの心理戦「日本計画」―』平凡社、二〇〇五年、六五頁。

(30) ヒュー・ボートン、五百旗頭真監修、五味俊樹訳『戦後日本の設計者―ボートン回想録―』朝日新聞社、一九九八年、一二一頁。

(31) 加藤哲郎『象徴天皇の起源』三〇頁。

(32) 早稲田大学政経学部現代政治経済研究所所蔵マイクロフィルムM2002-2『ドノヴァン長官文書』リール六二、九六二―一〇〇三頁。

(33) 『ドノヴァン長官文書』一〇九八―九頁。

(34) Asakawa Papers, S1, B3, F34.『朝河貫一文書』三〇五〇四―七頁。

(35) *Ibid.*, 前掲書、三〇五二二―四頁。

(36) 幼少年期と父からの教育については、山内『朝河貫一論』第一章第一―二節参照。『朝河貫一資料』付録二、家系図（朝河家、安藤家、関根家）。

(37) 「正澄手記」翻刻と現代語訳は、武田徹・梅田秀夫・安西金造・佐藤博幸編『朝河正澄―戊辰戦争、立子山、そして貫一へ―』朝河貫一博士顕彰協会、二〇〇六年、三―四二頁。

(38) 鈴木喜助稿「朝河貫一」一九五三年、一四―五頁。

(39) 前掲書、二五二頁。

(40) 『朝河貫一資料』三六八・三六六頁。

(41) 福島県内務部地方課編『内務省選奨立子山治績』『朝河正澄』六八―一〇九頁。

(42) 鈴木喜助稿「朝河貫一」六、「父の教訓」、6「安積艮斎先生」。

(43) 対外関係史総合年表編集委員会編『対外関係史総合年表』吉川弘文館、一九九九年、八九六頁。東京帝国大学文科大学史料編纂掛編纂『大日本古文書　幕末外国関係文書之一』東京帝国大学文科大学史料編纂掛発行、印刷局、一九一〇年、三九七―八頁。眞壁仁『徳川後期の学門と政治』名古屋大学出版会、二〇〇七年、三五九頁。英文・蘭文・漢文の国書と蘭文和解と漢文和解は、三六三―七頁。山内『朝河貫一論』二八―九頁。

(44) 石井研堂『安積艮斎詳伝』一九一六年、一六九頁。
(45) 阿部善雄『最後の「日本人」—朝河貫一の生涯—』二〇九—一〇頁。
(46) 徳富蘇峰「将来之日本」（隅谷三喜男編『徳富蘇峰・山路愛山』中央公論社、一九七五年、一七一頁）。
(47) 朝倉氏は友人の父で福島県議会議員、後衆議院議員。
(48) 鈴木喜助稿「朝河貫一」。
(49) 安積艮斎顕彰会編『安積艮斎門人帳』二〇〇七年。
(50) 安積艮斎著、安藤智重訳注『艮斎文略』三九九頁。
(51) 鈴木喜助稿「朝河貫一」。
(52) 安積艮斎『艮斎間話』上巻・二〇葉、一八四一年。
(53) 村田豊治『堀達之助とその子孫』同時代社、二〇〇三年、四六頁。
(54) Daniel V. Botsman, "To See the World: Yoshida Shoin, the Perry Mission, and Yale（「世界致見物度《せかいけんぶついたしたく》」—吉田松陰、ペリー遠征とイェール）," *Treasures from Japan: In the Yale University Library*, Edited by Daniel V. Botsman, Edward Kamens, Kondo Shigekazu, Nakamura Haruko, Beinecke Rare Book & Manuscript Library, 2015, pp. 69–73.
(55) 坪内士行「故人追想　朝河貫一博士」（『読書展望』読書展望社、一九四八年、三八—九頁）。
(56) 関戸信次「エール大学における朝河博士」（『実業之日本』一九一〇年三月、四〇—一頁）。
(57) Asakawa Papers, S2, B5, F47.『朝河貫一文書』四〇三一頁。
(58) Asakawa Papers, S1, B3, F37.『朝河貫一文書』三〇六三頁。『朝河貫一資料』五五頁。
(59) ミリアムについては、山内『朝河貫一論』第六章第一節第二項参照。
(60) Asakawa Papers, S2, B5, F51.『朝河貫一文書』五〇二四—五・五〇二九三頁。
(61) 奥村直彦『ヴォーリズ評伝—日本で隣人愛を実践したアメリカ人—』港の人、二〇〇五年、一八〇—一頁。
(62) 福島県立尋常中学校時代については、山内『朝河貫一論』第一章参照。
(63) 安積高等学校百年史編纂委員会編『安中安高百年史』一九八四年、一八〇—一頁。
(64) *K. Asakawa's Pocket Dictionary* 朝河貫一博士顕彰協会、二〇〇七年（復刻版）。

(65)『朝河貫一資料』(二三三―四八頁)に尋常中学校同級生の写真を含む写真集あり。
(66)『朝河貫一と四人の恩師』朝河貫一博士顕彰協会、二〇一〇年、九七―一〇三頁。
(67)増井由紀美翻刻「日記目録」(一九一一年―二五年)『朝河貫一資料』。
(68)佐藤雄基「朝河貫一と入来文書の邂逅―大正期の地域と歴史をめぐる環境―」(川西英通・波川健治編『グローバル化の中の日本史像―「長期の一九世紀」を生きた地域―』岩田書院、二〇一三年、二一〇―三頁)。
(69)『朝河貫一資料』一〇三頁。
(70)東京専門学校時代については、山内『朝河貫一論』第二章参照。
(71)真辺将之『東京専門学校の研究』早稲田大学出版部、二〇一〇年、五八頁。
(72)石関敬三・紅野敏郎編『大西祝・幾子書簡集』教文館、一九九三年。
(73)奥島孝康・中村尚美監修『エピソード稲門の群像』早稲田大学出版部、一九九三年、二六頁。
(74)早稲田大学大学史編纂所編『早稲田大学百年史』早稲田大学出版部、一九七八年、六七五頁。
(75)一九八七年由良君美東京大学教授「為書」。
(76)山内晴子「朝河貫一と横井時雄―書簡と写真を中心に―」(『朝河貫一研究会ニュース』二〇一一年七月号)。
(77)弓町本郷教会百年史委員会編『弓町本郷教会百年史』新教出版社、一九八六年、三三―四頁。
(78)朝河貫一「基督教に関する一卑見」(『六合雑誌』一四九・一五〇、一八九三年)。
(79)村上陽一郎東京大学名誉教授の二〇〇六年七月八日倶進会(報告：山内「朝河貫一の日本外交の理念と学問の実践」)でのコメント。
(80)山内『朝河貫一論』八三―九一頁。
(81)横井時雄「我が信仰の表白」(『六合雑誌』一三〇、一八九一年、一七―三四頁)。
(82)『弓町本郷教会百年史』三四頁。
(83)『弓町本郷教会百年史』二三一―五頁。
(84)「熊本バンド」は横井、宮川経輝、海老名弾正、徳富蘇峰、金森通倫、原田助、小崎弘道、浮田和民、家永豊吉ら。
(85)山内「キリスト教の寛容―朝河貫一の日本外交の理念の場合―」(キリスト教史学会『キリスト教史学』五八、二〇〇四年、九五頁)。

(86) Ed. and Introduced by Paul F. Hooper, *Remembering the Institute of Pacific Relations: The Memoirs of William L. Holland*, Ryukei Shyosha, Tokyo, 1995, p. 461.

(87) 山内「朝河貫一と高木八尺―民主主義の定着を目指して―」(代表山岡道男『太平洋問題調査会（ＩＰＲ）とその群像』早稲田大学アジア太平洋研究センター、二〇一六年、八八―一二〇頁)。

(88) Ｋ・Ａ「バイロン卿を論ず」(東京専門学校『早稲田文学』六四、一八九四年、五五―六六頁。『同』六五、三二―四三頁)。

(89) 角田柳作「故・朝河貫一博士を思う」(『毎日新聞』昭和二十八年九月二十四日付日刊、八頁)。

(90) 『早稲田大学百年史』六六四頁。

(91) 「大西祝　略年譜」(『大西祝・幾子書簡集』一二―四頁)。

(92) 『大西祝・幾子書簡集』三一三頁。

(93) 陶山務『知と信の人間像―大西祝と内村鑑三―』笠間書院、一九七五年、三二頁。

(94) 石関敬三「解説」(『大西祝・幾子書簡集』六三一頁)。

(95) 『早稲田大学百年史』六六四―五頁。

(96) 綱島梁川『梁川全集』大空社、一九九五年、二五三頁。

(97) 三上参次『明治時代の歴史学界―三上参次懐旧談―』吉川弘文館、一九九一年、二四六頁。

(98) 書簡の翻刻は、山内「朝河貫一と埴原正直―日米関係における外交提言―」(『アジア太平洋討究』一九、早稲田大学アジア太平洋研究センター、二〇一三年、一一二頁)。

(99) 山内『朝河貫一論』二四九―五三頁。

(100) *Fifty Years of New Japan* (*Kaikoku Gojunen Shi*), In two volumes. Compliled by Count Shigenobu Okuma, late Prime Minister and Minister for Forieng Affairs. English version edited by Marcus B. Huish. New York: E.P. Dutton and Company. 1909.

(101) K. Asakawa “Okuma: Fifty Years of New Japan,” *American Historical Review*, New York, Macmillan Co., 1910,

pp. 868–870.

(102)　『坪内逍遥書簡集』一、早稲田大学出版部、二〇一三年、五七・六〇・六二―四頁。

(103)　一九四四年三月五日付 Dear Friend 宛書簡 Asakawa Papers, S1, B3, F35.『朝河貫一文書』三〇三四八頁。山内『朝河貫一論』二九九頁。

(104)　朝河貫一「モホンク湖畔国際仲裁主義会議第十九年会の記」(『新日本』一九一三年十一月・十二月号)。

(105)　増井由紀美「朝河貫一とダイアナ・ワッツの関係」(『津田塾大学紀要』二〇〇九年、二二五―五二頁)。

(106)　増井由紀美「朝河貫一と第一次世界大戦―パリ滞在期を中心に―」(『敬愛大学国際研究』二一、二〇〇八年)。朝河の欧州旅行記は、『早稲田学報』二四九にも掲載。

(107)　代表河西英通『日本史学の国際的環境に関する基礎的研究』(ⅢとⅣ、広島大学大学院文学研究科、二〇一〇年)で、朝河との送受信書簡が翻刻解説された日本の歴史学者は、三上をはじめ、原勝郎、内田銀蔵、吉野作蔵、中村直勝、西村直次、牧健二、辻善之助、三浦周行、瀧川政次郎、黒板勝美、高木八尺、芳賀矢一、村川堅固。

(108)　山内「朝河貫一と埴原正直―日米関係における外交提言―」一〇三―二七頁。

(109)　ダートマス大学時代については、山内『朝河貫一論』第三章参照。

(110)　イェール大学大学院時代については、前掲書、第四章参照。

(111)　復刻版『教育時論』六六三、開発社、一九〇三年、三・六―九頁。

(112)　Asakawa Papers, S2, B5, F51.『朝河貫一文書』五〇〇六〇―一頁。山内『朝河貫一論』一六五―六頁。

(113)　大城ジョージ「朝河貫一の海外留学」(『朝河貫一の世界』早稲田大学出版部、一九九三年、四五頁)。

(114)　イェール大学教師時代については、山内『朝河貫一論』第六章参照。「民主主義」に基づく提言については、第七章参照。

(115)　山内「朝河貫一と高木八尺」八八―一二〇頁。

(116)　原輝史「二人の比較史学―朝河貫一とM・ブロックとの『社会経済史年報』誌上論文―」(『朝河貫一の世界』二三七―四八頁)。

(117)　K. Asakawa, “Agriculture in Japanese History,” *Economic History Review*, t II, 1929, pp. 81–92. と K. Asakawa, “The early Sho and the early Manor,” *Journal of Economic and Business History*, t. I, 1929, pp. 177–207.

(118) K. Asakawa, "The Founding of the Shogunate by Minamoto-no-Yoritomo," *Seminarium Kondakovianum: Recueil d'Etudes, Archeologie, Histoire de LIArt, Etudes Byzantines*, VI, 1933.

(119) 向井伸哉・斎藤史朗・佐藤雄基「朝河貫一とマルク・ブロックの往復書簡―戦間期における二人の比較史家―」（立教大学史学会『史苑』七六―二、二〇一六年）。

(120) 朝河貫一著、矢吹晋訳『入来文書』（柏書房、二〇〇五年）に両書評の翻訳掲載。

(121) 山岡道男『太平洋問題調査会関係資料』（早稲田大学アジア太平洋研究センター、二〇一〇年、一五二―三頁）。

(122) 武藤秀太郎「朝河貫一と胡適―日中知米派知識人の思想的交錯―」（『アジア研究』五九―三・四、二〇一四年）。

(123) 武藤秀太郎「朝河貫一と中国知識人」（『朝河貫一研究会ニュース』八六、二〇一五年）。

(124) 『弓町本郷教会百年史』三四頁。

(125) 『朝河貫一文書』一〇三六―四一頁。

(126) 片岡真佐子編・解説『柏木義円資料集』行路社、二〇一四年、二八九頁。

(127) 斎藤隆夫は吉田茂内閣の国務大臣で日本国憲法に署名。

(128) 『朝河貫一資料』四八頁。

(129) 前掲書、一四四頁。

(130) Asakawa Papers, S1, B3, F32.『朝河貫一文書』三〇〇四九―五一頁。筆者訳。朝河の戦後構想については、山内『朝河貫一論』第九章参照。

(131) Asakawa Papers, S1, B3, F32.『朝河貫一文書』三〇一一〇―一二頁。

(132) *Ibid*. 前掲書、三〇三四四頁。筆者訳。

(133) Akira Iriye, "K. Asakawa and U.S.-Japan Relations"『甦る朝河貫一』p. *1*、筆者訳。

あとがき

本書の出版の淵源を辿ってみると、東京大学史料編纂所とイェール大学で行った学術交流に行き当たる。当時、史料編纂所の教授であった近藤成一氏から、「早稲田大学図書館の貴重書庫には現在イェール大学に保管されている古文書張交屏風に貼られている文書の連れがあるので、それを調査したい。」という要請を受けたことに始まる。この調査は二〇一一年七月一四日に実現した。東京大学史料編纂所からは近藤成一氏と榎原雅治氏（当時所長）、修補担当の高島晶彦氏が見え、さらにイェール大学からは中村治子氏が立ち会われた。早稲田大学には古文書研究の大家として知られる荻野三七彦先生が収集した文書が厖大にあり、それらは『早稲田大学所蔵荻野研究室収集文書』（上下二巻、吉川弘文館）として翻刻されている。この中で「興福寺関係文書」として納められているものが該当のものであり、一巻の巻子本に仕立てられ、木箱に収められている。そこに「中藤氏より購入文書」とある小さなメモ紙が残されていた。早稲田大学図書館の資料管理課長藤原秀之氏によりこのメモが荻野先生の直筆であることが確認され、「中藤氏」とは史料編纂所において表具を長く担当された中藤昌次氏のことであることが同時に判明した。早稲田大学とイェール大学に異なる形で伝存した古文書は、中藤氏が興福寺一乗院の坊官二条家に関わる家の襖の下張から蘇らせたものであることがわかった。一九二〇年代に朝河が黒板勝美を通して行った日本における資料収集活動の一端が浮かび上がったのである。この時、イェール大学には朝河関係資料が多量に存在することを知り、朝河によって切り拓かれた研究の世界にはまだ広大な未知の領域があることを教えられた。

二〇一五年に開催したシンポジウム「朝河貫一と日本中世史研究の現在」では、佐藤雄基氏の「日本の中世史研究からみた『入来文書』」、似鳥雄一氏の「越前牛原荘の研究と朝河」、中村治子氏の「朝河の史料収集および朝河文書の紹介」の三つの講演が行われた。さらにパネルディスカッションが催され、海老澤が司会を務め、講演の三名のほか、近藤成一氏と甚野尚志氏が加わった。好評を以て迎えられたことから、吉川弘文館の編集部長堤崇志氏のご尽力により成果を出版することとなったのである。

今回の出版にあたっては、①日欧の比較封建制論と現代（第Ⅰ部）、②朝河貫一の中世史像と歴史学界（第Ⅱ部）、③朝河貫一の活動とイェール大学（第Ⅲ部）、の大きく三つのジャンルに分けて、多角的な分析を試みた。①のキーワードは「封建制」である。日本の近代史学史ではヨーロッパにおけるフューダリズムに「封建制」という訳語を当てはめて日欧の中世社会を分析した。ここに「日欧比較封建制論」というジャンルが生れ、その牽引者の一人が朝河であった。オットー・ヒンツェとの交流を一つの視点に定めた甚野尚志氏の論考は日欧比較封建制研究の現代的課題を示す。これに対して、朝河の研究フィールドとして薩摩国入来院に次いで著名な越前牛原荘を扱った似鳥雄一氏は「封建制」に対して全く逆の見解を示し、現在の日本中世史研究ではあまり使われなくなった歴史概念であるとし、成立期の牛原荘を「立荘論」により解明する。確かに朝河の時代から比較すると、大幅に進展した荘園研究の中に「封建制」を見出すのは難しくなっているかもしれない。しかし、近年深化が著しい「武家領」・「御家人領」あるいは「一揆契約」の研究から新たな「封建制」研究の糸口が見出せるのではなかろうか。

②では、朝河のイェール大学所蔵資料からの掘り起こしを行っている佐藤雄基氏の論文がまず注目される。朝河の研究について「国ごとの違いを認めつつも、日本に対する封建制概念の適用可能性を否定することはなかったし、む

しろ日欧双方に適用可能な封建制概念を模索した節がある。そこに一九三〇年代の朝河が、南九州という個別具体的な地域をフィールドとした著書の構想を断念し、抽象的な封建制概念の理論研究に傾斜する必然性があったのではなかろうか。」としている。近藤成一氏の論考では、黒板勝美による朝河論文「日本封建土地制度の起源」の『史学雑誌』紹介記事に対する分析をし、鎌倉幕府の法令を詳細に検討して問題点を洗い出す。本論文では、紹介されていないが、朝河と黒板のパートナーシップについては近藤氏の「イェール大学所蔵播磨国大部庄関係文書について」(『東京大学史料編纂所研究紀要』二三、二〇一三年)に詳しい。海老澤論文は朝河の研究人生の中ではほぼ最後のものとなった「島津忠久の生ひ立ち」を扱ったものである。朝河の構想にはあったが、実現を見なかった「武人としての履歴」を追究し、論評を加えた。

③のグループは中村治子氏の論文と山内晴子氏の論文である。中村氏はイェール大学の東アジア図書館に勤務しており、朝河関連資料の全貌を示すとともに未公開の日本における資料収集メモの存在を明らかにした。また、日本語コレクションの問題点を指摘する。

山内氏は朝河に関する詳細な伝記『朝河貫一論—その学問形成と実践—』(早稲田大学出版部)を著しており、本書においても様々に活用されているが、ここでは朝河の家族・知人・教え子に及ぶ人的なネットワークを示し、朝河が単なる歴史学者ではなく、国際政治学者としての一面を有することを明らかにしている。

巻末には中村治子氏、甚野尚志氏、佐藤雄基氏が作成した付録をつけることができた。いずれも今後の朝河研究に資するものであり、ご活用いただければ幸いである。

シンポジウムの開催から本書の刊行に至るまで様々な面で朝河貫一研究会(代表・山岡道男早稲田大学大学院アジア太平洋研究科教授)からご助力をいただいた。厚く御礼申し上げる次第である。

本書の刊行にあたっては、文部科学省「スーパーグローバル大学創成支援事業」に採択された早稲田大学の、「国際日本学拠点」における出版事業として認可された。関係各位のご努力に感謝申し上げたい。

海老澤　衷

編者略歴

海老澤衷

一九四八年　東京都に生まれる
一九八一年　早稲田大学大学院文学研究科博士課程修了
現在　早稲田大学文学学術院教授、博士（文学）

〔主要著書〕
『荘園公領制と中世村落』（歴史科学叢書、校倉書房、二〇〇〇年）、『景観に歴史を読む　史料編増補版』（早稲田大学文学部、二〇〇五年）

近藤成一

一九五五年　東京都に生まれる
一九八二年　東京大学大学院人文科学研究科修士課程修了
現在　放送大学教授・東京大学名誉教授、博士（文学）

〔主要著書〕
『鎌倉時代政治構造の研究』（校倉書房、二〇一六年）、『鎌倉幕府と朝廷』（シリーズ日本中世史2、岩波書店、二〇一六年）

甚野尚志

一九五八年　福島県に生まれる
一九八三年　東京大学大学院人文科学研究科修士課程修了
現在　早稲田大学文学学術院教授、博士（文学）

〔主要著書・論文〕
『十二世紀ルネサンスの精神―ソールズベリのジョンの思想構造』（知泉書館、二〇〇九年）、「朝河貫一」（樺山紘一他編『二〇世紀の歴史家たち』2日本編下、刀水書房、一九九九年）

朝河貫一と日欧中世史研究

二〇一七年（平成二十九）三月十日　第一刷発行

編者　海《え》老《び》澤《さわ》衷《ただし》
　　　近《こん》藤《どう》成《しげ》一《かず》
　　　甚《じん》野《の》尚《たか》志《し》

発行者　吉川道郎

発行所　株式会社　吉川弘文館
郵便番号一一三―〇〇三三
東京都文京区本郷七丁目二番八号
電話〇三―三八一三―九一五一〈代〉
振替口座〇〇一〇〇―五―二四四番
http://www.yoshikawa-k.co.jp/

印刷＝株式会社 理想社
製本＝誠製本株式会社
装幀＝山崎　登

Printed in Japan　ISBN978-4-642-02935-3

執筆者紹介（生年／現職）―執筆順

甚野尚志（じんの　たかし）　→別掲
似鳥雄一（にたどり　ゆういち）　一九七七年／日本学術振興会特別研究員（ＰＤ）
佐藤雄基（さとう　ゆうき）　一九八一年／立教大学文学部准教授
近藤成一（こんどう　しげかず）　→別掲
海老澤衷（えびさわ　ただし）　→別掲
中村治子（なかむら　はるこ）　一九七二年／Librarian for Japanese Studies, Yale University Library
山内晴子（やまうち　はるこ）　一九四四年／朝河貫一研究会理事

Summary

Kan'ichi Asakawa and the Study of Medieval Japanese and European History

Foreword

Kan'ichi Asakawa was born in 1873 in Nihonmatsu, Fukushima Prefecture and entered the Department of Literature at Tokyo College (which later became Waseda University) after graduating from Fukushima Ordinary Junior High School (which later became Asaka Junior High School). While in college, expectations for Asakawa's future were great and, in 1896, he transferred to Dartmouth College in the United States. After graduating from Dartmouth, he enrolled in the graduate program of Yale University's Department of History in 1899, and in 1902 received a Ph.D. for his dissertation "A Study in the Reform of 645 A.D. (The Taika Reforms)" (in English). He became a lecturer at Dartmouth and, in 1907, at Yale, concurrently serving as director of the Yale University Library East Asia Collection. In 1910, he became an assistant professor of history at Yale, and was eventually promoted to professor. He taught there for more than 30 years, while studying his own research on Japanese and European medieval history. In 1919, he traveled to Iriki Village in Satsuma District, Kagoshima Prefecture to decipher the Iriki Documents, which lead to the publication of *The Documents of Iriki* by Yale University Press and Oxford University Press in 1929, which advanced the comparative study of Japanese and European feudal systems based on primary sources. His work was highly regarded for suggesting that medieval Japan is comparable to medieval Europe and for positioning it in world history through the concept of feudalism. He died in 1948 at the age of 74, having lived in the U.S. during a turbulent period that spanned the Russo-Japanese War and the two world wars. Throughout this time, he continued to send his messages from both American and international perspectives.

* * *

Why should we study Kan'ichi Asakawa today? There are two main reasons. One is the spread of the academic genre called as "Global Japan Studies," which

emphasizes the importance of international collaborations between reseachers. Although the approach of studying Japan in its Asian context has existed since before World War II, the necessity of "Global Japan Studies" has been emphasized quite recently in the 21st century. As other East Asian countries have improved their international positions, Japan's identity is questioned once again. All universities are now expected to study Japan from an international perspective. Taking into account this reality, Asakawa's 1903 Yale dissertation, "A Study in the Reform of 645 A.D. (The Taika Reforms)" (in English) and his early career as a researcher can be seen as nothing but the early-20th century founding of "Global Japan Studies" outside Japan. Around this time, others, such as Tenshin Okakura, Inazo Nitobe, and Daisetsu Suzuki, introduced Japan's spiritual culture to the West in a distilled form and gained understanding, but Asakawa took a slightly different approach, remaining firmly planted in the academic world. Asakawa meticulously collected research materials and compared numerous samples before drawing conclusions. As such, the overall picture of his research has not yet been fully elucidated.

The second reason lies in the international circumstances of modern society, and the worldwide crisis facing the existence of modern nation states. Asakawa started to teach around the time of the Russo-Japanese War, and he gave energetic lectures in the hopes of aiding Japan's victory. With the conclusion of the Portsmouth Convention, which he was allowed to attend as an observer, he developed a great concern for Japan's prospects in the international community. In 1909, he wrote "Crisis for Japan" as an appeal to the Japanese people, predicting Japan's isolation and preaching the importance of international cooperation. After the Manchurian Incident in 1931, Inazo Nitobe and others traveled to Europe and America, seeking to solicit international support for Japan's position. However, unlike before, Japan was not able to gain understanding and sympathy from the international community. Under these circumstances, Asakawa scrambled to help avoid a war between the United States and Japan, and, going further, envisaged a social system with a symbolic emperor. It would be no exaggeration to say that Japan's current international position is one envisaged by Asakawa during World War II. It is thus necessary in the modern era to once again review the messages left to us by Asakawa, since we are at a time in which the nation state is swaying.

* * *

As shown above, Asakawa was a rare Japanese citizen, one who studied and contributed to the humanities, which were originally produced in Western Europe,

in the United States during the first half of the 20th century (without changing his nationality).

When the Research Institute for Letters, Arts, and Sciences at Waseda University received a grant from the Japanese Ministry of Education, Culture, Sports, Science, and Technology in 2014, it undertook collaborative research on "Modern Japan's Humanities and the East Asian Cultural Sphere—Crisis and Recovery for the Humanities in East Asia." As part of this research, a symposium was held at the Ono Auditorium of Waseda University on December 5, 2015, titled "Kan'ichi Asakawa and the Study of Medieval Japanese History Today." This book is based on the outcomes of that symposium. The main focus of the symposium was to analyze Asakawa's contributions to the study of medieval history, but we could not cover the problems as for his drafts, notes, diaries, letters, and materials collected by him in Japan, necessitating further investigation and research.

Tadashi Ebisawa
Shigekazu Kondo
Takashi Jinno
January 27, 2017

Kan'ichi Asakawa and the Comparative History of Feudalism between Japan and Europe: Analysis of the Manuscripts of "Nature of Feudal Society" (*Asakawa Papers*, Box 10, Folders 100–109)

Takashi Jinno

Introduction

After publishing the famous work *The Documents of Iriki*, Asakawa devoted himself to researching the comparative history of feudalism between Japan and Europe. He left 14 manuscripts on this subject that are included in *Asakawa Papers* (Box 10, Folders 100–109, Nature of Feudal Society). The purpose of this paper is to examine the correlations between these manuscripts and to make clear his plan for a work on the comparative history of feudalism.

1. General View of the Manuscripts of "Nature of Feudal Society"

Among the 14 manuscripts (12 are written in English, two are written in Japanese), four English manuscripts have the same title "Nature of Feudal Society

(tentative, not to be published).” Other English manuscripts have different titles such as “Introduction I. Causes of Feudalism,” “Introduction II. The Nature of the Feudal Society,” “Social Causes,” “Comparison,” or no title. Two Japanese manuscripts have the titles “fl 社会ノ性” and “feudal 社会ノ性.”

2. Manuscripts Titled “Nature of the Feudal Society (tentative, not to be published)” and their Contents

Asakawa first wrote the short manuscript titled “Nature of Feudal Society (tentative, not to be published)” (Folder 106) to formulate his definition of feudalism in 1932. He defines three factors as the causes for the emergence of feudal society, namely, 1. the unit of society is a group of warriors supported by peasants, 2. the economic foundation of the society is land that is held according to the relative rights and obligations of the members of society, and 3. the political powers of the warrior class are based on the real rights of the fief. He then expanded this short manuscript more precisely in the other three manuscripts of the same title to write the longest manuscript (Folder 101, written about 1937).

3. Manuscripts Written as Parts of his Unpublished Work of the “Comparative History of Feudalism”

Asakawa probably decided to write the “Comparative History of Feudalism” using the manuscript of Folder 101 as part of the introduction of his work after about 1937 because there is a manuscript titled “Introduction II. The Nature of the Feudal Society” (Folder 107–1) whose contents are the same as the manuscript of Folder 101. Moreover, the manuscript titled “Introduction I. Social Causes” (Folder 107–1), “Social Causes” (Folder 103), and “Comparison” (Folder 109) would also be regarded as sections of his unpublished work.

4. Contents of his Unpublished Work of the “Comparative History of Feudalism”

The contents of the four manuscripts should be seen as noteworthy. 1. “Introduction I. Causes of Feudalism” (Folder 108–4) compares the society of the Merovingian Frankish kingdom with Japanese society after the Taika Reform. 2. “Social Causes” (Folder 103), which was written as the latter part of “Introduction I” also compares the society of the Frankish kingdom with the Japanese one. 3. “Introduction II. The Nature of the Feudal Society” (Folder 107–1), which has the same content as “Nature of the Feudal Society (tentative, not to be published)” (Folder 101), discusses the social factors that brought about feudal society. 4. “Comparison” (Folder 109), which would be regarded as a part of the main argument after the introduction, makes a comparison of the feudal laws in Europe and Japan.

5. Characteristics of his Unpublished Work of the "Comparative History of Feudalism"

We can understand Asakawa's ideas about feudalism from these manuscripts. However, I would like to indicate some peculiar points. First, he defined feudalism as an institution that was brought about accidentally by some combination of social factors. Secondly, he tried to compare the societies of the Frankish Kingdom and the "Ritsuryo" State in Japan. Third, he was influenced by German studies on medieval legal history in his arguments on feudalism after learning about contemporary German research from his correspondence with Otto Hintze. However, Asakawa did not follow Hintze's idea of feudalism totally. Asakawa insisted that feudalism emerged only in Europe and Japan.

Conclusion

The manuscripts of the "Nature of Feudal Society" have not yet been studied. My paper first clarified the correlations between these manuscripts. Through my research I made clear that most manuscripts were written as parts of his unpublished work, "Comparative History of Feudalism." However, his work was not finished although he struggled to write his manuscript until his death. We can presume that his interest in history moved gradually from Japansese history to the comparative history of feudalism from about 1930.

Research relating to Ushigahara-no-Sho in Echizen-no-Kuni and Kan'ichi Asakawa

Yuichi Nitadori

Introduction

In this paper, the two themes given below were set forth and examined. First of all, further verification was appended to the research regarding Ushigahara-no-Sho manor in Echizen-no-Kuni undertaken by Kan'ichi Asakawa in his posthumous writings. Secondly, by reflecting the current level of research, the historical materials that Asakawa used were reread and new findings relating to Ushigahara-no-Sho during the early medieval period were obtained.

1. Asakawa's research relating to Ushigahara-no-Sho

First of all, in regard the initial theme, the conclusion was reached that it is not possible to assert, based on historical materials relating to Ushigahara-no-Sho manor, that the intensification of rice cultivation emphasized in particular by

Asakawa as an environmental factor defining medieval society in Japan and the characteristics of direct land management, which emerged as a consequence, that is, that revenues were great for the domain lord though it was not possible to acquire much land area.

However, when seen in the light of the major issue of an up-to-date advancement of Asakawa's historiography, the discussion should not be allowed to come to an end with this alone. Recent research in medieval history in Japan has clarified the modalities of society at the time through a variety of methodologies. Pushing aside for the present discussions that seek to develop concepts such as "feudal system", it would probably also be of value to pursue a reconsideration of the actual circumstances of society at the time that have been elucidated thus far in order to determine the extent to which a specific comparison would be possible between Japan and various other countries.

2. Reexamination of Ushigahara-no-Sho

Next, the second theme relates to Enkoin Temple, which was erected for the purpose of praying for the repose of Chugu Katako. The point should be emphasized that it was Sanboin Jokai, Katako's paternal half-brother, of the Daigoji Temple, who held the position of Betto (head) of Enkoin Temple during the early half of the 12th century, when the land area of Ushigahara-no-Sho, established as a manor with the aim of procuring funds for the management of Enkoin Temple, was ultimately finalized. In the position of head of both Daigoji and Enkoin Temples, it can be said that Jokai, who succeeded to Sanboin Temple as Inge (branch temple supporting the main temple) and who established the Sanboin school of Buddhism, was a person who truly symbolized the flow of Ushigahara-no-Sho manor during the medieval period from Enkoin Temple to Zasu (high ranking priest) of Sanboin Temple.

Jokai's achievements extended even to the establishment, together with his teacher Shokaku, of the Seirogu Shrine as the protective shrine of Daigoji Temple. Seiro-Gongen was likely enshrined at Uchigahara-no-sho as the patron deity of the manor, thus serving to link together the domain lord and the local population.

In regard to the boundaries and land area of the Ushigahara-no-Sho manor, the results of locality identification are indicated on the map and, from there, the general direction of development was ascertained. It is thought that the basic trend was from the foothills to the plains and from land little affected by rivers to land strongly affected.

Asakawa's Visions of *The Documents of Iriki* in Japanese and European Medieval Historiographies

Yuki Sato

Introduction

An aim of this study is to clarify the global development of historiographies in the interwar period through research about the academic work of historian Kan'ichi Asakawa. In this paper, references will be made to the *Asakawa Papers* held at the Yale University Library. Asakawa's masterpiece *The Documents of Iriki* (1929) introduced the academic world to the history of the Japanese feudal system, centering on documents about the history of a samurai clan called the Iriki, who had settled in Kagoshima Prefecture, South Kyūshū. The product is a famous work of comparative feudalism in Japan and Europe, but its concrete content was long unknown to Japanese scholars.

1. Asakawa's situation before publication of *The Documents of Iriki* at Yale

The first draft of *The Documents of Iriki* was written in 1920, and the second draft was completed in 1925. By comparing these two drafts, we can assume that the intended audience shifted from American students interested in Japanese history to those interested in Western history. The reason for this shift is that Asakawa felt the need to publish a work of comparative history because he was a junior faculty member at Yale who did not have tenure; further, his status at Yale was in question because his Japanese cultural history class was in poor demand. Consequently, his educational and academic interests changed.

2. Vision for *The Régime of South Kyūshū*

As a collection of historical materials, *The Documents of Iriki* was difficult to comprehend by itself. Therefore, to complement the historical outline of the region, *The Régime of South Kyūshū* was planned but not published. The plan was thought to have been nixed around 1935, when Asakawa changed his course regarding the axis of his feudal system theory from the empirical study of a particular region to an abstract comparative history based on the theory.

3. Asakawa's visions of Japanese feudalism

Historians in modern Japan tended to emphasize the commonalities between the Japanese and European Middle Ages. In contrast, Asakawa focused on the differences between the two worlds. His research revealed features of the Japanese feudal system from the viewpoint of the feudal contract; under the influence of his

teacher at Yale, George Burton Adams, he suggested that European feudalism gave birth to democracy, whereas Japanese feudalism with weak contractual ideas did not produce a democracy. This means Asakawa's theory was created as he reflected on the modernization of Japan.

4. *The Documents of Iriki* in terms of European medieval history

To explore how Asakawa became aware of the differences between Japan and Europe, I look up the bibliographical data he referred to when writing *The Documents of Iriki*. I discovered that after his visit to Europe in 1915, he began focusing on French feudalism. His approach to explaining the development of the feudal system on the basis of the particular region of southern Kyūshū was influenced by Charles Seignobos. However, reading Georg von Below could have led him to acquire his own viewpoint when comparing Germany and France. According to his study of German feudalism, Asakawa found comparative elements in the Japanese counterpart to his feudal theory. If he was more conscious of the differences between Japan and Europe, a likely question would have been whether it was possible to apply the European concept of feudalism to Japan. This possibility would have explained why he was attracted to German feudalism.

5. Accepting and forgetting *The Documents of Iriki* in Japanese academic circles

The encounter with *The Documents of Iriki* made Kenji Maki conscious of medieval Japanese society and how it differed from the Western feudal system in terms of contracts, which emphasized Japanese particularity. In contrast to Maki, Asakawa was searching for a theory of the feudal system applicable to both Japan and Europe. The divergence between the two medievalists resulted from Asakawa's academic situation in the United States. After World War II, Maki's argument was disappearing in academic circles, which meant that *The Documents of Iriki* was also discussed less often.

Kan'ichi Asakawa and the Community of Japanese Historians

Shigekazu Kondo

Introduction

Kan'ichi Asakawa's first contribution to the academic community was his study, *The Documents of Iriki*, which integrated medieval Japan into the discourse of comparative history. Asakawa continued to influence the field of history long after his death, but this article will instead shed light on the relationship between

Asakawa and Japanese historians during his lifetime.

1. The Relationship Between Asakawa and Japanese Historians During His Lifetime

Katsumi Kuroita was the first scholar to introduce Asakawa's research to Japan's community of historical scholars. His summary of one of Asakawa's English-language studies was published in 1915. Kikuji Ueno continued Kuroita's work, translating two other English-language articles by Asakawa in 1919 and 1920. Each of these later studies originally penned by Asakawa focused entirely upon Japanese history as the topic of research. Asakawa himself also contributed two articles in Japanese to a Japanese-language journal between 1935 and 1937. However, these items limited their subject matter to trends in the field of medieval European history.

2. Asakawa's Theory on the Origins of Japan's Feudal Land Tenure System

Asakawa was grateful for Kuroita's efforts (by way of the 1915 summary article) to introduce his research to Japan. Unfortunately, he also was unsatisfied with the end result, and thus felt the need to write an article in Japanese to correct Kuroita's misunderstandings of his research and explain his theory for himself. However, Asakawa's original work was not translated into Japanese and his ideas have since been encountered by scholars not via his original English study, but by way of this Japanese article that he wrote to correct misunderstandings about his research. This present article aims to provide an interpretation of the theories Asakawa presented in his original study.

3. The Origins of the Feudal Land Tenure System and the *Shō* System

The title of Asakawa's original work was "The Origin of Feudal Land Tenure in Japan." However, Kuroita described Asakawa's theory as one that elucidated the origins of the *shō* system. The *shō* system is often compared to the manor system in medieval Europe. Kuroita equated the *shō* system with the feudal land tenure system, whereas Asakawa characterized them as separate.

For Asakawa, the Japanese feudal system originated in the 13th century and reached its zenith during the 16th century. In his analysis, the *shō* system was not itself synonymous with the feudal system, and thus the central issue for historians to examine was how the feudal system arose from the *shō* system. According to his theory, two forms of warrior land tenure fused together, resulting in the creation of the feudal system.

4. On "*Shiki*"

According to Asakawa, "The surrender of a *shiki* by one person of a lower station to another of a higher was termed *ki-shin*, which may almost literally be

translated as commendation; a *shiki* granted by a higher person to a lower...was often known as *on-kyū*, meaning benevolent gift, for which we shall use the term benefice." Thus, the Japanese *shō* system was different from the manor system because of the coexistence of *ki-shin* and *on-kyū*. Asakawa also wrote that, "Till far along into the feudal period, the tenures in all their complexity of these two different origins persisted independently, though in close juxtaposition. The resulting *shō* was not a manorial organization comprising strips of arable land laid out and administered by the joint intervention of the lord and half-free tenants, but a large unit in a "scattered farm" system, which was an agglomeration of fields of utmost irregularity in form and size and of great diversity in origin and actual condition." In this way, the Japanese *shō* system independently existed prior to the creation of the feudal system.

Conclusion

Asakawa's theory, in which he portrayed the Japanese *shō* system as separate from the feudal system, was far ahead of the field when it was disseminated in the 1910's. While Asakawa's research was not accurately understood in its entirety during its initial release, the publishing of Kenji Maki's study *Nihon Hōken Seido Seiritsushi* (trans. *The Establishment of the Japanese Feudal System*) in 1935, which adopted Asakawa's theories, demonstrates that its influence on the field was profound.

Tadahisa Koremune and the establishment of the Kamakura Shogunate: A contextual study by Kan'ichi Asakawa

Tadashi Ebisawa

Introduction

In 1939, Kan'ichi Asakawa published "The personal history of Tadahisa Shimazu: A case of lower criticism" in Volume 12, Issue 4 of *Shien*, an academic journal published by Rikkyo University. This article encompassed 118 pages of the A5-sized journal. The direct trigger for Asakawa to produce this article was the publication of *The Compendium of Local History of Kagoshima Prefecture, Volume 3, The Beginning of Shimazu* (1932) by Shigetada Matsushita, a specialist on the local history of Kagoshima Prefecture. Asakawa quoted from this volume 27 times, including page number references, so his work is basically a "book review article."

1. Mysteries in the early life of Tadahisa Koremune and development in the early years of the Kamakura Shogunate

Tadahisa Shimazu (?–1227) was the founder of the Shimazu clan. While the legend that he was an illegitimate son of Minamoto no Yoritomo, the founder of the Kamakura Shogunate, was widely circulated between the medieval and early modern periods. Circumstances of his birth are shrouded in mystery. Asakawa concentrated on this question in This section sheds light on the real Tadahisa Shimazu before his appearance in *Azuma Kagami* (1199) by focusing on facts contained in the early *Documents of Shimazu Clan*.

2. Tadahisa Shimazu in *Azuma Kagami*

When the second shogun, Yori'ie, took over control of the Kamakura Shogunate (102–03), Tadahisa Koremune made an impressive entry in *Azuma Kagami* as "Tadahisa Shimazu." Because he was implicated in Yoshikazu Hiki's rebellion (1203), his territories in Osumi, Satsuma, and Hyuga were confiscated by the shogunate. He was soon reinstated as *shugo* of Satsuma Province and *jitō* of Satsumakata, named Shimazu-no-shō. According to the 1227 entry in *Azuma Kagami*, when he died, he was described as "Shimazu Bungo-no-kami Jugoige Tadashisa Koremune."

3. Research on Tadahisa Koremune based on social structure theory

From the 1970s until the 1980s, two historians of medieval Japan published ground-breaking articles drawing on research based in social structure theory, which was developing at that time. One of these historians was Kesao Ihara; while in his earlier research he considered Tadahisa Koremune to be a *gokenin* of the shogunate, he later adopted a fresh perspective and showed this man was rather a *shimokeishi* of the *sekkan* family who was tasked with protecting the *shōen* (private manor) system. The second of the two historians was Minoru Noguchi; he examined Yoshikazu Hiki, an individual with whom Tadahisa had a very close relationship among the warriors of the east.

4. The development of research into the circumstances of Tadahisa Koremune's birth

The first document to examine the various theories of Tadahisa Koremune's birth is *Yamada Shōei's Diary* that was compiled in the second half of the fifteenth century. At this time, when genealogies of aristocrats and warriors were standardized in *Sonpi Bunmyaku*, one for Tadahisa was also completed to give credence to the idea that he was an illegitimate son of Minamoto no Yoritomo. However, *Dai Nihonshi*, edited by Mitsukuni Tokugawa, expressed doubts about this hypothesis.

5. The structure of "The personal history of Tadahisa Shimazu" and Asakawa's four categories of legends regarding Tadahisa's birth

Asakawa analyzed the legends regarding Tadahisa's birth and classified them into four categories. The first of these refers to legends related to Tadahisa and Motomichi Konoe; in this context, Asakawa noted that the fact that Tadahisa was in the service of the Fujiwara clan had been quickly forgotten. The second category refers to legends related to Koremune no Hirokoto and Tango no Naishi, while the third comprises legends to do with adultery between Minamoto no Yoritomo and Tango no Naishi. Finally, the fourth category refers to legends that suggest Tadahisa was an illegitimate son of Mochihito-oh.

Conclusion

The article has also shown that Tadahisa Koremune was a person who had a national perspective and whose activities were not simply restricted to the establishment of feudal system in south Kyushu. Asakawa analyzed a vast body of legends in "The personal history of Tadahisa Shimazu," classifying them into four categories, and paying particular attention to the concerns about genealogy that lay behind "Civilization and Progress" and "modernization" in Japan.

Kan'ichi Asakawa and the Yale University Japanese Collection: Conflicts with Development and Organization

Haruko Nakamura

Introduction

This paper describes the development of the Japanese collection in the Yale University Library, introduces the collection related to Kan'ichi Asakawa (1873–1948) covering a wide range of fields, and analyzes the activities to develop the Asakawa Collection based on his recently discovered one notebook and a few reports. In addition, this study examines the present condition of the collection and its dispersion process, providing an overview of the struggles and history of librarians organizing Japanese materials in East Asian libraries in America, beginning with Asakawa.

1. Beginnings of Japanese Collection Activities at Yale

Japanese language classes began at Yale University as early as the nineteenth century, and as there were many Japanese who lived in New Haven, there were more at Yale than at other universities at the time. It is said that Yale's was the

first university library in America to begin collecting Japanese materials. In a way, this was natural given the environment. As he became the first full professor of history at a major American university, Asakawa was a suitable appointment as the first director of the East Asian Library collection.

2. Asakawa and the Yale University Asakawa-Related Collections

Kan'ichi Asakawa taught for about 35 years, beginning in 1907, and along with being a forerunner in East Asian studies in the United States, he spent more than 40 years building the university's Japanese collection as the first curator of the East Asian Collection at Yale University. The materials related to Asakawa fall into five categories, each with their own characteristics and broadly reflecting Asakawa's collection development activities.

3. Asakawa's Activities to Build the Collection in 1906 and 1907

What was Asakawa's vision as he built the vast collection of Japanese materials at Yale University? This paper analyzes the detailed material collection list and notebooks of 1906–1907 that were recently discovered. These sources record various names of booksellers, publishers, priests, and scholars, as well as copyists that Asakawa employed to copy manuscripts. They include the names of famous scholars and priests, showing that Asakawa used a variety of connections as resources to collect his materials.

4. Struggles with the Japanese Cataloging: Classification and Romanization

An analysis of these historical sources clarifies the present state of the Japanese collection at Yale University collected by Asakawa and its dispersion process. One of the main reasons for this dispersion can be seen in the struggles with cataloging Japanese material in America, as first faced by Asakawa.

5. History of the Yale University Library Catalog

The history of the catalog at Yale University is unique, even compared to other university libraries in America. The establishment of the university's "Old Yale" classification system, and the later introduction of the Library of Congress classification system to the university, will be explained.

6. Asakawa and the World of the Japanese Cataloging

This section will consider Asakawa's thinking about the cataloging, organization methods, and classification of Japanese materials through the Conference on East Asian Cataloging held in 1935, and the problems with introducing the Harvard-Yenching classification system at Yale University.

7. The Post-Asakawa East Asia Collection and Organization Conflict

This section will look at the conflict faced by faculty and librarians at Yale University regarding the organization of Japanese materials and placement of

those materials in the library space after Asakawa's retirement, which reflected their attitudes toward Japanese Studies in the United States at the time.

Conclusion

As scholarship on historical developments of East Asia libraries outside of Japan has increased, some researchers have started to focus on Asakawa's library collection development and its significance. In the future, research on not only how Asakawa collected materials, but how he handled those materials, will become more important. From that point of view, it is valuable to research Asakawa's cataloging, methods of organization, and thinking about the classification of Japanese materials. Another issue for the Yale University Library is determining how to create an environment in which more researchers throughout the world can effectively discover and make use of the materials collected by Asakawa. In the conclusion, various attempts to achieve that end will be introduced.

The life of Kan'ichi Asakawa: His family, acquaintances, and students

Haruko Yamauchi

Introduction

Professor Kan'ichi Asakawa (1873–1948) of Yale University was a world famous comparative historian and scholar of international politics. This paper describes both careers and the way he spent his life from the view-point of his family, acquaintances, and students.

1. Kan'ichi Asakawa as a historian and scholar of international politics

In *The Early Institutional Life of Japan: A Study in the Reform of 645 A.D.* published in 1903, Asakawa introduced for the first time his theory on the institution of Emperor that at the time of both the Taika Reform of 645A.D. and the Meiji Restoration of 1868, the institution of Emperor played an important role in enabling Japan to adopt entirely new political systems. Asakawa repeated the theory in his essays and books, including *The Documents of Iriki* that was published in 1929.

The Russo-Japanese Conflict: Its causes and Issues published in 1904 led to Asakawa gaining fame of a scholar of international politics. However, as Japan took over Russian interests following victory, he opposed the military buildup of Imperial Japan, published *Nihon no Kaki* (Crisis of Japan) in 1909, and wrote

numerous letters to leaders, including Shigenobu Okuma, attempting to avoid the US-Japan War.

In 1930, Asakawa was invited by Jerome D. Greene, chairman of American IPR (The Institute of Pacific Relations), to become one of the seven original members of the Committee on the Promotion of Japanese Studies at ACLS (American Council of Learned Societies). Rangdon Warner served as the first chairman of this Committee, and, in November, 1941, Warner, who knew Asakawa's theory very well, advised him to draft the signed letter that President Roosevelt sent to the Emperor of Japan to avert the war. Although Warner delivered this letter Henry Stimson, Cordell Hull, and Sumner Wells as well as Roosevelt, it was ultimately unsuccessful. However immediately, Asakawa began to persuade American intellectuals in his "Open Letters" that without the institution of Emperor, Japan would not be able to function successfully as democracy. After the War, Hugh Borton, Edwin Reischauer, and Charles Fahs, the first to be sent to Japan by the Committee to become experts on Japanese Studies, realized "Emperor-based" Democracy.

2. Kan'ichi Asakawa's family

Asakawa's father, Masazumi, who had fought in the Boshin War, was principal of Tatsugoyama Primary School. He taught Kan'ichi *Shishogokyo*, *Kinkoshidan*, *Nihongaishi*, and *Seiyojijyo* in his evening school for the youth. Masazumi often told him about Gonsai Asaka (1791–1860), a remote relative and well-known proponent of Confucianism, who was one of the translators of President Fillmor's signed letter to the Shogun. Gonsai's book *Yogaikiryaku* (1848) was a text book of the world history.

3. Kan'ichi Asakawa's acquaintances

Asakawa studied English with Tomas Hallifax and Goto Okada at Fukushima Prefectural Middle School. In 1893, after he entered Tokyo Senmon Gakko (now Waseda University), he was baptized by the Reverend Tokio Yokoi of Hongo Church. Shigenobu Okuma, Shoyo Tubouchi, Hajime Onishi, and Sanji Mikami loved Kan'ichi's talent and personality. Asakawa's view of foreign affairs was based on the idea that democracy went hand-in-hand with moral responsibility. This understanding was a reflection of the influence of the Reverend William Tucker, President of Dartmouth University he studied.

Eiichi Shibusawa visited Asakawa's office at Yale University in 1909, which led Asakawa to assist Yasaka Takagi in the Hepburn course at Tokyo Imperial University. Marc Block wrote the book review of *The Documents of Iriki* and Asakawa wrote essays in *Annales*. Tutomu Murata's letters to Asakawa show

that he was the key person to hand over Asakawa's "Open Letters" to many leaders and intellectuals in Japan.

4. Kan'ichi Asakawa's students

Notable students of Asakawa's include William Willcox of Michigan University, Sherman Kent, who was later a prominent figure in the CIA, and Eldon Griffin. All three went on to play important roles in the development of "Emperor-based" Democracy. Thomas Drake, who was Akira Iriye's teacher at Haverford College, was also his student.

Conclusion

I have often been moved by the words of Dr. Iriye, that those who admire Asakawa's foresight and courage must carry on his life's work in the spirit in which he did it.

付録1　イェール大学所蔵朝河関連資料および参考文献

（中村治子作成）

イェール大学日本資料全体の参考文献

閲覧方法　http://web.library.yale.edu/

参考文献　Hammond, Ellen H, "A history of the East Asia Library at Yale University" *Collecting Asia: East Asian libraries in North America, 1868–2002,* Peter X. Zhou, Association for Asian Studies 2010, p. 3–20.

金子英生「朝河貫一と図書館の絆」(『朝河貫一の世界』早稲田大学出版部，1993年，225–235頁).

Daniel V. Botsman, et. al. *Treasures from Japan: in the Yale University Library*（イェール大学図書館所蔵日本関係資料). New Haven, Conn.: Beinecke Rare Book & Manuscript Library, 2015.

Japanese Manuscript Collections（日本文書コレクション）

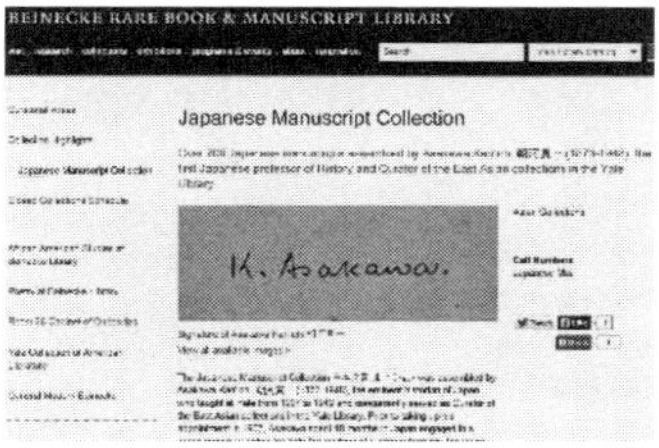

所蔵図書館　The Beinecke Rare Book & Manuscript Library

閲覧方法　http://beinecke.library.yale.edu/collections/highlights/japanese-manuscript-collection

参考文献　「イェール大学蔵・日本文書コレクション目録」(『調査研究報告』No. 11, 国文学研究資料館文献資料部，1990年，31–93頁).

Hiroki Kikuchi, "Letting the Copy Out of the Window: A History of Copying Texts in Japan," The East Asian Library Journal. Vol. XIV, No. 1, Spring 2010, pp 121–157.

松谷有美子「朝河貫一によるイェール大学図書館および米国議会図書館のための日本資料の収集」(『Library and Information Science』No. 72, 2014年，1–35頁).

東京大学史料編纂所編『イェール大学所蔵日本関連資料　研究と目録』勉成出版，2016年.

East Asia Library Special Collections（東アジア図書館スペシャルコレクションズ）

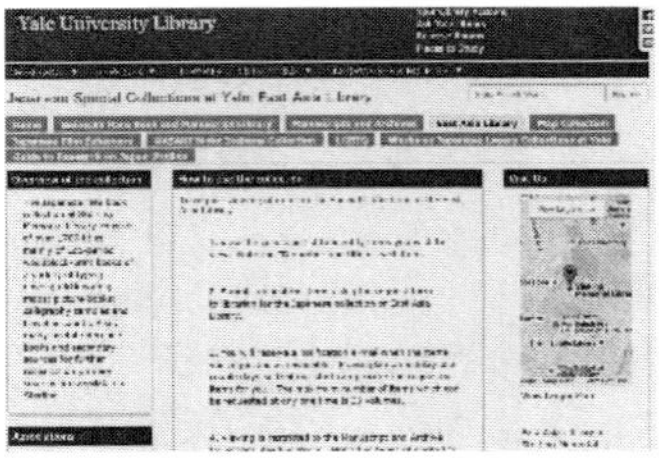

所蔵図書館　East Asian Library, Sterling Memorial Library

閲覧方法　http://guides.library.yale.edu/c.php?g=295922&p=1973017

参考文献　William D. Fleming, "Japanese Students Abroad and the Building of America's First Japanese Library Collection, 1869–1878."（近刊予定）

Yale Association of Japan（日本イェール協会コレクション）

所蔵図書館　The Beinecke Rare Book & Manuscript Library

閲覧方法　http://beinecke.library.yale.edu/collections/highlights/yale-association-japan-collection

参考文献　Kan'ichi Asakawa, *Gifts of the Yale Association of Japan*. 1945.

「イェール大学蔵・日本文書コレクション目録」（『調査研究報告』No. 11，国文学研究資料館文献資料部，1990年，31–93頁）.

Catalogue of books, manuscripts and other articles of literary, artistic and historical interest, illustrative of the culture and civilization of old Japan, presented to Yale University, U.S.A. by Yale Association of Japan, Tokyo. Taiheiyosha Press, 1934.

Kan'ichi Asakawa Papers（朝河貫一文書）

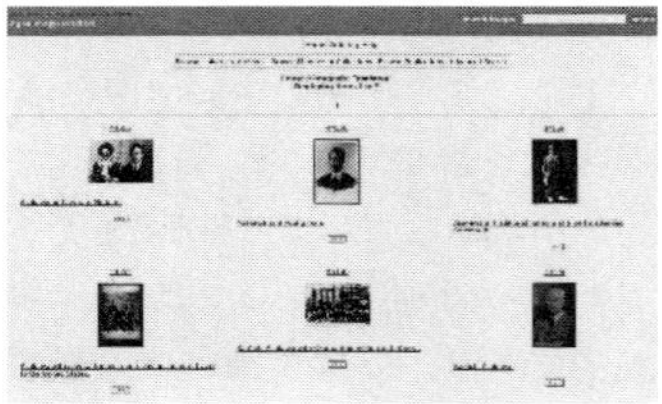

所蔵図書館　Manuscripts and Archives collection, Sterling Memorial Library

閲覧方法　http://guides.library.yale.edu/mssa_info/request

参考文献　早稲田大学・福島県立図書館・イェール大学他所蔵『研究資料シリーズ No. 5　朝河貫一資料』早稲田大学アジア太平洋研究センター，2015年.

付録2　朝河貫一とオットー・ヒンツェの往復書簡

（甚野尚志作成）

1　朝河とヒンツェの往復書簡について

朝河は『入来文書』の刊行までは，日欧の封建制を比較するに際してフランスの封建制をヨーロッパの封建制の典型的な事例として考え，中世フランスの封建社会を日本との比較の対象としていた．その結果，朝河が引用するヨーロッパの封建制に関する欧米の研究もフランス語や英語のものが主であった．しかし彼は，1930年代からはその関心をドイツの法制史研究に向けるようになる．そのことは，本書での甚野論文が論じたように，彼が1930年代からその1948年の死に至る時期まで書き続けた比較封建制論に関する草稿群を見るとき明らかになる．それらの草稿群にはドイツの法制史研究の影響があり，朝河が，フランスの封建制を日本の封建制と比較する立場から，晩年にはドイツの封建制も視野に入れ比較する姿勢に変化したことが見て取れる．

おそらく，そのような変化の背景には，オットー・ヒンツェの書簡での助言があったと思われる．そもそも両者の交流のきっかけは，ヒンツェが1930年にドイツの『歴史学雑誌（*Historische Zeitschrift*）』に『入来文書』の書評を書いたことであった．その後，両者は何度か書簡を交わしているが，ヒンツェは，ドイツの法制史研究を本格的に学ぶように朝河に勧め，その結果，朝河もドイツの法制史研究へと関心を傾斜させることになった．

現在のところ，朝河がヒンツェに宛てた書簡は『朝河貫一書簡集』（早稲田大学出版部，1991年）に翻訳があるが，一方で，ヒンツェが朝河に宛てた手書き書簡は，翻刻も内容紹介もなされていない．朝河とヒンツェが書簡でどのようなやり取りをしていたのかは，朝河の比較封建制論の内容を解明するためにも重要な手がかりとなるので，ここで両者の往復書簡（朝河からヒンツェ宛2通，ヒンツェから朝河宛2通）の内容紹介と翻刻を掲載したい．

まず，往復書簡の史料状況について述べておこう．朝河がヒンツェに宛てた書簡は2通残っているが，それらは朝河貫一の遺族が福島県立図書館に寄贈した朝河の書簡集の中に所蔵されている（整理番号D–57–1, D–57–2,『朝河貫一資料 早稲田大学・福島県立図書館・イェール大学他所蔵』，118–231頁参照）．また，ヒンツェが朝河に宛てた書簡も同じ書簡集の中にあり，同様に福島県立図書館に所蔵されているが，福島県立図書館が制作した「福島県立図書館蔵　朝河発信欧文書簡リスト」ではヒンツェから朝河に宛てた書簡は3通あることになっている（整理番号E–161–1, E–165–2, E–165–3）．だが，そのうちの1通（E–161–1）はヒンツェが朝河に出した書簡ではない．この書簡は，ドイツの教会法学者シュトゥッツ（Ulrich Stutz）が1910年におそらくヒンツェに出した書簡である．差出人はシュトゥッツとなっていて，受け取り手は「同僚（Kollege）」と言われるだけで名

前が挙げられていないが，内容からみてほぼ確実にヒンツェに宛てられたものである．ただなぜこの書簡を，朝河が所持していたのかはよくわからない．おそらく，ヒンツェが朝河に送った論文の抜刷にでも紛れ込んでいたものではないだろうか．いずれにしても，このシュトゥッツの書簡は解読が難解な筆記体で書かれており，誰も内容を確認することなく，ヒンツェから朝河に宛てた書簡だと思い込まれてきたのであろう．ともあれ，ヒンツェが朝河に送った書簡で現在確認できるものは，2通の手書き書簡（E-165-2, E-165-3）しかない．以下，往復書簡4通の内容の紹介を行い，その後に翻刻を掲載する．

2　往復書簡の内容

①「ヒンツェから朝河宛書簡」（E-165-2, 1931年6月17日付）

ヒンツェが朝河に宛てた残存する書簡の最初の書簡は1931年6月17日付のものである．ヒンツェは朝河に対し，最初に，朝河がドイツ語を理解することを知りとても嬉しく思うと書いている．これは，ヒンツェが『入来文書』の書評で，朝河がドイツ語の文献を引用していないことから，著者がドイツ語を理解しないのではないかとヒンツェが書いたことに対し，朝河が何らかの形で（おそらくは残されていない書簡）で，自分はドイツ語も理解すると書いたのではないだろうか．またヒンツェは，「封建制」についての論文の抜刷を送ると書いているが，これは明らかに有名な「封建制の本質と拡大(Wesen und Verbreitung des Feudalismus)」の論文のことであろう．そして，この「封建制」の論文で朝河の著作を利用できなかったことを詫びている．

さらにヒンツェは，日本の国制史はイギリスやフランスよりも，ドイツのものに似ており，朝河にとりドイツ国制史の研究が関心を引くだろうと述べる．ただドイツでも比較国制史を研究している研究者は多くはなく，ヒンツェ自身がそれを行った最初の者であること，また同じベルリンで比較史的な観点から研究を行っている学者として，自身の弟子で後継者のフリッツ・ハルトゥング教授，ヒンツェの妻であり最もすぐれた女性の弟子のヘドヴィヒ・ヒンツェ博士，さらにクルト・ブライジヒ教授を挙げている．ヒンツェはまた，ハイデルベルクの社会学者カール・ブリンクマン教授も重要な研究者として挙げる．その理由としてブリンクマンがヴィノグラドフのもとでイングランドでも学び，社会学的な視点で比較国制史を考察していることを指摘している．さらに，ウィーンの経済史の碩学アルフォンス・ドープシュも，国制史を比較史的な視点から講義しており重要な研究者だと述べるが，同時にヒンツェは，ドープシュの封建制の特殊な見方は正しいものではないと語る．また，ドープシュが書いた自然経済と貨幣経済に関する著作（A. Dopsch, *Naturalwirtschaft und Geldwirtschaft in der Weltgeschichte*, Wien 1930）への書評（*Historische Zeitschrift*, Bd. 143, 1931. 所収）の抜刷を朝河に送ることを約束している．

②「朝河からヒンツェ宛書簡」(D–57–1, 1931 年 7 月 15 日付)

朝河はこれに対し，7 月 15 日付の書簡をヒンツェに送っている．この書簡ではヒンツェの「封建制の本質と拡大」の論文とドープシュの著作への書評の抜刷に謝意を表している．朝河は，ヒンツェの論文について，彼が述べる西欧の封建制の本質的な性格についての議論には同意するが，それがロシアやトルコの封建制にもあてはまるかどうかは，自分の知識がないので判断できないという．ただ日本については，ヒンツェの封建制の見方があてはまると語る．朝河はドープシュについて，ドープシュがしばしば史料に十分な注意を払っておらず，性急に理論を投影し，急いで結論に到達しようとするので信頼できないと批判する．また朝河は，ヒンツェが書簡で言及するハルトゥングの国制史の著作，およびブラックマンの経済史の著作も読んでいるが，ブライジヒの著作を知らないと述べる．さらに朝河は，ドイツかオーストリアで，自身の比較研究にとり有益な援助を与えてくれる学者，とくに中世ドイツの様々な法の鑑（Spiegel）の研究を指導できる最善の学者は誰か尋ねている．

また朝河は，日本の徳川時代の大名とドイツの帝国諸侯のシステムとの比較，また日本の封建制とドイツでのラント法と封建法の比較は，多産な成果を生むテーマだと認め，封建法の中に日本の制度と比較できる要素があることを述べている．

③「ヒンツェから朝河宛書簡」(E–165–3, 1931 年 7 月 30 日付)

ヒンツェは再び朝河に，7 月 30 日付の書簡を送る．ここではまず，朝河のドイツ国制史の研究にとり，法学者（法史家）による指導が不可欠であると述べる．その理由は，ザクセンシュピーゲルなどの法書が，古いドイツ語の知識がある法学者によってのみ解釈できるからである．今のところホーマイヤーの著作がザクセンシュピーゲルについての最善のものだという．しかしまた，ザクセンシュピーゲルが扱う封建法は私法的な規定が中心であり，封建法の政治的，社会的な意味は，証書や年代記を分析しないと解明できないとも述べる．さらにヒンツェは，封建制研究の碩学であるハインリヒ・ミッタイス教授が封建制についての新しい書物（Heinrich Mitteis, *Lehnrecht und Staatsgewalt. Untersuchungen zur mittelalterlichen Verfassungsgeschichte,* Weimar 1933）を現在書いていることにも触れ，朝河に対し，研究の指導者の第一候補としてハイデルベルクのミッタイス教授を推薦している．その他にヒンツェは，ハイデルベルクのカール・ブリンクマン教授も重要な研究者だと述べる．またベルリンでとくに推薦する法学者としては，ハイマン教授（故ブルンナー教授のドイツ法史の教科書の編者），シュトゥッツ教授（「ザヴィニー財団法史雑誌 *Zeitschrift der Savigny-Stiftung für Rechtsgeschichte*」の編者），さらにハルトゥング教授を挙げる．

ヒンツェはまた，ドイツと日本の比較法制史の重要性について触れ，日本の大名とド

イツの領邦君主制の間の類似と相違を述べる．日本の大名は，ドイツの領邦君主のように独立した存在にはならなかった．その結果ドイツは連邦国家であり，一方で日本は統一国家になったとする．最後に，繰り返しハイデルベルクのミッタイス教授のもとで研究することを助言している．

④「朝河からヒンツェ宛書簡」（D–57–2, 1931 年 8 月 20 日）

朝河はこれに対し，8 月 20 日付の書簡をヒンツェに送る．朝河は，自分もハイデルベルクのミッタイス教授が最もよい指導者であろうと認める．また，ミッタイスが書いたヒンツェの封建制の論文への書評を読んだこともいう．またすでに，ホーマイヤーの大きなザクセンシュピーゲルの刊行本に所収された封建法のシステムについての論考も読んだことに触れる．さらに，ハインマン教授が編纂したハインリヒ・ブルンナーの『基本特徴（H. Brunner, *Grundzüge der deutschen Rechtsgeschichte*, Leipzig 1901）』の著作もよく知っていること，シュトゥッツ教授についても，私有教会の理論の主唱者で多くの権威的な著作の著者として知っていることを述べる．

また，ドイツの領邦君主と日本の大名との類似と相違についてのコメントに謝意を表している．ドイツと日本の間で，国家法と封建法の関係を比較すれば，その間に相違があるにもかかわらず，多くの重要な比較の論点があることをいう．至るところに，日本の制度とフランク人から発する封建制との間には比較すべき多くのテーマがあり，ラント法と封建法との関係は，両者の間で驚くほど類似性と対照性があると語る．

3　書簡の翻刻

①「ヒンツェから朝河宛書簡」（E–165–2, 1931 年 6 月 17 日付，手書き書簡）

Berlin W_{15} Kurfürstendamm 44^{II}

17. Juni 1931

Sehr geehrter Herr Kollege!

Ich bin sehr erfreut zu hören, dass Sie auch Deutsch verstehen und ich beehre mich Ihnen zugleich mit diesem Briefe ein Exemplar meiner Abhandlung über „Feudalismus“ zu senden, in der ich leider von Ihrem grundlegenden Werke noch keinen Gebrauch habe machen können. Meine Gewährsmänner für den japanischen Feudalismus waren hauptsächlich Prof. K. Rathgen und Ihr Landsmann Dr. Tukuzo [Tokuzo] Fukuda mit seiner Leipziger Doktordissertation. Inzwischen habe ich Ihre Werke kennen gelernt und daraus erst ersehen auf einem wie hohen

Niveau jetzt die japanische Verfassungsgeschichte steht. Sie ist übrigens der deutschen sehr viel ähnlicher, als der englischen oder französischen. Ich glaube in der Tat, dass das Studium der deutschen Verfassungsgeschichte für Sie von besonderem Interesse sein würde. Die Zahl der Gelehrten, die Sie vergleichend betreiben, ohne sich auf das Deutsche und auf das Juristische zu beschränken, ist nicht groß. Ich selbst bin hier der erste gewesen, der es getan hat, aber ich bin jetzt 70 Jahre alt und habe mich wegen eines schweren Augenleidens vom Universitätsunterricht zurückziehen müssen. Ob mein Nachfolger und Schüler, Prof. Fritz Hartung, der hauptsächlich die deutsche Geschichte in den Mittelpunkt der „allgemeinen Verfassungsgeschichte"stellt, für Ihre Studien der richtige Führer wäre, kann ich nicht sagen. Ähnlich liegt es bei Frau Dr. Hedwig Hintze (meiner Gattin und besten Schülerin), die nun wieder das Französische in den Mittelpunkt stellt und im nächsten Winter eine besondere Vorlesung über „vergleichende französische und deutsche Verfassungsgeschichte" hält. In Betracht käme hier auch noch Prof. Kurt Breysig, der die Verfassungsgeschichte von einem ganz universalen Standpunkt behandelt, aber doch mehr mit geschichtsphilosophischen Absichten, als in Beschränkung auf die empirische Forschung. Ich selbst halte, wie gesagt, keine Vorlesungen oder Übungen mehr, würde aber, wenn Sie nach Berlin kommen wollten, gern bereit sein, Ihnen in persönlichen Unterredungen Fingerzeige und Aufklärungen zu geben.

Außer Berlin wäre es von deutschen Universitäten namentlich Heidelberg, das für Sie in Betracht käme, und zwar namentlich wegen des dortigen Soziologen, Prof. Carl Brinkmann, dessen Name Ihnen vielleicht bekannt ist, weil er vor einigen Jahren auch in Amerika an verschiedenen Universitäten Vorlesungen gehalten hat. Er ist auch ein Schüler der Berliner Universität, hat aber zugleich auch in England studiert, unter Vinogradoff, und behandelt die vergleichende Verfassungsgeschichte unter soziologischen Gesichtspunkten. Da er zugleich über Nationalökonomie zu lesen hat, kann er sich allerdings diesem Studienzweige nur nebenbei widmen. Endlich möchte ich nicht unterlassen, Sie auch auf Wien hinzuweisen, wo Prof. Alfons Dopsch, der ausgezeichnete Kenner der altfränkischen Wirtschaftsgeschichte, auch Verfassungsgeschichte im vergleichenden Sinne vorträgt. Er hat allerdings über „Feudalismus" seine besonderen Anschauungen, die ich nicht für richtig halte. Ich sende Ihnen meine Besprechung seiner Schrift über „Naturalwirtschaft und Geldwirtschaft" in der Histor [ischen] Zeitschrift zugleich mit meiner Abhandlung über „Feudalismus", um Ihnen seine Methode zu

charakterisieren.

Zu näheren Auskünften bin ich gern bereit.

In ausgezeichneter Hochachtung
Ihr ergebener
Otto Hintze

②「朝河からヒンツェ宛書簡」（D-57-1, 1931年7月15日付，手書き草稿）

July 15, 1931

Professor Otto Hintze,
Kurfürstendamm 44 II
Berlin, W15
Germany

Dear Professor Hintze,

I thank you most cordially for your very kind letter of June 17th, and also for the reprints of your article on Feudalismus and your review of Dopsch's work on Natural and Money Economy. I have read your article with great interest. I feel much gratified to find that I am in accord with your main ideas of the character of the Frankish Kingdom and of the essential nature of feudalism in Western Europe. Whether the latter would be true with Russian and Turkish feudalism, I can not judge, as my knowledge in these fields is next to nothing. As regards Japan, I am afraid that the literature which you used was not sufficient to satisfy you. However, your general views of feudalism might apply to Japan.

Dopsch's several works I have read with profit. I admire his independence and vigor, but it seems to me that he often uses his sources with insufficient care, and he is too often carried away by his desire to overthrow prevailing theories and arrives at hasty conclusions. I can never trust them, because there always lurks in them some warped thought or other, but I welcome his re-examination of the sources and derive many useful corrective ideas from it. That is, however, on the way, and seldom at the end of the road.

I have used Hartung's Verfassungsgeschichte and also Brackmann's Wirtschaftsgeschichte, and have been much instructed by them. I do not know

Breysig's Work. Brackmann's book is so condensed and so different from other books on economic history that it is rather difficult to comprehend him.

Now, if I may not seem to be too much imposing on your kindness, I should like to put my question to you in a more specific form than I did in my last letter. Who would be the best scholar in Germany or Austria who could direct my study of the various Spiegeln of Medieval Germany, in constant reference to Urkunden and Chronicles. That is exactly what I would desire to attempt, and it would be extremely profitable for my comparative study. It does not matter if the scholar in question is not deeply interested in comparison with French feudalism, so long as he is a master of German feudal sources. I shall try to work the French side in other ways. A good grasp of German institutions should be enlighting on Italian feudalism also, so far as the German imperial rule extended in that country.

I recognize a fertile field of comparison between Japanese Daimiate in the Tokugawa period and the system of Reichsfürsten in Germany, and also between the earlier Japanese feudal régime and the coexistence of Landrecht and Lehnrecht in Germany. Also I find that there are several details in the Lehnrecht which are comparable with the Japanese institutions, either for similarity or for contrast. What other fields of comparison between German and Japanese feudalism you had in mind I do not know.

I am sorry to know that you suffer from an eye trouble. You are extremely kind to offer me aid, in case I should come to Berlin. I should fondly wish the acquaintance of Frau Hintze, but I do not know at this moment whether it would be possible in the near future.

Very sincerely yours

③「ヒンツェから朝河宛書簡」(E-165-3, 1931年7月30日, 手書き書簡)

Berlin W_{15} Kurfürstendamm 44II

30. VII. 1931

Sehr geehrter Herr Professor Asakawa!

Aus den näheren Angaben Ihres Briefes vom 15. d. Mts. [dieses Monats] ersehe ich, dass Sie bei Ihrem Studium der deutschen Verfassungsgeschichte die

Leitung durch einen Juristen (Rechtshistoriker) nicht werden entbehren können. Der „Sachenspiegel" und ähnliche Rechtsbücher können nur von Juristen, die zugleich über die Kenntnis der altdeutschen Sprache verfügen, interpretiert werden. (Übrigens geschieht das nur selten auf unseren Universitäten, da die praktische Bedeutung des Lehnrechts heute ziemlich gleich Null ist.) Übrigens enthält das „Lehnrecht" des Sachenspiegels hauptsächlich privatrechtliche (güter-rechtliche) Bestimmungen, während die politische und soziale Bedeutung des Lehnwesens mehr aus Urkunden und Chroniken erschlossen werden muss.

Eine besondere geschlossene Disziplin macht bei uns das Lehnwesen („Feudalismus") nicht aus. Die Darstellung in Homeyers Werk über den Sachsenspiegel ist immer noch das Beste, was wir darüber haben. Gegenwärtig arbeitet an einem neuen Buche über Feudalismus Professor Mitteis in Heidelberg, der wohl der beste Kenner dieser Materie gegenwärtig ist. Ich habe ihn in meinem ersten Briefe nicht genannt, weil Sie von „Juristen" gern absehen wollten. Das wird aber, wie ich jetzt sehe, gar nicht möglich sein, und so würde ich Ihnen Herrn Prof. Mitteis in Heidelberg in erster Linie als Leiter Ihrer Studien empfehlen. Herr Prof. Carl Brinckmann in Heidelberg (der nicht zu verwechseln ist mit Prof. Brinckmann in Berlin, jetzt Generaldirektor der preußischen Archive) könnte Ihnen wohl auch dadurch nützlich sein, dass er vollkommen gut englisch spricht und auch mit amerikanischen Universitätsmethoden vertraut ist. (Er hat außer in Deutschland auch in England studiert und ist mehrfach an amerikanischen Universitäten zu Vorlesungen berufen worden). Es ist wahr, dass die Darstellung seiner kurzen Bücher schwer verständlich ist, aber er ist ein guter Kenner verfassungsgeschichtlicher und wirtschaftsgeschichtlicher Quellen fast aller europäischen Völker. Wollten Sie lieber nach Berlin kommen, so würde ich Ihnen jetzt auch hier die Juristen besonders empfehlen, nämlich 1) Herrn Prof. Heymann, der Herausgeber des kleinen Lehrbuchs der deutschen Rechtsgeschichte von dem verstorbenen Brunner, und 2) Herrn Prof. Stutz, Herausgeber der Zeitschrift für Rechtsgeschichte („Savigny"-Stiftung). Herr Prof. Hartung beschäftigt sich mehr mit der allgemeinen als der besonderen mittelalterlichen deutschen Verfassungsgeschichte. Der Hauptgesichtspunkt, unter dem ich eine Vergleichung der deutschen mit der japanischen Verfassungsgeschichte für nützlich halte, ist allerdings die Ähnlichkeit zwischen dem japanischen „Daimiat" und dem deutschen „Landesfürstentum". Natürlich gibt es hier gerade auch wieder Unterschiede. Die „Daimios" sind in Japan nie zu der Selbständigkeit gelangt wie die Fürsten im deutschen Reich. Daher

haben wir heute den „Bundesstaat“, Japan aber den „Einheitstaat“.

Ich würde Ihnen also raten, Ihre Studien in Heidelberg bei Herrn Prof. Mitteis zu machen.

In ausgezeichneter Hochschätzung
Ihr aufrichtig ergebener
Otto Hintze

④ 「朝河からヒンツェ宛書簡」（D-57-2，1931年8月20日，タイプ草稿）

To Otto Hintze

20 VIII 1931

I am indebted to you more deeply than I can say for the information which you have given me in your full and prompt answer of July 30 to my letter. From your recommendations, it seems that Prof. Mitteis of Heidelberg would be the best guide of my proposed studies. I read his review of your article upon feudalism. I hope that his own work on the same subject will be soon published. His guidance, combined with Prof. Brinckmann's, would be invaluable. I have studied with care Homeyer's System des Lehenrechts in his great edition of the Sachsenspiegel, and am pleased to be told by you that it still remains a great authority. His references to Urkunden are not many and are to their old editions and I wished there were a modern edition of the System. I am well familiar with Prof. Heymann's edition of Brunner's Grundzüge, to which you refer. Prof. Stutz, I learn as the proponent of the theory of the Eigenkirche, and as the author of many authoritative works. — neither of the two, nor Prof. Hartung, seem to specialize in feudalism, it seems better to go to Heidelberg than to Berlin.

I thank you heartly for your comment on the resemblances and the differences between the German Landesfürsten and the Japanese daimyos. These points are important. I believe, also that, in spite of differences, there are many important points for comparison of principles relative to fief（Lehen）between Germany and Japan, and also of the position of the feudal lords in the two countries in the earlier period, as regards their position under the State law and feudal law. Here and everywhere, there are innumerable subjects for comparison between the Japanese

institutions and the feudal systems which descended from the Frankish. In deep appreciation of your painstaking kindness.

I remain, honored Sir, most sincerely
Yours, K.A.

付録3 「朝河ペーパーズ」の基礎的研究　補遺
——朝河研究の課題として——

（佐藤雄基作成）

はじめに

朝河貫一の生涯をたどる基本史料となるのは，イェール大学スターリング記念図書館（Sterling Memorial Library）Manuscripts and Archives 所蔵「朝河ペーパーズ」（Asakawa Papers）である（請求記号：MS 40）．その概要と基本的性格については，2008年に行った史料調査を踏まえた拙稿「イェール大学図書館所蔵朝河貫一文書（朝河ペーパーズ）の基礎的研究」（『東京大学日本史学研究室紀要』13号，2009年，以下前稿）で紹介を試みた．同論文には「朝河ペーパーズ」60箱の内容について（ボックス・フォルダとマイクロフィルムのリールとの対応を記した）目録（以下「目録」）を掲載したが，内容の説明に関して誤りを含んでいる．また，「朝河ペーパーズ」には当初朝河の手元に残されていたものをまとめた60箱分（1983年の寄贈分を含めると61箱）に加えて，その後の寄贈をうけて追加された資料分があるが，前稿では抜け落ちている．前稿は，のちに『朝河貫一資料　早稲田大学・福島県立図書館・イェール大学他所蔵』（早稲田大学アジア太平洋研究センター，研究資料シリーズ5，2015年）に再録されたが，初出時の目録の誤りを修正できなかった．

2008年の調査では，マイクロフィルムで撮影された部分の調査を重点的に行った．その後，マイクロフィルムの複製は東京大学史料編纂所が購入し，現在では同所図書室においてデジタル閲覧が可能となった（請求記号：Hdup.6944-1）．マイクロ化された14箱分には，日記・書簡・タイプ打ち原稿がほぼ含まれる．これによって日本国内での研究環境が格段に改善された．だが，60箱中46箱およびその後の追加分は，マイクロで撮影されておらず，イェール大学において閲覧する必要がある．立教大学派遣研究員制度を利用して2016年8月15日〜9月1日に再調査を実施し，未撮影分のカード類の調査を重点的に行った．

本稿は，2016年の調査を踏まえて，初出時の誤りの修正と補足を行い，研究者の便に供することを目的とするものである．紙幅の都合上，全体の「目録」については前稿を適宜参照されたい．なお，「朝河ペーパーズ」の追加分については，イェール大学東アジア図書館司書の中村治子氏が作成した表に佐藤が加筆を加えたものを使用した．

1　修正点

まず断っておかなければならないことは，前稿に付した目録は，資料を整理するフォルダ（の右上）に記入された説明を「説明（備考）」のところに転記したものが多かったことである．たとえば，ボックス7フォルダ67の「日記目録」に関して，「目録」では

「Appointment Book（内題「日記目録」)」と記載したが，朝河自身のつけたタイトルは「日記目録」であり，Appointment Book は朝河の死後，朝河ペーパーズを整理した人物が「日記目録」を入れたフォルダに付した説明である．日記については，ボックス6フォルダ55を「1945年11月25日，1946年11月22日」とするが，その期間の日記であるから，「,」を「〜」に修正する．フォルダ56は「1947年〜1948年8月8日（錯簡あり)」とする．同様の修正点としては，ボックス4フォルダ40のブース書簡は，「1906年〜1914年」，フォルダ41は「1915年〜1926年」，フォルダ43は所謂「大統領親書草案」である．

また，フォルダ110の「ゲストブック」は，朝河の面会者の人名録である．「目録」では，1908年9月から1911年6月14日までという朝河の注記をそのまま記したが，これは「870 Elm St.」を住所としていた期間を記したものであり，内容的には1908年10月26日から1911年11月20日の間の面会者記録である．朝河のメモによれば，ゲストブックは1911年7月1日から書かれ，それ以前の部分は，そのときまとめて記載されたというが[1]，その間の面会者が日付を明記して整理されている．「日記」は，「日記目録」によれば1911年5月15日以降（現存の「日記」は5月28日以降）継続的に書かれており，「ゲストブック」の役割を兼ねるようになったと思われるが，それ以前においても（少なくとも1908年10月以降）何らかの記録はつけられていたと思われる[2]．

フォルダ110には「ゲストブック」の他に覚書が含まれる．「目録」では「ゲストブック（July 1930, Oct 1932, August 1935)」と記したが，これはゲストブックではない（イェール側の目録では正しくnotesとされていた．前稿註12は誤読)．1930年7月28日及び1932年10月の日付をもつメモは，1913年以降の朝河の住所の変遷をまとめたものである．1935年7月・8月の日付をもつメモは，読むべき本の一覧であり，当時の朝河の学問的関心を窺い知ることができる．

ボックス47フォルダ202は，1948年7月21日付のメモが含まれる．ボックス50フォルダ234は「歴史関係の雑録」としたが，Olivier Martin の Précis d'histoire du droit français からの読書記録であり，1948年6月17日付のメモも含まれる（フォルダ224とあわせて検討)．フォルダ230は「世界史関係」としたが，その内容は，「史と社会学」などの章から成る朝河流「史学概論」ともいえる草稿群である．現存のノート・カードが，学生時代の受講ノートと晩年の読書記録・草稿群に偏っていることは，「朝河ペーパーズ」の史料的性格を考える際に留意すべき点である．

学生の論文はボックス56に含まれる．「目録」ではフォルダ253〜262をボックス55とするが，ボックス56に修正する．朝河の指導した学生の人名・論文名ともに精査し，修正した上で，朝河との影響関係を中心にして分析を行う必要を感じるが，これについては別稿を用意する予定である[3]．

本稿において示したい最大の修正点は，西洋中世史カード群（ボックス11〜24）であ

る．前稿では「ボックスの内容は，大まかには，西欧史関係（ボックス 10〜13），フランス史関係（ボックス 14〜24），日本史関係（ボックス 25〜36）に分かれている」としたが，これは誤りであり，「西洋中世史カード群」に修正したい．このカード群については，節をあらためて紹介したい．

2　西洋中世史カード群および日本史カード群

西洋中世史・日本史カード群は，内容としては朝河の研究上のメモであり，研究書・論文・史料からの抜書・覚書が中心である．朝河は『入来文書』などで自分の参照した文献を明記していないため，朝河の学問形成に関する基本史料として重要である．「朝河ペーパーズ」の未撮影分の草稿・カード群は，基本的には，内容ごとに厚紙のフォルダに整理され，幾つかのフォルダがまとまって紙製のボックスに保管されているが，ボックス 11〜36 のカード群は，フォルダに分けて整理されておらず，ひとまとまりで小型のボックスに入れて保管されている．これらのカード群は，前稿において十分に紹介できなかった．

カードは，ややばらつきはあるものの，基本的には縦 10 cm×横 15.1 cm の薄い紙に書かれている．現在の大学カードのような規格品ではなく，普通の薄い紙である．それらのカードが，幾つかのインデックスに分けられて，小箱に詰められている．インデックスには鉛筆でタイトルが付されているが，これは朝河の自筆であろう．カードごとに右上隅に，テーマ名や年号などが記され，几帳面に整理されている．読書ノートとして書かれた本文は基本的にはペンで書かれているが，朝河の感想や着想がコメントとして鉛筆で書かれている．

紙の状態は全体的に良好であるが，特に鉛筆で書かれた部分は一部みえにくくなってしまっている．また，バラバラの状態であり，既に一部錯簡が生じている．早期の撮影が望ましいものの，英語・日本語が入りまじった資料であるため，取り扱いに注意が必要である．現状の配列に錯簡が生じ，資料群のもつ情報が破壊されるリスクがあるため，委託による撮影ではなく，日本語のできる専門家による撮影が望ましいと思われる．

ボックス 11〜24 の西洋中世史カード群のボックスごとの概要は，簡単なものであるが，表 1 にまとめた（鍵括弧で記したのは，インデックスのタイトルをサンプルとして示したものであるが，片仮名は平仮名にあらためた）．朝河が生前にある程度整理していたためか，前後のボックスにまたがっているテーマのものもあるが，およそボックスごとに内容はまとまっており，ボックス 11〜23 でひとまとまりであるように思われる．但し，ボックス 24 のみ大きい箱に，同様のサイズのカードが 2 列に入れられているため，取り扱いに注意が必要である．ボックス 24 は，教会・教皇関係のカードが中心であり，他のボックスのカードと比べて内容がやや異なる．

朝河の研究に関わるカード群は，この他にも数多い．ボックス 38〜45 に含まれる

表1 西洋中世史カード群

ボックス	内容
11	西洋封建制の土地法，Allod，「司法 fief」「公権 fief」
12	fief（封）（定義，「真 fief」，「f 法理」），神判など
13	fief の移動，fief 相続，長男相続法・女子相続（各国比較）など
14	フランク王権；ローマ皇帝権とフランク王権，即位式，sacre 観念（聖別式），政治法制の変遷，民の公法的地位，民会など
15	court／司法について，「判者と民」，共誓・誓，文書，法廷以後の沙汰
16	民事と刑事，犯と罰，司法犯：判者・公官，「司法以前の制裁：公官 police」，王廷，「文書裁判（王廷の進歩）」など
17	封建制（feudalism），「西欧の封建の史的意義」，「封建制の根本因何ぞ」，「他系起原比考」，vassalage，patrocinium，「帝国末経済的従属」，mund，trustis
18	メロヴィング朝の諸制度（「大人」，古 vassi，「武従分化」，「知行」，「oath Rm 誓約」，「Franks」）「Merov. 政史」：史 511 — 561，史 561–613，史 614 など
19	史 614–687，史 687–752，「Mr 東帝関係」，カロリング朝（政治史・出自・末路），seigneurie，「domanial theory の誤」，comes と seigneurie，ローマ・フランク時代の immunity など
20	immunity について（メロヴィング朝，カロリング朝，vassalage，feudalism との関係），regalia など
21	誓い（oath，主従 fealty，従の務），precarium（起原説，6・7 世紀 起原～IX 分化，性質，与地 性質）
22	ピピンの改革：「寺領流用」，「兵改」（騎軍とす）
23	フランク王国の政治制度史，辺境，世襲社会：「政改」
24	教会司法，王と教会（アジール asile などの論点含む），民と教会，寺領，教会関係，「法王関係」法王と：768–814，800，814–987，833，Car 後半 855–924，「Fr 文化」

Japanese chronicles（日本年代記）すなわち「年表」の性格については，前稿で論じた[4]．ボックス 37 および 47～50 にも，特に晩年を中心にして日本史・西洋史の草稿・読書ノートが含まれるが，日本史カード群とはやや性格を異にする．そのため，本稿ではフォルダで整理されていないボックス 25～36 の日本史カード群の概要（表 2）を記すにとどめる．

ボックス 29・30 には年代を明記した草稿が含まれており，それらの草稿群の翻刻を中心にして，詳しい史料紹介は後日を期したい．その際にカード群の成立年代も詳述する予定であるが，大まかな見通しとしては，西洋中世史カード群が 1920 年代に主要部分が形成されたのに対して，日本史カード群は 1910 年代初頭から 1940 年代にかけて幾つかの段階に形成されたと考えられる．たとえばボックス 27 は律令制度に関する情報整理のカードであるが，主な材料は久米邦武『奈良朝史』（1907 年）や瀧川政次郎，中田薫であり，カードの紙の種類からみても，作成された年代の異なるものが混在する．

これらのカード群は，2 つ穴もしくは 4 つ穴があけられており，朝河の生前はバインドされていたと想定される．1963 年にアルバイトで朝河ペーパーズの整理にあたったセルデン・恭子（当時英文学の大学院生）の証言によれば（「朝河文書整理のこと—編集者への

表2　日本史カード群

ボックス	内　　容
25	鎌倉幕府成立期，将軍権に関するカード類
26	鎌倉幕府関係（1940年作成の「武進止」など）
27	律令制度の整理
28	律令法のメモ（主な出典は中田薫講義録）
29	天皇制に関する草稿群（1938年作成の「上古帝」「帝ト民」など）
30	古代私法（1932年および1938年に作成された草稿群を含む）
31	島津関係：地理関係「大化　庄紀原」「島津庄　起」「1026-1185　庄ノ成長」「忠文1188」～「1272」「1273-1312 ②」
32	島津関係：「1274-1300」～「1332」
33	島津関係：「1334-1452」～「1560」
34	島津関係：「1560-65」～「1869」
35	家族関係
36	日本の天皇と封建制に関する読書カード

手紙—」〈朝河貫一研究会編『甦る朝河貫一』朝河貫一研究会，1998年〉236頁），「論文や本になったものについては，その基となったカードは保存する必要を認めない」という方針のもとで大半が破棄される中，「カードはせめて僅かなサンプルを残すことをこころみ，また手紙やノートブックの類はすべて保存するようにつとめ」たということである．だが，現存のカードは，朝河の研究者人生全体をカバーするものではないが，内容的に関連し合っている部分が残されているように思われる．とりわけ西洋中世史カード群は，主に1920年代に作成されていることから，『入来文書』の執筆の前後を中心にして，朝河の学問的遍歴の一局面を窺い知ることのできる材料であると考えている．後日，本格的な分析を期したい．

3 「朝河ペーパーズ」追加分

「朝河ペーパーズ」の本体60箱は，死去した際に朝河の手元にあったものから成ると思われ，イェール大学に寄贈され，整理されたものである．だが，その後寄贈・移管された分がある．主に以下，6回に分けて追加分の寄贈・移管を受けている．

① 1983年　阿部善雄『最後の日本人』の寄贈を受け入れ，ボックス61として本体に追加されている．

② 1991年　東アジア図書館長であった金子英生から移管された分と思われる．朝河の没後，遺品の整理を担当したイェール大学歴史学部大学院担当副部長 Hartley Shimpson の記録が多い．

③ 2001年（MO13）　東アジア図書館における日本語図書の分類・整理に関わる朝河の論文を含む．

④　2001年（MO82）　日本から寄贈されたビデオテープである．

⑤　2005年　朝河の講義ノートが中心である．東アジア図書館に保管されていた金子英生の業務書類の中から発見された．

⑥　2010年　朝河の写真．すでに書籍などでその存在を知られている写真が中心であり，天正寺の落書の写真などはおそらく顕彰の関係で収集されたものであろう．⑤と同じく，金子英生の業務書類の中から発見された．キャプションは写真の裏に記されており，東アジア図書館での整理に際して英訳されたが，何れにせよ朝河の記したものではない．なお，朝河の写真については『朝河貫一資料』233頁以下参照．

以上の①は「朝河ペーパーズ」の本体に追加されたが，②〜⑥は追加分（Accession）として登録された．①④以外は，基本的には東アジア図書館からの移管分である．朝河は名誉教授となった後も東アジア図書館部長（curator）を務めており，東アジア図書館から朝河関連のノートや書簡などがその後発見されている．それぞれの詳細については，以下掲載の表3を参照されたい．

表3　朝河貫一文書追加部分詳細目録

1991年追加分，41番（Accession 1991-M-041）

ボックス	フォルダ	説明（備考）	年月日
1	1	① Kent Sherman，② Helen と William Dunham，③ T.R.，④ George G. Clark 宛て朝河貫一書簡（タイプコピー）	①1941年12月21日，②1941年12月28日，③1942年1月21日，④1943年3月1日
1	2	朝河貫一引退演説の原稿	1943年5月15日
1	3	A. Maertz 著『ショートスクリプト—新しい速記法—』および朝河の分析	
1	4	朝河の履歴に関する資料	
1	5	① Hartley Simpson 宛 Union 信託銀行書類（朝河財産に対しての30ドルの支払い），②朝河貫一に関する Hartley Simpson 宛 George G. Clark の書簡3通，③斎藤金太郎等からの書簡，④写真：福島県二本松市に建てられた朝河，ミリアムの墓碑	①1948年9月13日，②1948年11月4日，23日，1949年3月30日，③1949年4月5日
1	6	朝河貫一の日記に関する Hartley Simpson のメモ	
1	7	1907年8月から1942年3月までの朝河の授業リスト（主に日本歴史関連，フォトコピー）	
1	8	朝河貫一の写真，1枚	

ボックス	フォルダ	説明（備考）	年月日
1	9	雑誌『Nota Bene』に掲載された朝河に関する金子英生の記事．朝河に関する George Pierson と金子英生間の書簡（1991年1月8日に図書館長事務へ移動）	

2001年追加分，13番（Accession 2001–M–013）

ボックス	フォルダ	説明（備考）	年月日
1	1	①朝河宛徳富蘇峰書簡（漢詩含む） ②朝河宛辻善之助葉書（ポストカード）	①1930年1月7日， ②1919年11月25日
1	2	朝河宛佐伯宥純書簡	1906年10月30日
1	3	*Allotment of Rice-Land: a sketch*（口分田に関する草稿．1935年12月6日に George B. Samson 卿に寄贈，朝河の筆記メモ含む）	1935年
1	4	日本人人名（の目録法）に関する論文（30ページ）	1943年9月16日
1	5	東アジア言語のローマ字表記とハイフネーションの論文（18ページ）	1943年9月6日
1	6	東陽房忠尋の伝記の英訳か　筆者不明	
2	1	記念品　こけし（二本松市長大河内鷹贈呈品 1993.8）	1993年8月寄贈
3	1	朝河の伝記ドキュメンタリー『遥かなる光芒』ビデオ1本	1985年

2001年追加分，82番（Accession 2001–M–082）

ボックス	フォルダ	説明（備考）	年月日
1	1	テレメンタリー1994年　幻の米国大統領親書—開戦を阻止しようとした男—（真珠湾攻撃直前にルーズベルト大統領に日本天皇へ書簡を送るようにと働きかけた朝河の努力に関するビデオ）	1994年

2005年追加分，11番（Accession 2005–M–011）

ボックス	フォルダ	説明（備考）	年月日
1	1	「美術史　小屋保治氏述　明治二十七年九月二十八日」講義ノート筆者不明	1894年
1	2	「バイロン論」東京専門学校の原稿用紙に「課目　英文学史」「姓名　三百八十九」とある	1895年

ボックス	フォルダ	説明（備考）	年月日
1	3	東京専門学校での朝河の卒業論文，明治28年6月7日提出 「宗教的生命を論じて究竟の疑におよぶ」	1895年
1	4	朝河宛白鳥庫吉書簡	1907年6月12日
1	5	伊豆半島の地理に関する文書，作者不明，鉛筆書きで「志賀重昂　伊豆伊東ニテ演説」朝河蔵書印あり	
1	6	倫理研究に関する講義ノートの一部，「第二章　倫理研究ノ方法」，「第三章　常識的倫理説」	
1	7	雑文書類．佛教関連の論文，講義ノート	

2010年追加分，007番　（Accession 2010-M-007）

ボックス	フォルダ	説明（備考）	年月日
1	1	朝河の写真とその説明文．学校，家族，パスポートの写真など，キャプションとその英訳付き． キャプションが記されている写真 1. 明治25年3月安積中学校〔福島県尋常中学校〕卒業写真（最前列X印） March, Meiji 25 (1892) : graduation from Asaka Middle School (Fukushima Prefecture) : Asakawa is in the front row (marked below with an ‘x’) 2. 明治39か明治40年：大隈重信と共に Meiji 39 or 40 (1906 or 1907) : with Ōkuma Shigenobu (and others) 3. 明治28年6月：東京専門学校卒業記念写真 June, Meiji 28 (1895) : graduation from Tokyo Senmon Gakkō (now Waseda University) 4. 大正4年の欧州旅行のパスポート Taishō 4 (1915) : passport at time of trip to Europe 5. ダートマス大学時代 During Dartmouth College years 6. 第2回帰朝時のパスポート Passport at time of his second trip home to Japan	1892年から1940年頃まで

ボックス	フォルダ	説明（備考）	年月日
		7. 明治 28 年 10 月 23 日渡米記念写真 October 23, Meiji 28 (1895) : commemorative photo upon leaving Japan to go to the U.S. 8. 立子山村天正寺：二本松から移り住む Tenshōji: temple in Tatsukoyama where (the Asakawa family) moved from Nihonmatsu 9. 大正 4 年カプリ島にて Taishō 4 (1915) : in Capri 10. 友人の農園にて（オリジナルは SeriesIII ボックス 52 フォルダ 239） At a friend's farm 11. 立子山天正寺の落書の一部 Some of the graffiti (drawn by a young Asakawa) at Tenshōji in Tatsukoyama キャプションのない写真 12. 朝河の書斎 Asakawa's study 13. 朝河と妻のミリアム Asakawa and wife, Miriam 14. 1895 年 朝 河 書 簡 1895 letter from Asakawa (no addressee) 15. 老齢期の朝河 Asakawa in old age 16. 若き日の朝河 Asakawa as a young man	

（表 3 は中村治子氏作成のものに佐藤が加筆した）

これらに加えて，（本稿執筆の時点では）「朝河ペーパーズ」に含まれていないが，イェール大学の各部署のアーカイブから朝河関係の資料が発見されている．本書で中村治子氏によって紹介されたノートブックは，東アジア図書館の目録部署で発見された．また，朝河による 1906–07 年の購入図書リストは，Manuscripts and Archives 所蔵のイェール大学図書館全体のアーカイブ（Librarian, Yale University records〈RU120〉）に収められている．

イェール大学における朝河関係資料は，「朝河ペーパーズ」だけではない．今後も多くの発見が期待される．また，イェール大学内のみならずワシントン議会図書館などアメリカ各所における調査も必要であろう．イェール内外の様々なアーカイブからの関係

資料の発見は，アメリカにおける朝河の活動を多角的に理解することにつながる．本稿からもその一端がかいまみえるように，その領域は日本史，日本語図書にとどまるものではない．様々な分野の研究者による調査と発見，それによる研究の進展を期し，本稿がそのための呼び水となることを願う次第である．

1) なお，1911年7月1日は，「日記」によれば，朝河は妻ミリアムを連れて，母校ダートマス大学のあるハノーバーに到着した日であった．ロング・ビーチで夏休みを過ごした朝河夫妻は，9月19日にニューヘイブンに戻り，「228 Park St.」に居を移した（「ゲストブック」では9月14日からとなっている）．
2) 山内晴子「日記目録のなぞ—なぜ朝河の日記目録は，1911年から1925年までか—」（『朝河貫一研究会ニュースレター』57号，2005年）は，朝河が意図的に過去の日記を処分したという説を提示している．その是非を含めて，朝河日記の史料論的検討を行う必要があるが，さしあたり「ゲストブック」が1908年10月から始まることについては，同年9月にエルム通り870に居を移したことと関連するか．その前年イェール大学に着任した朝河は，ウィンスロップ通り（Winthrop Ave.）385に住んでいた（ボックス2フォルダ18の1908年2月19日付F.W. ウィリアムズの葉書より）．
3) フォルダ253は，論文の表紙にタイプで記された日付にしたがって，1913年としたが，これを執筆した学生Isaac J. Quillenは，1909年生，1967年没のアメリカの西欧中世史家であり，1942年にイェール大学で博士号を執筆した人物ではなかろうか．だとすれば，1913年4月18日とあるのはタイプミスであろうか．この人物については，スタンフォード大学図書館にIsaac James Quillen papersがあり，こちらの調査も必要となろう．これは一例に過ぎない．ボックス56の学生たちについては，「目録」作成時点では調査が及ばず，今後さらなる研究が必要である．
4) このうち1846〜1944年の「年表」については，「日記」1946年1月13-19日に記述がある（その時点で1905年分まで作成）．材料として「国史大年表，維新史料綱要，明治政史，維新史概観，幕末外交関係文書，etc.」の名が挙がっている．「年表」の作成自体は戦後に下るようである．「日記」1946年4月20日によれば，この時期「東京日日新聞」から記事をスクラップにとり，この日は1936年の記事をとっていたが，8月6日の記事からは1939年〜43年分のAnnual Registerを取り寄せていたことが分かる．これらは「年表」作成の材料となった．